Planwirtschaft und Verkehrswirtschaft

Von

Carl Landauer

MÜNCHEN UND LEIPZIG 1931
VERLAG VON DUNCKER & HUMBLOT

Piererscbe Hofbuchdruckerei Stephan Geibel & Co., Altenburg, Thür.

Meiner Frau und Mitkämpferin

Inhaltsverzeichnis

A. Leistungen und Fehlerquellen der freien Verkehrswirtschaft

I. Liberale Theorie und gebundene Wirtschaft

Daß in der Wirtschaft von heute Freiheit und Bindung sich mischen, ist zum Thema aller grundsätzlichen wirtschaftspolitischen Diskussionen geworden. Das Problem des wirtschaftlichen Liberalismus ist neu gestellt, eindringlicher als je zuvor. Die liberale Weltanschauung hat ihren Boden in den Massen fast ganz verloren. Der Kapitalismus, die wirtschaftliche Konsequenz des liberalen Denkens, wird von der überwältigenden Mehrheit des Volkes nur mehr widerwillig ertragen. Keine politische Partei will sich kapitalistisch nennen lassen, keine sich auch nur zum freien Spiel der Kräfte grundsätzlich bekennen. Der historisch-politische Antipode der liberalen Ökonomie, der Marxismus, hat seine Macht als politische Losung gewaltig verstärkt. Obwohl eine von Unkenntnis unbeschwerte Propaganda aus ihm einen Popanz zu machen suchte, den man vom Ausgang des Weltkriegs bis zur Steuerlast und Arbeitslosigkeit der Gegenwart alles wirtschaftliche Unheil zur Last schrieb, berufen sich Massenparteien in allen europäischen Ländern mit Stolz auf die Lehre von Karl Marx. Diesem politischen Machtverhältnis des liberalen und des marxistisch-sozialistischen Prinzips entsprechen ihre Rollen im wirtschaftlichen Denken der Gegenwart nicht. Zwar ist Marx nicht „überholt“. Viele seiner Ideen warten darauf, mit modernen Erfahrungen neu durchdacht zu werden. Die brüchig gewordenen Steine seines theoretischen Fundaments — vor allem die Werttheorie — sind nicht so lebenswichtig, wie manche Marxisten und Antimarxisten meinen. Aber der Marxismus ist — um die Gründe darzustellen, brauchte man ein Buch für sich — nicht zu einem heute anwendbaren System wirtschaftspolitischer Maßnahmen ausgestaltet worden. Weder die Wirtschaftspolitik der sozialistischen Parteien in den westlichen Ländern noch die sowjetrussische Wirtschaftspolitik stellt eine Anwendung Marxscher Grundsätze dar. Die entscheidenden Taten und Erwägungen auf wirtschaftlichem Gebiet lassen sich beim Fünfjahresplan ebensowenig wie bei der Haltung der deutschen Sozialdemokratie oder der englischen Arbeiterpartei zum Arbeitslosenproblem mit marxistischer Theorie begründen. Sie widersprechen — im Kern — dieser Theorie nicht. Aber sie stützen sich auf Erfahrungen und auf Gedankengut anderen Ursprungs. Der Liberalismus dagegen ist ein System anwendungsbereiter Maßnahmen — das einzige System, das dem Ansturm von Interessentenforderungen, der Flut dilettantischer Rettungsvorschläge entgegengestellt werden kann. Man kann Interessentenforderungen wirksam nur bekämpfen, indem man zeigt, was sie der Gesamtheit kosten, und um dies zu sehen, braucht man ein Gesamtbild der Wirtschaft. Die Heilsrezepte, die heute an allen Straßenecken zu hören sind, erscheinen bestechend, solange man nur an ihre unmittelbaren Wirkungen denkt. Die Bilanz der Vorteile und Nachteile pflegt nur dann anders auszufallen, wenn man das Verhalten des gesamten Wirtschaftskörpers betrachtet. Das gilt von den zahllosen Formen künstlicher Markterweiterung, die von den Politikern immer wieder versucht oder geplant werden und bei denen man immer wieder vergißt, daß Staatsaufträge, Exportprämien, Prämien auf den inneren Konsum stets bezahlt werden müssen und nur so bezahlt werden können, daß man an anderer Stelle die Wirtschaft belastet und damit verengt. Nicht anders steht es mit den Projekten und Maßnahmen künstlicher Marktverengung, protektionistischer Isolierung einzelner Wirtschaftssektoren vom Weltmarkt. Keine Regierung der Welt kann, ohne Wirtschaft und Staat zu ruinieren, diesen Wünschen hemmungslos folgen. Aber keine kann ihrer Herr werden, ohne ihre Argumente aus einem System der Wirtschaftserkenntnis zu holen, so gern und so skrupellos sie auch dieses System beiseiteschieben mag, wo ihr die Folgerungen unbequem würden. Das einzige System aber, das heute an die Probleme der Praxis heranreicht, ist liberal. Und so sind trotz aller politischen Schwäche des Liberalismus einige seiner ökonomischen Lehren seit einem Menschenalter, mindestens in Deutschland, nicht mehr so scharf betont und energisch verfochten worden wie heute. Die hervorragendsten Vertreter der akademischen Nationalökonomie — gegen Ausgang des vorigen Jahrhunderts überwiegend staatssozialistisch — sind heute in ihrer Mehrheit liberal. Wirtschaftsliberale Argumente spielen in der öffentlichen Diskussion eine viel größere Rolle als vor dem Krieg, ein viel weiterer Kreis ist fähig, sie überhaupt zu verstehen als damals, da die „historische Schule" die volkswirtschaftliche Ausbildung beherrschte. Die Ansätze zu internationaler Wirtschaftspolitik, die der Völkerbund geschaffen hat, haben eine liberale Phraseologie zum guten Ton im handelsdiplomatischen Verkehr werden lassen: Dieser cant wirkt, wie jeder cant, schließlich auf die Vorstellungen der Kreise zurück, in denen er gilt.

Diese ganze Art Liberalismus wird höchst inkonsequent betrieben. Liberalismus ist eben — das bedeutet weder ein positives noch ein negatives Werturteil — eine Weltanschauung für geduldige, ruhige, rational denkende Epochen und nicht für Zeiten der Not, der Gefahr, der Unruhe, des revolutionären Erlösungsglaubens, der Katastrophenangst. Aber es wäre ein verhängnisvoller Irrtum, über der heutigen politischen Schwäche des Liberalismus seine günstige Stellung in der prinzipiellen Auseinandersetzung zu übersehen. Solange dem liberalen System mit seinen kapitalistischen Konsequenzen nicht ein anderes System entgegengestellt wird, das wie der Liberalismus selbst aus einem Gesamtbild der Wirtschaft ein Aktionsprogramm erzeugt, so lange wird der Haß der Massen gegen den Kapitalismus ins Leere stoßen, vielleicht zerstören, aber nicht zur Erlösung führen.

Die partielle theoretische Erstarkung des Liberalismus ist durch besondere Momente unterstützt worden, die auch einen kleinen Teil seiner politischen Schwäche kompensiert haben. Die Zwangswirtschaft des Krieges lebt in der Erinnerung des Menschen als ein Alpdruck fort. Die Sozialisierungsversuche nach dem Krieg sind außerhalb Rußlands überall bis auf geringe Reste abgebaut. Sie haben aber eine Sozialisierungsangst zurückgelassen, die vielleicht zum erstenmal in Deutschland ein weitverbreitetes Vorurteil gegen die Betätigung der „öffentlichen Hand" entstehen ließ. Willkürliche Eingriffe in die Verkehrswirtschaft haben sich gerächt, die

Erfahrung hat sehr eindringlich gelehrt, daß Wirtschaftsfragen mindestens in der bestehenden Wirtschaftsordnung in höherem Maß Marktfragen als Machtfragen sind. Auch die Arbeiterbewegung, die vom Staat den Schutz des Schwachen verlangt, hat sich mit dieser Erkenntnis auseinandersetzen müssen. Vor dem Krieg sahen die Arbeiter das Unternehmertum als einen übermächtigen Gegner vor sich. Das Problem, ob Löhne auch im Interesse der Arbeiter zu hoch sein können, drängte sich ihnen nicht auf. Heute sind die gewerkschaftlichen Machtmittel gewaltig gewachsen. Persönlichkeiten, die aus der Gewerkschaftsbewegung hervorgegangen sind, setzen als Funktionäre des amtlichen Schlichtungsapparats Löhne fest und verschaffen ihnen häufig durch Verbindlichkeitserklärung zwangsweise Wirksamkeit. Es erwies sich dabei, daß Lohnerhöhungen nicht unter allen Umständen einfach vom Kapitalisten übernommen werden, daß dieser sie vielmehr oft mit Stilllegung der Betriebe oder jedenfalls mit Entlassung von Arbeitern beantwortet, so daß erhöhte Erwerbslosigkeit, möglicherweise auch eine Verringerung des Gesamteinkommens der Arbeiterklasse die Folge ist. So konnte niemand der Erkenntnis ausweichen, daß zwangsweise Festsetzung von Preisgrößen, wenn sie gegen die Marktgesetze vorgenommen wird, zum Schaden dessen ausschlagen kann, der durch sie beschützt und begünstigt werden soll. Daher sind Gedanken liberalen Ursprungs erneut — wohl stärker als je seit Marx — in die Vorstellungen der Arbeiterführer und auch in grundsätzliche sozialistische Überlegungen eingedrungen. Da Liberalismus und Sozialismus bei allem Gegensatz der praktischen Konsequenzen manche geistigen Wurzeln gemeinsam haben, brauchte das nicht zu einer Schwächung sozialistischen Wollens und Handelns zu führen, wenn eine selbständige Verarbeitung der aufgenommenen Gedanken erfolgt. Für diese Leistung sind aber noch kaum die ersten Vorarbeiten geschehen.

Während die Ideologie der Wirtschaftskenner trotz entgegengesetzter populärer Strömungen liberaler wurde, ist die Wirtschaft überall gebundener geworden. Die Technik der Kartelle hat sich vervollkommnet. Sie haben Eingang in Produktionszweige gefunden, in denen sie vor dem Krieg fehlten. Ansätze zu internationaler Kartellbildung sind entstanden. Der industrielle Konzentrationsprozeß ist fortgeschritten, er hat hier und dort dazu geführt, daß ein wesentlicher Teil einer Produktion von einer Stelle aus einheitlich verwaltet wird, also der Konkurrenz der Produzenten entzogen bleibt. Die öffentlichen Körperschaften stehen weit mehr im Wirtschaftsleben als früher. Eine Entwicklung, die fast zwangsläufig war und jedenfalls nicht planmäßiger Politik entsprang, hat sie veranlaßt und beinahe genötigt, den Wohnungsbau in die Hand zu nehmen. Der Fortschritt der Technik hat der Elektrizität, deren Erzeugung von Anfang an in Deutschland als öffentliche Angelegenheit behandelt wurde, eine besondere Rolle zugeteilt. Mit der Verkehrsabwanderung von der Eisenbahn auf den Kraftwagen sind die Straßen wichtiger geworden, die zunehmende Zerlegung der Kohle in Gas und Koks hat die Aufgaben der Gemeinde als Träger der Heizgasverteilung bedeutend vergrößert[1]. Kriegsnotwendigkeiten haben das Reich gezwungen, Betriebe zu bauen, für die privates Kapital nicht zu haben war, oder die man ihm aus außerwirtschaftlichen Gründen nicht überlassen wollte. Die Geldtransaktionen, die im Zusammenhang mit dem industriellen Besitz nötig wurden, das Erfordernis, die hilfsbedürftigen Wirtschaftszweigen gewährten Kredite von bankmäßig organisierten Treuhänderunternehmungen verwalten und auf zweckmäßige Verwendung kontrollieren zu lassen, führten Reich, Länder und Gemeinden dazu, ihre eigene Kreditorganisation auszubauen, öffentliche Banken zu gründen und zu erweitern (Reichskreditgesellschaft, reorganisierte Preußenkasse, Rentenbank-Kreditanstalt, Bau- und Bodenbank, Staatsbanken, Giroorganisationen der Gemeinden).

Dieser öffentliche Besitz an Produktionsmitteln wird freilich im wesentlichen nach den gleichen Grundsätzen verwaltet wie der kapitalistische Besitz. Er ist zwar anstößig vom Standpunkt der überkommenen liberalen Theorie, aber noch keine Störung der kapitalistischen Wirtschaftsverfassung. Doch auch die regulierende Tätigkeit des Staates, die den kapitalistischen Preismechanismus teilweise außer Kraft setzt, nimmt einen breiten Raum ein. Der Staat setzt einen wesentlichen Teil der Unterhaltskosten der Arbeitskraft fest, indem er die Mieten bestimmt. Er regelt durch Schieds-

[1] Vgl. Gustav Stolper, „Der Deutsche Volkswirt", Jahrg. II, S. 44.

sprüche die Kosten des Arbeitsfaktors in der Produktion. Indem er die Preispolitik der Kartelle kontrolliert, rechnet er den Produzenten ihre Selbstkosten nach und spricht ein Urteil darüber aus, wie groß der zulässige Gewinn ist. Vielfach hat ihn die Wirtschaft um Subventionen angegangen: er hat sie gewährt, hat aber oft Bedingungen für die Verwendung der Gelder gestellt und damit die Richtung bestimmt, in der sich Produktionszweige auszudehnen oder einzuschränken haben.

Daß die größte politische Schwäche des Liberalismus mit seinem Vordringen in der Wissenschaft und in manchen Zweigen der Wirtschaftsideologie zusammenfällt, ist ein Problem für sich, das selbständige Bearbeitung erfordern würde. Hier kann nur der Widerspruch zwischen dieser theoretischen Erstarkung und den Einschränkungen von Konkurrenzprinzip und Privatwirtschaft in der Praxis interessieren. Dieser Widerspruch hat die verschiedenartigsten theoretischen Deutungen hervorgerufen. Es gibt eine neuliberale Theorie, die staatliche Eigenproduktion und die Intensität der modernen Wirtschaftspolitik als Reste von Verirrungen der Vergangenheit betrachtet. Es fehlt aber auch nicht an hervorragenden Vertretern der Wissenschaft, die — obwohl selbst grundsätzlich liberal — das Ende des Laissez faire für eine nahe Zeit voraussehen. Das würde bedeuten, daß die Renaissance des liberalen Gedankens nur eine notwendige Entwicklung verzögert, vielleicht als heilsame Kritik an den Methoden eines planwirtschaftlichen Neubaus wirkt, nicht aber selbst ein neues wirtschaftliches Werden anzeigt.

Will man eine Antwort auf die Frage finden, ob die Tendenzen sich zur gebundenen Wirtschaft künftig immer mehr durchsetzen werden, oder ob sie sich zurückbilden müssen, dann hat man sich vor allem darüber klar zu werden, wie sich gebundene Wirtschaft und Konkurrenzwirtschaft grundsätzlich zu den Anforderungen der Produktivität verhalten. Freilich ist es ganz und gar nicht gewiß, daß immer das geschehen müsse, was der Produktivität nützlich ist. Aber wenn auch die Tendenz der Wirtschaft, das Unzweckmäßige auszuscheiden und das Zweckmäßige weiterzuentwickeln, allerlei Hemmungen unterliegt, so ist sie doch stark. Die Frage, wie sich die gebundene und die freie Form der Wirtschaft vor dem

Ideal der größtmöglichen Produktivität bewähren, ist natürlich erst recht wichtig, wenn man nicht nur eine wertungsfreie Zukunftsprognose stellt, sondern wirtschaftspolitische Entschlüsse fassen will.

II. Der Wirtschaftszweck in der gebundenen und in der freien Wirtschaft

Kann man überhaupt die Leistungen einer gebundenen und einer freien Wirtschaft miteinander vergleichen? Man muß zunächst näher bestimmen, was man unter gebundener Wirtschaft verstehen will. Das Kennzeichen soll sein, daß die Handlungen der Produzenten nicht durch selbständige Einschätzung der Konsumentenwünsche und der Konkurrenzmomente bestimmt werden, sondern durch Anweisungen einer übergeordneten Stelle. Der Einfachheit halber möge vorerst immer an eine staatliche Planwirtschaft gedacht sein. Eine Planwirtschaft braucht durchaus nicht aus den Motiven geschaffen zu sein, die wir geschichtlich als sozialistische kennen. Der Übergang von der Verkehrswirtschaft zur Planwirtschaft kann vor allem auch Machtzwecken dienen, da er die Zusammenfassung der Volksenergien wirksam fördern und die Macht der Exekutive über die Daseinsbedingungen des einzelnen bedeutend verstärken kann.

Vergleichen kann man nur an Hand eines Maßstabes. Der Begriff der Produktivität verhüllt nur, wie man keinem Kenner der Produktivitätsdebatten innerhalb der Wirtschaftswissenschaft zu sagen braucht, das Problem, wenn ihm keine nähere Bestimmung beigefügt wird. Daß man bestimmte Tätigkeiten als produktiv bezeichnet, ist ja zunächst nur ein anderer Ausdruck dafür, daß man ihren Ergebnissen vom Standpunkt des Wirtschaftszwecks, den man im Auge hat, Wert zuerkennt. Um die Bestimmung dieses Wirtschaftszwecks handelt es sich gerade. Man kann zu einem eindeutigen Ergebnis kommen, wenn man als Wirtschaftszweck, an dem die Bedeutung verschiedener Produktionsergebnisse zu messen ist, die b e s t m ö g l i c h e B e f r i e d i g u n g d e r K o n s u m e n t e n w ü n s c h e betrachtet.

Unterstellt man diesen Wirtschaftszweck, so kann man sich leicht eine Planwirtschaft denken, die man sinnvollerweise mit der Konkurrenzwirtschaft vergleichen kann. Eine Planwirtschaft kann einen ganz anderen Zweck haben als die bestmögliche paritätische Befriedigung der Konsumentenwünsche, sie kann diese Wünsche selbst an einem Maßstab werten, den die Wirtschaftsleitung aus ethischen, religiösen, machtpolitischen Vorstellungen gewinnt. Der Jesuitenstaat in Paraguay hat gewiß nicht alle Konsumwünsche der Bevölkerung im gleichen Maß für befriedigenswürdig gehalten. Eine moderne Planwirtschaft mag aus kulturpolitischen und volkserzieherischen Gründen einem Bedarf bestimmter Art, obwohl er in den Wünschen der Konsumenten begründet ist, die Befriedigung versagen, z. B. dem Wunsch, Alkohol zu trinken oder „Schund- und Schmutz"-Literatur zu lesen. Solche Wertungen könnten unter Umständen die ganze Produktionspolitik der Wirtschaftsleitung durchsetzen. Es ist ein wichtiger Unterschied der Planwirtschaft von der freien Konkurrenz, daß sie solche Zwecksetzungen von außen her überhaupt zuläßt. Bei der freien Konkurrenz kann man von einem Wirtschaftszweck nur im übertragenen Sinn sprechen, weil ja ein Zweckträger gar nicht vorhanden ist. Aber man kann die Kraft, die in der Konkurrenzwirtschaft im Sinn der bestmöglichen Befriedigung der Konsumentenwünsche wirksam ist, für die Zwecke des Vergleichs so betrachten, als ob sie der Absicht eines handelnden „Zentralsubjekts" entspräche. Man kann unter dieser Voraussetzung die Verkehrswirtschaft mit einer Planwirtschaft vergleichen, die sich den so bestimmten Produktivitätszweck setzt. Das Ergebnis des Vergleichs bietet keine unbedingte Antwort auf die Frage, wie eine Wirtschaft eingerichtet sein soll. Mag die Wirtschaftspolitik sich daneben andere Zwecke setzen, die mit den Bedarfszwecken der Konsumenten konkurrieren sollen: es ist auf jeden Fall zunächst einmal ungemein wichtig, zu wissen, wie weit die einzelnen Formen der Wirtschaftsverfassung den einzelnen Menschen die Befriedigung ihrer eigenen Wünsche sichern. Zu diesen Wünschen gehört ja vor allem die Deckung der dringenden Lebensbedürfnisse, die auch jede Wirtschaftspolitik zuerst im Auge haben muß.

Die Vergleichbarkeit der Verkehrswirtschaft mit einer Planwirtschaft, die den Konsumenten eine möglichst reichliche Bedarfsbefriedigung sichern will, geht aber viel weiter. Die Gleichheit des allgemeinen Wirtschaftszwecks würde es noch nicht zulassen, die Bedeutung der einzelnen Wirtschaftsvorgänge zu vergleichen. Da man die Leistungen der Gesamtwirtschaften nicht nebeneinanderstellen, sondern immer nur an einzelnen Vorgängen abwägen kann, ob hier die größere Leistungsfähigkeit der einen oder der anderen Wirtschaftsform wahrscheinlich ist, wäre also mit der Einheit des allgemeinen Wirtschaftszwecks überhaupt noch wenig gedient. Wie man bei Maschinen, die zwar dem gleichen Zweck dienen, aber in den einzelnen Teilen völlig verschieden konstruiert sind, aus der Leistung des einen oder anderen Teils nicht auf die Gesamtleistung schließen kann, so wäre es auch sinnlos, bestimmte Vorgänge, die in der kapitalistischen Wirtschaft beobachtet werden, anderen Vorgängen gegenüberzustellen, die man in einer Planwirtschaft beobachtet oder voraussieht, wenn eben nur der Zweck im ganzen gemeinsam wäre. Es bliebe immer der Einwand offen, daß dieser oder jener Vorgang, wenn auch verkehrswirtschaftlich richtig, so doch planwirtschaftlich falsch sei oder umgekehrt. Tatsächlich ist aber ein solcher Einwand, wo eben die Einheit des Wirtschaftszwecks vorausgesetzt werden darf, durchaus nicht zulässig. In der Planwirtschaft und in der Verkehrswirtschaft sind bei gleichen Bedürfnissen der Konsumenten und bei gleicher Ausstattung mit Gütern, Arbeitskräften und technischem Wissen die gleichen Vorgänge zweckmäßig.

Alle wirtschaftlichen Handlungen werden gelenkt durch Bedeutungsgrößen der Güter. Da das Wirtschaftsleben als Ganzes unüberblickbar ist, kann der einzelne das wirtschaftlich Richtige nur daraus erkennen, daß die Bedeutung der Aufwandsgüter bei einem bestimmten Produktionsvorgang geringer ist als die Bedeutungsgröße der Erfolgsgüter. Diese Bedeutungsgrößen pflegt die Wirtschaftswissenschaft als den Wert der Güter zu bezeichnen. Der Wert der Güter in der Konkurrenzwirtschaft ist eindeutig bestimmt durch das Verhältnis des Vorrats oder der Beschaffungsmöglichkeit zum Bedürfnis. Nach den gleichen Bestimmungsgründen hat eine Planwirtschaft, die sich die bestmögliche Befriedigung des Konsums zum Ziel setzt, den Gütern Wertgrößen zuzuteilen. Die Güter haben also bei gleichen Bedürfnissen der Konsumenten und gleichen Produktionsmöglichkeiten in der Konkurrenzwirtschaft und in der Planwirtschaft die gleichen Werte. Da die Größen, die über das zweckmäßige wirtschaftliche Handeln entscheiden, die gleichen sind, so sind auch die zweckmäßigen wirtschaftlichen Vorgänge die gleichen.

Es gibt in der Wirtschaftswissenschaft seit Jahren eine Bewegung, die den Wertbegriff ausschalten will und mit einer Preistheorie auszukommen glaubt. Gegen diesen Standpunkt ist zu sagen, daß die Preise erst durch die subjektiven Wertschätzungen der Marktpersonen bestimmt sind, so daß eine Theorie, die sich um den subjektiven Wert nicht kümmert, eben darauf verzichtet, den Ursprung der wirkenden Kräfte aufzudecken. Immerhin blieben die Mängel einer reinen Preistheorie ohne unmittelbaren praktischen Nachteil, wenn es sich nur darum handeln würde, die Phänomene der Verkehrswirtschaft zu verstehen. Aber die Wirtschaftslehre muß auch die planwirtschaftlichen Erscheinungen erkennen, der Vergleich verkehrswirtschaftlicher Vorgänge mit Vorgängen einer gedachten Planwirtschaft ist für die Erkenntnis der Verkehrswirtschaft selbst unentbehrlich. Diese Aufgaben sind nur zu erfüllen, wenn man erkennt, daß die Bedeutungsgrößen der Güter von der Wirtschaftsverfassung unabhängig sind. So braucht man einen übergeordneten Begriff, der die Marktpreise der Verkehrswirtschaft und das wirtschaftliche Werturteil einer Planwirtschaft über die Güter in sich schließt. Der Wertbegriff befriedigt dieses terminologische Bedürfnis.

Einige Vorbehalte gegen die Vergleichbarkeit der einzelnen Wirtschaftsvorgänge sind freilich nachzutragen. Die Gleichheit der Konsumbedürfnisse in verschiedenen Wirtschaftsverfassungen ist theoretisch denkbar, aber praktisch ausgeschlossen. Da die Wirtschaftsverfassung Ausdruck und Ursache einer bestimmten Art der Menschen ist, zu fühlen und zu denken, so werden die Bürger einer Planwirtschaft andere Dinge wünschen als die Bürger einer Verkehrswirtschaft, sie werden ihre Bedürfnisse in anderem Verhältnis auf die Güterarten verteilen. Den Wert des Vergleichs hebt das freilich nicht auf. Es ist ja kein Bedenken gegen die Wandlung der Wirtschaftsform, daß wir in der künftigen Wirtschaft vielleicht andere Bedürfnisse haben werden als in der heutigen, und gewiß ergibt sich daraus keine Kraft, die etwa eine Entwicklung der Wirtschaft zum Stillstand bringen könnte. Wir wollen auch, wenn wir einen wirtschaftspolitischen Entschluß zu fassen haben, gar nicht wissen, wie es denn nun eigentlich mit der Befriedigung unserer heutigen Bedürfnisse in einer künftigen Wirtschaft stünde, sondern wie wir die Bedürfnisse, die wir dann haben werden, voraussichtlich decken können. Daß Gleichartigkeit der Konsumentenwünsche nach Quantität und Qualität vorausgesetzt wird, bedeutet nur eine methodische Vereinfachung, deren Unwahrscheinlichkeit nichts schadet.

Nun müßte aber den Voraussetzungen des Vergleichs eigentlich noch hinzugefügt werden, daß auch die soziale Qualifikation der einzelnen Konsumenten, soweit sie über die Befriedigung des Konsumbedarfs entscheidet, die gleiche sei. In der Gesellschaft der freien Konkurrenz gelten keineswegs alle Konsumenten gleichviel. Nach dem Maß der Verschiedenheit ihres Einkommens sind sie in der Lage, mehr oder weniger vom Gesamtergebnis der gesellschaftlichen Arbeit in Anspruch zu nehmen. Es werden also, je nach der Abstufung der sozialen Qualifikation mit den vorhandenen Produktionsmitteln und -kräften, wesentlich verschiedene Produkte erzeugt werden, es werden andere wirtschaftliche Vorgänge erfolgen, wenn die soziale Pyramide in einer langen Spitze ausläuft, als wenn die Schicht der Luxuskonsumenten klein ist oder ganz fehlt. Auch in einer Planwirtschaft wäre es mindestens nicht notwendig, daß die Bedürfnisse jedes Konsumenten gleich gewertet werden. Es läßt sich sehr wohl denken, daß man die Bedürfnisse einzelner Persönlichkeiten oder gesellschaftlichen Gruppen in höherem Grad für befriedigungswürdig ansieht wie die anderen. Aber man kann kaum annehmen, daß der Qualifikationsmaßstab in zwei verschiedenen Wirtschaftsverfassungen der gleiche wäre.

Auch dieser wahrscheinliche Unterschied nimmt dem Vergleich nicht seinen Sinn. Die Einkommensverschiedenheiten in zwei Wirtschaften, die mit den gleichen Produktionsmöglichkeiten, besonders auch mit der gleichen Technik, die gleiche Bevölkerungszahl versorgen, können nicht so groß sein, daß sie entscheidende Unterschiede in den Wirtschaftsvorgängen bedingen. Eine ganz ungefähre Größenvorstellung von der Verschiedenheit der Einkommen in der heutigen kapitalistischen Wirtschaft gibt die Steuerstatistik:

Anzahl der Einkommensbesitzer (einschl. der Bezieher steuerfreier Einkommen) in 1000		Einkommen (in Milliarden *M* bzw. *RM*)		Einkommenstufen	
1913	1926	1913	1926	1913	1926
11 485	18 049	8,3	13,5	0— 900	0—1200
7 195	8 499	8,9	14,5	900—1500	1200—3000
3 409	1 489	7,2	5,6	1500—3000	3000—5000
883	596	3,7	3,8	3000—6000	5000—9000
396	287	7,8	5,5	über 6000	über 9000

Diesen Zahlen haften freilich zunächst die Mängel jeder statistischen Verwertung von Einkommensteuerdaten an. Die Zahlen sind durch eine niedrige Steuerdeklaration bei den oberen Stufen vermindert, durch unsichere Schätzungen bei den Unterstufen, die das steuerlich anerkannte Existenzminimum nicht erreichen, nur mit großen Fehlerquellen ergänzt. Dazu kommt die unterschiedslose Addition von Einkommen auf dem Land, wo die gleiche Geldsumme eine viel größere Kaufkraft hat, und in der Stadt. Außerdem ist das Volkseinkommen von 1926 bis 1928 auf etwa 75 Milliarden gewachsen, von da an auf vielleicht 60 bis 65 wieder gesunken; bei beiden Vorgängen hat sich sicher auch die Schichtung geändert. Aber ganz falsch kann das Bild der Einkommenspyramide nicht sein, das diese Zahlen zeigen. Danach hatten also vor dem Krieg 5,4 % der Einkommensbezieher ein Einkommen von mehr als 3000 Mark; in ihren Händen befand sich ein knappes Drittel (31,9 %) des Volkseinkommens. Im Jahr 1926 hatten 2,9 % der Einkommensbezieher ein Einkommen von mehr als 5000 *RM* und bezogen zusammen etwas mehr als ein Fünftel des Volkseinkommens (21,7 %). (Die Vorkriegs- und Nachkriegszahlen sollten jede für sich allein betrachtet, nicht aber zu Vergleichen untereinander benutzt werden, da die Grenzen der Einkommenstufen sich nicht entsprechen.) Über 6000 Mark im Jahr bezogen 1913 1,6 % der Einkommensbesitzer, ihr Gesamteinkommen war 21,7 % des Volkseinkommens. Über 9000 *RM* bezogen im Jahr 1926 0,9 % der Einkommensbesitzer, ihr Anteil am Volkseinkommen war 12,8 %.

Das durchschnittliche Einkommen betrug 1913 1530 Mark, im Jahr 1926 1440 *RM*. Welche Korrekturen dieser Zahlen die Wirklichkeit auch verlangen mag, zwei Grundzüge sind zu stark ausgeprägt, um verwischt zu werden: erstens, daß eine an Kopfzahl ganz kleine Schicht in einem auch nur bescheidenen Wohlstand lebt, zweitens, daß der weitaus größere Teil des Volkseinkommens auch heute der Unterschicht zufällt, eben weil diese zahlenmäßig so sehr viel stärker ist. Selbst eine vollkommene Ausgleichung der Einkommen würde die Unterstufen nicht über eine typisch proletarische Lebenshaltung heben, aber schon dem gelernten Arbeiter einen bedeutenden Abstieg zumuten. Was von der Oberschicht zu bekommen wäre, ist verhältnismäßig wenig. Der Schichtung der Geldeinkommen entspricht genau eine bestimmte Struktur der Produktion: Durch einen Abbau der Luxusproduktion in weitestem Sinn ist also für die Massenproduktion wenig zu gewinnen. Das Gesamtbild der Produktion würde selbst durch einen völligen Einkommensausgleich wohl in einzelnen auffallenden Zügen, aber kaum von Grund auf verändert. Die fast 20 Millionen Einkommensbesitzer, die in der Klasse bis 1200 *RM* Einkommen im Jahr gezählt sind, würden in der Hauptsache von den gleichen Gütern, die sie heute schon verbrauchen, mehr verzehren. Und das wären zum großen Teil die gleichen Güter, für die bisher ein zusätzlicher Konsum der höheren Arbeitergruppe bestand; denn die soziale Schichtung des Verbrauchs innerhalb des Proletariats — wenigstens seiner stark besetzten Einkommenstufen — ist doch mehr quantitativer als qualitativer Art. Wird also an den Produktionszielen durch eine noch so radikale „Gleichmacherei" wenig verändert, so ist das Ausmaß der in Betracht zu ziehenden Verschiebungen in den Wirtschaftsvorgängen, die durch Verschiedenheiten der Einkommenstaffelung in der Verkehrswirtschaft und Planwirtschaft bewirkt sein können, noch viel geringer. Denn keine Wirtschaftsordnung, die der Produktivität Genüge tun will, also für den Vergleich überhaupt in Betracht kommt, kann die Einkommenspitzen völlig auf den Durchschnitt einebnen. In weitem Umfang sind die Einkommensunterschiede schon durch die Technik des Produktionsprozesses bedingt, die gewisse Prämien für höher qualifizierte Leistung oder für mengenmäßige Mehrleistung unentbehrlich macht. Da die Verschiedenheit der sozialen Qualifikation der Einkommensbezieher die Produktion selbst in der Verkehrswirtschaft nicht allzu stark von der Richtung ablenkt, die sie bei völliger Gleichheit nehmen würde, so kann jede praktisch mögliche Verschiedenheit des Qualifikationsmaßstabes erst recht keine wesentliche Verschiedenheit der Wirtschaftszwecke zwischen der Verkehrswirtschaft des heutigen Kapitalismus und einer — selbst sozialistisch orientierten — Planwirtschaft bedingen, solange bestmögliche Befriedigung von Konsumentenwünschen die bestimmende Wirtschaftsaufgabe bleibt. Die Abstraktion vom sozialen Qualifikationsmaßstab macht also den Vergleich zwischen Planwirtschaft und Verkehrswirtschaft, der unter dem Gesichtspunkt der Produktivität erfolgen soll, nicht sinnlos.

III. Die Produktivität der idealtypischen Verkehrswirtschaft

Die theoretische Nationalökonomie hat seit langem den Idealtyp der freien Verkehrswirtschaft gezeichnet, aber der Begriff bedarf für die Zwecke dieser Arbeit einer schärferen Fassung. Freie Konkurrenz im Sinn des Idealtyps soll hier bedeuten: eine arbeitsteilige Tauschwirtschaft mit völlig reibungslos funktionierendem Wirtschaftsverkehr, in der also jedes Angebot jede Nachfrage treffen kann. Die Wirtschaft muß einen völlig freien Markt haben, auch ein Zusammenschluß von Wirtschaftspersonen zu gemeinsamem Angebot oder gemeinsamer Nachfrage, die eine monopolistische Vereinigung des Marktes bedeuten würde, darf nicht vorkommen. Und schließlich kann man sich diesen Idealtyp der freien Verkehrswirtschaft nur so vorstellen, daß alle Wirtschaftspersonen dem Begriff des economical man der klassischen Nationalökonomie entsprechen: Sie müssen ohne Irrtum erkennen, was der Befriedigung ihrer Wünsche dient, und es darf ihnen in der Verfolgung ihrer Zwecke an Energie und Rücksichtslosigkeit nicht fehlen. Die vollkommene Erkenntnis der Wirtschaftsbedingungen bedeutet für jeden einzelnen vollkommene

Durchsichtigkeit der Position des Vertragsgegners, vollkommene Zuverlässigkeit aller Erklärungen: Ohne jede Täuschung soll die Mechanik der Interessen den Wirtschaftsablauf ergeben. Diese Wirtschaftsorganisation weicht also weit ab von der realen Verkehrswirtschaft, wie wir sie heute haben, und die — von allem anderen abgesehen — von monopolistischen Produktionsbeschränkungen durchsetzt ist.

In der freien Verkehrswirtschaft des Idealtyps wird die vollkommenste Befriedigung der Konsumentenwünsche erreicht, die bei den gegebenen Produktionsmöglichkeiten denkbar ist. Denn es gehört zum Wesen des freien Wirtschaftsverkehrs, daß jede einzelne Wirtschaftsperson, die an einer Handlung einer anderen Wirtschaftsperson interessiert ist, diese andere Wirtschaftsperson durch Hingabe eines dem Interesse entsprechenden Entgelts zu der betreffenden Handlung veranlassen kann, unter der einzigen Voraussetzung, daß ihr Interesse stärker ist als irgendein entgegengesetztes, in der Wirtschaft vorhandenes Interesse. Wenn A von B etwas will, so kann er dem B ein Angebot stellen, das dann diesen zu der gewünschten Handlung veranlaßt, es sei denn, daß B selbst ein Interesse daran hat, die Handlung zu unterlassen, und zwar ein Interesse von solcher Stärke, daß es durch das Angebot von A nicht aufgewogen wird, oder daß irgendein C ein solches stärkeres Interesse von entgegengesetzter Richtung hat, was zu einem höheren Angebot des C an B führen muß, damit dieser die Handlung unterlasse.

Es folgt also unmittelbar aus der Struktur der idealtypischen Verkehrswirtschaft, daß die jeweils stärksten Interessen der Wirtschaftsvorgänge bestimmen. Alle wirtschaftlichen Interessen unter economical men sind aber entweder selbst Konsumwünsche oder Interessen der Produzenten von Konsumgütern, die aus den Konsumenteninteressen abgeleitet sind. Das Ergebnis ist: Die idealtypische Verkehrswirtschaft kennt nur solche Vorgänge, die der möglichst vollkommenen Befriedigung der Konsumentenwünsche dienen. Diese durchaus unwiderlegliche Erkenntnis der Klassiker, die sich etwa auch im Sozialliberalismus Franz Oppenheimers wiederfindet, bedeutet, daß in einer vollkommen rationellen Planwirtschaft, der allein das Ziel gesteckt ist, die Bedürfnisse möglichst reichlich zu befriedigen, in allen Einzelheiten das gleiche geschehen müßte wie in einer Verkehrswirtschaft des Idealtyps, die mit den gleichen Menschen und den gleichen Produktionsmöglichkeiten zu rechnen hätte. Die ideale Verkehrswirtschaft ist eine ebenso optimale Wirtschaft wie eine vollkommen rationelle Planwirtschaft. Die eine wie die andere ist praktisch unmöglich. Kommt die reale Verkehrswirtschaft dem Idealtyp näher als alle planwirtschaftlichen Konstruktionen, oder läßt sich eine Planwirtschaft verwirklichen, die bessere Gewähr für das Eintreten der optimalen Wirtschaftsvorgänge bietet? Darum allein kann der Streit zwischen Liberalen und Sozialisten gehen.

Die Wirtschaft von heute ist eher Verkehrswirtschaft als Planwirtschaft. Der planwirtschaftliche Gedanke als Strukturprinzip einer modernen Wirtschaft ist Zukunftsprogramm. Will man erkennen, ob überhaupt das planwirtschaftliche Prinzip gegenüber dem heutigen Zustand noch Aufgaben zu erfüllen hätte, so ist eine Kritik der realen Verkehrswirtschaft nötig. Es ist zu prüfen, an welchen Punkten die Wirtschaft von heute nicht zur bestmöglichen Befriedigung der Bedürfnisse führt, ob der Grund im Wesen der Verkehrswirtschaft liegt oder sich mit den eigenen Mitteln der Verkehrswirtschaft beseitigen ließe.

Natürlich steht der Streit nicht so, daß der Anhänger der Planwirtschaft sich geschlagen geben müßte, wenn ihm nachgewiesen würde, daß die Verkehrswirtschaft besser in der Lage ist, die von den Menschen begehrten Güter zur Verfügung zu stellen, und auch der Anhänger der Verkehrswirtschaft brauchte im umgekehrten Fall nicht bedingungslos die Waffen zu strecken. Man kann der Meinung sein, daß das Gegeneinander der wirtschaftlichen Egoismen in der Verkehrswirtschaft das Gefühl der Brüderlichkeit unter den Menschen zerstört, und man kann aus diesem Grund — und außerdem aus manchem anderen — die Verkehrswirtschaft ablehnen und die Planwirtschaft bejahen. Man kann von der Planwirtschaft eine Fesselung des Individuums befürchten, auch dann, wenn sie alle wirtschaftlichen Aufgaben befriedigend löst, und aus diesem Grund an der Verkehrswirtschaft festhalten. Nur gilt auch dann: Was eine Wirtschaftsform für die Güterversorgung leistet, ist in jedem Fall höchst wichtig. Wenn man aus außerwirtschaftlichen Gründen eine

Wirtschaftsform anstrebt oder ablehnt, so soll man sich darüber klar sein, was sie wirtschaftlich kostet oder einträgt. Die Güterproduktion ist nicht das höchste Ideal, das Menschen zu verwirklichen haben. Aber es ist billiger Idealismus des Gesättigten, so zu tun, als ob es auf Änderungen des gesellschaftlichen Wohlstands nicht sehr ankomme. Es handelt sich für die Masse der Bevölkerung wirklich nicht darum, ob sie einige mehr oder weniger entbehrliche Güter materiellen Genusses zur Verfügung haben soll. Auch in der reichsten Volkswirtschaft der Gegenwart ist ihr Lebensspielraum immer noch so eng, daß sie auf eine Fülle von Dingen verzichten muß, die nicht ohne schweren Schaden für die physische und kulturelle Entwicklung des einzelnen und des Volkes entbehrt werden können. Ein paar Prozent mehr oder weniger an gesellschaftlicher Produktivität der Arbeit — oder Ersparnis an jenem Teil des Sozialprodukts, der auf Einkommensdifferenzierung verwendet wird — bedeuten für den Menschen der Masse, daß er an Nahrung, Wohnung, Kleidung und bescheidener Lebensfreude etwas erhält oder auf etwas verzichten muß, was auch jeder Gegner des „Materialismus", der der Oberschicht mit ihrem leicht errungenen Anteil an der Zivilisation der Zeit angehört, als selbstverständliche Bedingung eines menschenwürdigen Daseins empfindet. Bei solchen Schwankungen der „gesellschaftlichen Dividende" handelt es sich darum, ob die Familie mit vier Kindern zwei Räume oder drei bewohnen kann, ob das Essen alles enthält, was über die bloße Erhaltung der Arbeitskraft hinaus zur körperlichen Entwicklung der Kinder nötig ist, ob die Frau ein wenig Zeit findet, ihrem Manne etwas zu sein und die Kinder zu erziehen, oder ob sie sich in zusätzlicher Erwerbsarbeit erschöpfen muß, weil das Einkommen des Mannes nicht ausreicht. Das Ausweichen vor dieser Erkenntnis findet sich bei Verteidigern der bestehenden Wirtschaftsordnung wie bei den Urhebern neuer wirtschaftlicher Konstruktionspläne. Die einen kommen auf diese Weise dazu, die Begehrlichkeit der Massen anzuklagen, die über das bewährte Alte hinaus nach Neuerungen streben, oder das allerdings oft überschätzte Verteilungsproblem für vollkommen unerheblich zu erklären. Die anderen werden dazu verführt, sich ein Wunschbild der Wirtschaft aufzubauen, das aus reiner Gesinnungsethik konstruiert ist. Man mag der Ordnung des Wirtschaftslebens, wie sie heute ist, politische und ethische Vorteile zusprechen, aber man wird, wenn man den Dingen ins Gesicht sieht, als verantwortungsbewußter Mensch kaum die Behauptung wagen können, daß diese Vorteile die Entscheidung geben müßten, auch wenn eine gebundene Wirtschaftsform höhere produktive Leistungen aufweisen könnte. Und umgekehrt darf der Sozialist nie behaupten, daß seine „außerwirtschaftlichen" Argumente gegen den Kapitalismus ausschlaggebend sein müßten ohne Rücksicht darauf, was der Kapitalismus leistet. Es steht nicht so, daß geistige, kulturelle oder ethische Forderungen gegen Äußerlichkeiten des Lebens abzuwägen wären, sondern dem geistigen, kulturellen und sittlichen Wollen derer, die das Bestehende verwerfen oder die es verteidigen, sind die wirtschaftlichen Tatsachen entgegenzuhalten, von denen selbst wieder geistige, kulturelle, sittliche Werte abhängen. Der Verteidiger der Verkehrswirtschaft muß, auch wenn er allerhand andere Argumente für sie weiß, sich um die Behauptung kümmern, daß andere mögliche Wirtschaftsformen den Menschen mehr Güter zur Verfügung stellen. Der Sozialist muß, auch wenn er aus ganz anderen Gründen sein Wirtschaftsideal verficht, durch wirtschaftliche Argumente beweisen, daß die Menschheit sich dieses Ideal leisten kann, ohne durch materielle Not in jedem Bezirk des Lebens zurückgeworfen zu werden.

IV. Die antiproduktiven Erscheinungen der Verkehrswirtschaft

a) Das Monopol

1. Die Monopolrechnung und die Tendenz zum Monopol

Die Grenznutzentheorie lehrt, daß der Wert eines Stückes aus einem Vorrat gleichartiger Stücke nach der Dringlichkeit des wenigst dringlichen Bedürfnisses sich bestimmt, das auf irgendeines der Stücke gerichtet ist. Diese Regel drückt sich, wie alle Wesenszüge der subjektiven Wertschätzung, im Preisbildungsprozeß aus. Je vollkommener eine Bedürfnisgattung befriedigt wird, um so niedriger steht das einzelne Gut, das dieser Befriedigung dient, im

Preise. Von einem gewissen Punkt an hat daher der Produzent ein überwiegendes Interesse daran, daß der Gesamtabsatz nicht mehr weiter wachse: er verdient an der geringeren Verkaufsmenge bei höherem Stückpreis mehr als an der größeren Verkaufsmenge bei niedrigerem Stückpreis.

Wo viele Produzenten miteinander in Wettbewerb stehen, kann der einzelne aus dieser Erkenntnis keine praktischen Folgerungen ziehen. Wenn er selbst auf einen Teil des möglichen Absatzes verzichtet, so ziehen diesen die Konkurrenten an sich, der Preis steht nicht höher, als wenn er selbst die Gelegenheit ausnutzen würde, die der Markt ihm bietet. Die volle Beherrschung des Marktes durch einen einzelnen Produzenten ist am leichtesten möglich, wenn einer es versteht, alle anderen auszuschalten. Aber auch, wo dies nicht zutrifft, fehlt es keineswegs an der Möglichkeit, durch Drosselung des Absatzes Gewinn zu erzielen: es ist nur nötig, daß die Produzenten sich miteinander verbinden.

So entstehen Kartelle. Es ist oft behauptet worden, daß Kartelle nicht notwendig die Tendenz haben müßten, den Preis des Produkts zu erhöhen. Sie strebten, so meinte man, nur nach einem zeitlichen Preisausgleich, der die Schwankungen der Konjunktur mildern sollte. Wirklich bemühen sich die meisten Kartelle, es in ihren Produkten nicht zu schroffen Änderungen der Preise kommen zu lassen, schon weil eine gewisse Stabilität die Kontrolle der Organisationen über die Preise erleichtert. Sie verzichten deshalb gewöhnlich auf die Ausnutzung der äußersten Preissteigerungsmöglichkeiten, die eine Hochkonjunktur bietet. Aber es ist der Zweck des Kartells, den Durchschnittspreis über das Niveau zu heben, das er bei freier Konkurrenz einnehmen würde. Erfüllt das Kartell diesen Zweck nicht, dann ist es überflüssig. Nur um an Wettbewerbskosten, wie Reklame, zu sparen, unterwirft sich kein Unternehmer den Bindungen eines Kartellvertrags.

Ob es einem Produktionszweig möglich ist, durch Zusammenschluß die Absatzmenge zu vermindern und den Preis in die Höhe zu treiben, ist eine Frage der Organisationstechnik. Vor dem Krieg ist in der Hauptsache nur die Urproduktion in der Lage gewesen, wirksame Kartelle zu bilden, weil bei ihr in jedem Produktionszweig verhältnismäßig wenig Produzenten vorhanden sind, die sich leicht auf ein Preisschema für ihre noch nicht stark differenzierten Produkte einigen können. Heute ist auch die Fertigindustrie von Kartellen durchsetzt, die zwar an Straffheit der Kartelldisziplin hinter denen der Schwerindustrie meist zurückstehen, aber immerhin die Preisbildung wesentlich beeinflussen. Das mag durch ein Merkmal der augenblicklichen Entwicklung begünstigt worden sein: Seit der Stabilisierung ist im großen und ganzen mit einem Zinsfuß von nicht unter 8 % für erstklassige Anlagen zu rechnen gewesen. Daher müßten Industrieunternehmungen, um einen genügenden Anreiz zur Investition zu bieten, mindestens eine Rentabilität von 11 bis 12 % abwerfen. Diese Rentabilität, auf das Gesamtkapital gerechnet, das zur Neuanlage der Werke notwendig wäre, wird von den meisten Betrieben nicht erreicht. Daraus folgt nicht, daß die Investition von Kapitalien in der Industrie unterbleiben muß. Aufwendungen, die auf bereits vorhandene Anlagen gemacht werden, um sie zu verbessern, können sich auch bei dem heutigen Zinsfuß lohnen: Der Spitzenbetrag des Kapitals kann besser rentieren als die Gesamtheit. Weil das so ist, hat in vielen Produktionszweigen der Besitzer bereits bestehender, durch Inflation und Goldumstellung weitgehend abgeschriebener Anlagen ein Monopol: Völlig neue, in sich geschlossene Betriebe, die das Gesamtkapital zum Tagessatz verzinsen müßten, können vielfach nicht mehr errichtet werden. Daher ist nicht mit einer ungehemmten Vermehrung der Produktionsunternehmungen zu rechnen, und das erleichtert den Zusammenschluß außerordentlich. Dieses Moment ist gewiß nicht allein das ausschlaggebende, die Verfeinerung der Kartelltechnik hätte auch sonst zur Kartellierung der weiterverarbeitenden Industrien geführt, aber sicher lag darin eine wesentliche Hilfe.

Die Technik der Kartellorganisation wird weiter fortschreiten, sie wird die Monopolisierung von Produktionszweigen herbeiführen, in denen heute noch freier Wettbewerb stattfindet. Ein Produktionszweig ist so lange einer Kartellregelung nur unter Schwierigkeiten zugänglich, als ein Teil der Produzenten noch hofft, den anderen Teil in ungehemmtem Kampf rasch ausschalten zu können. Diese Hoffnung findet notwendig einmal ihr natürliches Ende: Entweder erfüllt sie sich, dann bleiben die siegreichen Unternehmungen allein zurück und stehen vor der Frage, ob sie den Wettbewerb unter sich fortsetzen wollen, oder sie erfüllt sich nicht, die Starken oder vermeintlich Starken können die Kleineren nicht vernichten, dann werden sie es vorteilhafter finden, sich mit ihnen zu vertragen. In beiden Fällen mündet der Wettkampf in einem Kartell.

So ist die Tendenz zum Monopol nicht eine Ausartung, die sich hier und dort am Körper der Verkehrswirtschaft findet, sondern sie ist ein unvermeidlicher Prozeß, der sich mit dem Fortschritt der Organisationstechnik über die ganze Wirtschaft ausbreitet, und der nur dort vorübergehend zum Stillstand kommt, wo besonders starke Wachstumsprozesse immer neue Voraussetzungen für den Wettkampf schaffen, deren Folgen von den Beteiligten erst erprobt werden müssen.

Die Folge des Kartellmonopols ist, daß die Befriedigung des Bedarfs unter das sonst mögliche Maß herabgedrückt wird. Es ist kein grundsätzlicher Unterschied zwischen der Vernichtung von Produkten zum Zweck der Valorisation, wie sie oft als Beispiel der Schädigung volkswirtschaftlicher oder weltwirtschaftlicher Interessen durch privaten Eigennutz angeführt wurde (z. B. Vernichtung von Kaffee in Brasilien nach großen Ernten, Vernichtung von Seefischen in England nach überreichen Fängen), und dem Verzicht auf die Erzeugung von Produkten, wenn der erzielbare Preis noch die Kosten decken würde.

Wie kann es in der Verkehrswirtschaft überhaupt zu monopolistischer Preisbildung kommen? Die ideale Verkehrswirtschaft gewährleistet die bestmögliche Versorgung des Konsums, das Monopol aber schädigt die Konsumversorgung. Wo ist der Unterschied zwischen der realen Verkehrswirtschaft und der idealen Verkehrswirtschaft, der dieses Abweichen vom Versorgungsoptimum zuläßt?

Man denke sich einmal einen Monopolisten, der seinen Produktionsplan für die kommende Produktionsperiode entwirft. Er sei in der Lage, zehntausend Einheiten zu produzieren und dabei einen Preis zu erzielen, der die Kosten noch deckt und einen normalen Unternehmergewinn übrigläßt. Er kommt aber zu dem Ergebnis, daß es für ihn weit vorteilhafter ist, die Produktion auf zweitausend zu beschränken und für die Einheit einen Preis von 5 x zu nehmen. Nachdem er sich entschlossen hat, so zu verfahren, wendet sich an ihn ein Konsumverein, der ihm nachweist, die Mitglieder des Vereins seien auf keinen Fall in der Lage, einen Preis von 5 x zu bezahlen, und würden dann eben auf einen Verbrauch solcher Güter verzichten. Biete man sie ihnen aber zum Preise von x an, so sei ein Absatz von weiteren zweitausend Stück möglich. Der Konsumverein schlägt vor, der Produzent solle ihm weitere zweitausend Stück zum Preise von x liefern. Wird der Produzent darauf eingehen? Wenn er sorgfältig geprüft hat, ob wirklich keine Leute in dem Konsumverein organisiert sind, die unter Umständen auch einen Preis von 5 x bezahlen würden, hat er keinen Anlaß, auf das Geschäft mit weiteren zweitausend Einheiten zu verzichten. In den meisten Fällen dieser Art würde auch noch der besondere Vorteil bestehen, daß die zusätzlichen zweitausend Stück, da die ersten bereits die Generalspesen tragen, zu niedrigeren Kosten zu produzieren sind.

Warum sucht also nicht jeder Monopolist erst eine bestimmte Menge zu höherem Preis an die zahlungsfähigeren Konsumenten abzusetzen und dann noch den Rest zu niedrigerem Preis an die weniger zahlungsfähigen? Ein solcher Versuch wäre in den meisten Fällen ganz aussichtslos. Die Standard-Oil-Comp. könnte ein vollständiges Monopol über alles Petroleum und Benzin der Welt haben, sie würde trotzdem unmöglich verlangen können, daß jeder Abnehmer eines Liters Petroleum erst seinen Steuerzettel vorzeigt und dann einen höheren Preis zahlt, wenn er den kaufkräftigeren Bevölkerungsschichten angehört. Nun ist freilich die Zahlungsfähigkeit im Sinn von überdurchschnittlichem Einkommen keineswegs der allein denkbare Maßstab für die Abstufung der Preise. Man kann, anstatt von den zahlungsfähigeren Käufern, ebensogut auch von jenen Käufern sprechen, die ein dringlicheres Bedürfnis nach dem betreffenden Gut haben als die übrigen oder von den Bedürfnissen erster Dringlichkeitsstufe bei allen Käufern. Nicht nur ist der Millionär bereit, für Brot, wenn es sein muß, mehr zu zahlen als ein armer Teufel. Wer in höherem Grad als andere Brot den übrigen Nahrungsmitteln vorzieht, wird gleichfalls bereit sein, einen überdurchschnittlichen Preis für Brot zu bewilligen. Eine kleine Menge Brot zur Deckung des dringlichsten Bedarfs würde jedermann auch zu höherem Preis kaufen, wenn er sie anders nicht bekommt, nur auf die Deckung seines minder dringlichen Brotbedarfs würden in diesem Fall viele verzichten. Aber die Dringlichkeit des Bedürfnisses, das der einzelne Konsument empfindet, ist in der Regel eher noch schwerer festzustellen als seine Zahlungsfähigkeit. Der zahlungsfähigere oder zahlungswilligere Konsument taucht, vom Standpunkt des monopolistischen Produzenten aus gesehen, gewöhnlich in der Masse der übrigen Konsumenten unter. Und da er gewiß keinen Anlaß hat, sich freiwillig zu melden, so ist er von jenen nicht unterscheidbar. Es bleibt in der Regel dem Monopolisten kein anderer Weg, als Güter überhaupt nicht unter dem erhöhten Preis abzugeben und es darauf ankommen zu lassen, wie viele Konsumenten dann noch als Käufer auftreten.

Wo in Ausnahmefällen die Ausscheidung des zahlungsfähigeren oder zahlungswilligeren Konsumenten möglich ist, wird sie auch vorgenommen. Der klassische Fall sind die Gütertarife der Eisenbahn. Die Eisenbahn befördert Rohstoffe, die frachtempfindlich sind, also bei höheren Tarifsätzen nicht befördert würden, zu niedrigerem Preis als Fertigprodukte, die wegen ihres höheren spezifischen Wertes frachtunempfindlich sind. (Auch hier spielt freilich die günstigere Verteilung der Generalspesen eine Rolle: Die Abstufung bedeutet, daß man bei einem Teil des Umsatzes schon die vollen Generalspesen hereinholt und die weiteren Leistungen auch dann verkauft, wenn man nur etwas mehr als die Spezialkosten daran verdient. Aber auch diesen Vorteil kann man sich nur bei einem Monopol sichern, denn bei freier Konkurrenz ist kein Kunde bereit, für die gleiche Ware oder Leistung mehr zu zahlen als irgendein anderer.) Wäre jeder Monopolist in der Lage, Merkmale zu finden, an denen er die größere Zahlungswilligkeit und Zahlungsfähigkeit des Konsumenten auch nur mit dem gleichen Grad der Sicherheit erkennt, wie die Eisenbahn nach der Art des Produkts die Frachtempfindlichkeit zu beurteilen vermag, dann würde jeder Monopolist lieber seine Preise abstufen, als die Menge der produzierten Güter verringern. Nimmt man einen Augenblick an, was freilich eine erhebliche Anstrengung der Vorstellungskraft verlangt, daß unter solchen Bedingungen alle Güter von Monopolisten auf den Markt gebracht würden, so wäre die Folge eine

Nutzlosigkeit des größeren Einkommens, mit dem ja dann nicht mehr Produkte gekauft werden könnten als mit dem kleineren, aber keine schlechtere Durchschnittsversorgung als bei allgemeiner freier Konkurrenz.

Die differentielle Preisbildung ist praktisch wenig belangreich, aber grundsätzlich sehr interessant. Hier kommt es vor allem auf die Erkenntnis an, daß die monopolistische Beschränkung der Produktion, die zweifellos antiproduktiv ist, nicht etwa die These widerlegt, daß in der „idealtypischen" Verkehrswirtschaft nichts Antiproduktives geschehen könne. In einer „idealtypischen" Verkehrswirtschaft gäbe es eine solche Beschränkung in keinem Fall, weil hier die Marktlage ganz genau bekannt ist, also alle wirtschaftlichen Positionen durchsichtig sind. Es gäbe höchstens differentielle Preisbildung.

Dabei muß eine Schwierigkeit aufgezeigt werden, die schon dem Versuch, auch nur den Begriff freie Konkurrenz oder idealtypische Verkehrswirtschaft ganz klar und scharf zu fassen, hinderlich ist. Stellt man sich eine Wirtschaft vor, in welcher der Wirtschaftsverkehr völlig frei und ungehindert ist und auch keinerlei Unvollkommenheiten unterliegt, so daß jedes Angebot und jede Nachfrage ihren Partner beliebig treffen oder sich mit gleichgerichteten Interessen verbinden kann, in der außerdem die Stellung der einzelnen Partner völlig durchsichtig ist, so daß jeder die Bedürfnislage und die Zahlungsfähigkeit des anderen zu erkennen vermag, so läßt sich keineswegs behaupten, daß es in einer solchen Wirtschaft keine Monopole geben würde. Da primär stets ein Anreiz zur Verbindung gleichartiger Interessen besteht, wäre sie sogar vielleicht von Monopolen durchsetzt. Aber die Verengung des Marktes, die in unserer Wirtschaft die regelmäßige Folge eines Monopols ist, bliebe vermieden. Die Monopolisten würden nicht die Produktion beschränken, sondern differenzierte Preise erheben. Es hätte jeder höhere Preise für die Deckung seiner dringlicheren Bedürfnisse zu bezahlen, niedrigere Preise für die Deckung seiner weniger dringlichen Bedürfnisse, auch dort, wo sich Bedürfnisse verschiedener Dringlichkeit auf die gleiche Ware richten. Die Konsumenten als Gesamtheit hätten aber nicht weniger Güter zur Verfügung als beim Unterbleiben aller Zusammenschlüsse.

Trotzdem ist natürlich ein solches Wirtschaftssystem keine freie Konkurrenz im Sinn der Klassiker. Kann man diese überhaupt aus den Voraussetzungen der klassischen Theorie widerspruchslos ableiten? Wenn man, wie es hier geschehen ist, unter die Voraussetzungen das völlig freie Sichtreffen entgegengesetzter und gleichgerichteter Interessen aufnimmt, dann folgt daraus die Tendenz zu Zusammenschlüssen mit monopolistischen Zielen. Die Prämissen so zu gestalten, daß nur entgegengesetzt gerichtete (Käufer-, Verkäufer-) Interessen die Möglichkeit haben sollen, sich zu treffen, wäre sehr willkürlich. Aber es ist auch gar nicht zulässig, denn wenn die Gesetze gelten sollen, auf deren Geltung es den Klassikern ankam, dann muß jedes Interesse nach dem Maß seiner Stärke auf dem Markt erscheinen können. Den zersplitterten Interessen muß die Möglichkeit offenstehen, sich zu gemeinsamen Angeboten zu verbinden. Solidarische Marktaktionen gleichgerichteter Interessen dürfen also nicht schlechthin ausgeschaltet werden, sondern nur so weit, als sie monopolistisch wirken können. Es ist nicht leicht, da man doch das Gewinninteresse als rücksichtslos wirkend unterstellt, eine konkret vorstellbare Konstruktion der Voraussetzungen zu ersinnen, die zur Verhinderung der Zusammenschlüsse führen könnten. Vielleicht darf man trotzdem bei der Klarstellung des Begriffs, wo es sich nicht um das Praktisch-Mögliche, sondern nur um das Widerspruchslos-Denkbare handelt, etwa eine Abrede der Produzenten annehmen, durch die sie auf monopolistische Zusammenschlüsse verzichten[1], so daß die früher gegebene Definition der idealen Verkehrswirtschaft („kein Zusammenschluß von Wirtschaftspersonen zu gemeinsamem Angebot oder gemeinsamer Nachfrage, die monopolistischer Verengung des Marktes dienen würden") sich halten läßt. Immerhin läßt sich also die Vorstellung einer Gesellschaft der freien Konkurrenz mit den Voraussetzungen der ab-

[1] Das brauchte auch nicht im Widerspruch zur Fiktion des rücksichtslosen Gewinninteresses zu stehen, denn die Produzenten würden dabei die Mühe der differenzierten Preisbildung sparen, und eine allgemeine Monopolisierung der Produktion ist ja auf der anderen Seite unter allen Umständen wenig gewinnbringend, weil die Monopolisten sich dabei zum allergrößten Teil selbst „ausbeuten". (Der Sondergewinn würde hier nur darin bestehen, daß die „Konsumentenrente" der Rentner usw., also der Nichtproduzenten, an die Monopolisten geleitet wird.)

strakten Theorie nicht in völlig befriedigender Weise in Einklang bringen. Die gleichen Kräfte, die schon in der Abstraktion den Begriff fragwürdig machen, sind in der konkreten Wirklichkeit gegen den Bestand jeder freien Konkurrenz gerichtet: die parallel laufenden Marktinteressen, die aus der Freiheit des Wirtschaftsverkehrs die Möglichkeit eines monopolistischen Zusammenschlusses gewinnen. Und wenn es dem Theoretiker, der sich sein Handwerkszeug der Begriffe präzis zu konstruieren versucht, schon schwer wird, zugleich mit seiner Voraussetzung der Verkehrsfreiheit die Verhinderung monopolistischer Zusammenschlüsse anzunehmen, so ist es dem Gesetzgeber unmöglich, die Monopolbildung zu verhindern, wenn er den freien Wirtschaftsverkehr zuläßt.

In der Wirklichkeit hat die Existenz der Monopole noch eine viel größere Bedeutung, als sie unter jenen abstrakten Voraussetzungen der idealtypischen Verkehrswirtschaft jemals erlangen könnte: Denn in der realen Verkehrswirtschaft sind nicht alle Waren gleichmäßig monopolisierbar, es entstehen also Sondergewinne bestimmter Produzenten von viel größerem Ausmaß. Ferner ist die Durchsichtigkeit der wirtschaftlichen Positionen nicht gegeben, es kommt also in der Regel nicht zu differentieller Preisbildung, sondern zur Beschränkung der Produktion. In der ganzen wirtschaftlichen Entwicklung ist kein Umstand erkennbar, der an dieser Undurchsichtigkeit etwas ändern könnte. Der Anreiz für den Produzenten, die Warenproduktion einzuschränken, wird daher bleiben.

2. *Wird Monopolisierung durch Kostendegression gehindert?*

Nur ein Argument gibt es, das dagegen spricht. Es war vorhin schon davon die Rede, daß eine Ausdehnung der Produktion bei stark sinkenden Kosten rationell sein kann, um eine bessere Verteilung der Generalspesen zu erzielen. Mit dem wachsenden Anteil des stehenden Kapitals am Gesamtkapital nimmt die Bedeutung der fixen Kosten gegenüber den proportionalen Kosten noch zu, es wächst der Reiz des größeren Umsatzes. Dieser Reiz wird mindestens zu einer Milderung der Monopolpolitik führen. Bei freier Konkurrenz ist die Produktion so lange auszudehnen, bis für die „letzte" produzierte Einheit nur mehr ein Preis erzielt werden kann, der die Kosten gerade deckt. Sinken die Kosten mit der

Ausdehnung der Produktion, so wird dieser Punkt später erreicht als bei gleichbleibenden Kosten. Der Monopolist wird auch in diesem Fall im allgemeinen die Produktion nicht so lange ausdehnen, bis die Kurve der erzielbaren Produktpreise die Kostenkurve schneidet. Aber da er jenen Produktionsumfang wählt, bei dem das mathematische Produkt aus Stückgewinn (Differenz von Stückpreis und Stückkosten) das größte ist, so muß auch er bei einer abfallenden Tendenz der Kostenkurve eine größere Produktmenge anstreben als bei horizontalem Verlauf der Kostenkurve.

Die Vorteile der sinkenden Kosten drängen zu einer Konzentration der Produktionsunternehmungen. Das Kartell ist grundsätzlich darauf eingestellt, die ihm angehörenden Betriebe zu erhalten. Es muß also, wie oft dargelegt wurde, seine Preispolitik an den Kosten des Grenzbetriebs orientieren. Das wird nicht immer restlos durchgeführt, da die günstiger arbeitenden Unternehmungen sich zuweilen nicht darauf einlassen, alle ihre Konkurrenten als erhaltungswürdig anzusehen. Aber fast immer wird bei einem Kartell eine weitergehende Beschränkung der Produktion durchgeführt, als bei Ausnutzung sinkender Kosten dem monopolwirtschaftlichen Optimum entspräche. Dieses Optimum kann daher nur vom Trust erreicht werden, der nicht mehr eine Schutzorganisation selbständig bleibender Unternehmungen, sondern die Zusammenfassung bisher selbständiger Unternehmungen in eine neue große Unternehmung bedeutet. Da das Monopoloptimum bei sinkenden Kosten dem Ergebnis freier Konkurrenz näher liegt als jener Produktionsumfang, der beim Kartell festgehalten wird, ist die Entwicklung vom Kartell zum Trust ein wirtschaftlicher Fortschritt.

In manchen Fällen ist das Kartell der Vorläufer des Trust gewesen. Das zeigen schon die großen Fälle von Trustbildung, die wir in Deutschland erlebt haben. Die chemischen Fabriken waren für wichtige Produkte straff kartelliert, bevor sie sich zur I. G.-Farbenindustrie zusammengeschlossen haben. Der Stahlverein, der ja kein Trust im vollen Sinne des Wortes, aber immerhin ein trustähnliches Gebilde ist, entstand nach einer Periode starker Syndikatsbildung in der Eisenproduktion. Da das Kartell zu seiner eigenen Vervollkommnung der gemeinsamen Verkaufsstelle bedarf, weil die Kontrolle des Kartellvorstands über die von den Mitgliedern geforderten Preise immer fragwürdig bleibt, solange die Mitglieder im Absatz selbständig vorgehen, da also das Kartell die Tendenz zum Syndikat in sich trägt, gewöhnt es dem Unternehmer die Ideologie der privatwirtschaftlichen Initiative wenigstens für den Gebrauch außerhalb der Politik allmählich ab. Wenn man im Absatz die Initiative des einzelnen durch eine mehr oder weniger bürokratisch arbeitende Organisation ersetzen kann, warum soll man es in der Produktion selbst nicht können? So schwächt das Kartell die psychologischen Widerstände, die der Konzentration des Eigentums an den Produktionsmitteln entgegenwirken. Dazu kommt, daß die Ausnutzung der Quotenbestimmungen der Kartelle und Syndikate sehr häufig zu einem Machtmittel wird, um den Großen die Aufsaugung der Kleinen zu erleichtern. Werden die Quoten nach der Kapazität bemessen, so ist der Große häufig in der Lage, seine Produktionsfähigkeit durch Neuanlagen zu steigern, während der Kleine einen solchen Kapitalaufwand sich nicht leisten kann. Fast immer aber hat der große Konzern die Möglichkeit, seine Quoten von den ungünstig arbeitenden Betrieben auf die günstig arbeitenden zu übertragen und damit die Selbstkosten außerordentlich zu senken. Die günstigen Betriebe eines solchen Konzerns sind dann vollbeschäftigt, während kleinere Unternehmungen, die solche Übertragungsmöglichkeit nicht haben, weil sie nicht über eine entsprechende Auswahl an Betrieben verfügen, viel teurer arbeiten, wenn sie durch die beschränkte Quote in der Ausnutzung ihrer Kapazität gehindert werden. Bei Ablauf des Kartellvertrags stehen dann die großen Konzerne finanziell gekräftigt da, die kleinen aber haben nur die Sorge, sie könnten zum freien Wettbewerb gezwungen werden. So geschieht dann gewöhnlich die Erneuerung des Kartellvertrags unter Bedingungen, wie sie den Großen passen, nicht selten auch unter Senkung der Preise, die aber häufig nur so lange dauert, bis der Aufsaugungsprozeß vollendet ist. Das Ergebnis ist schließlich, daß die Kleinen entweder erliegen oder das Rennen aufgeben und sich aufkaufen lassen: in beiden Fällen der Trust.

Es ist heute nicht möglich, zu entscheiden, ob die Entwicklung vom Kartell zum Trust nicht doch auf Hemmungen stoßen wird, die sie in viele Wirtschaftsgebiete nicht eindringen lassen. Wie weit die Trustentwicklung in Deutschland bisher gediehen ist, darüber gibt es keine Statistik, das läßt sich auch durch keine an äußeren Merkmalen haftende Beschreibung erfassen. Der Aufkauf von Aktienpaketen bleibt dort, wo es sich nicht um Papiere von Börseninteresse oder um große Industrien handelt, von der Öffentlichkeit häufig unbemerkt. Aber auch die Frage, ob es eine Grenze für die Vertrustung gibt, ist schwer zu beantworten. Weite Teile der Fertigindustrie müßten von Grund auf neu organisiert werden, wenn der einzelne Betrieb die selbständige Leitung durch den einzelnen Unternehmer entbehren sollte. Aber ist eine solche Umorganisation unmöglich? Auf weiten Gebieten der Qualitätsindustrie sind heute schon Riesenunternehmungen führend, die sich in der Art ihrer Verwaltung vom Trust nicht unterscheiden, bei denen der einzelne Betrieb auch nur ein Teilchen ist, geleitet von einem Beamten, der sich den Anordnungen von Vorgesetzten zu fügen hat. Was in der Elektroindustrie möglich ist, in der Unternehmen wie AEG. oder Siemens mit ihrer notwendig bürokratischen Arbeitsweise an der Spitze stehen, braucht für keine andere Industrie grundsätzlich unmöglich zu sein.

Einmal angenommen, daß für die Entwicklung zum Trust unbegrenzter Spielraum wäre: Könnte man etwa erwarten, daß die Verkehrswirtschaft sich selbst von der Krankheit des Monopolismus heilen wird? Das Gesetz der sinkenden Kosten hindert wohl in einer bestimmten Entwicklungsperiode den Trust, seine Monopolstellung auszunützen. Aber wenn ein bestimmter Punkt der Konzentration überschritten ist, fällt der außerordentliche Anlaß der Absatzsteigerung weg, der in der besseren Verteilung der Generalspesen liegt. Es würde z. B. beim heutigen Zustand der deutschen Automobilindustrie die Erträge dieser Industrie außerordentlich heben, wenn es gelänge, den Automobilabsatz auf das Zwanzigfache zu steigern. Auch ein deutscher Autotrust, der die Verfügung über alle deutschen Fabriken hätte und zweifellos eine Reihe davon stilllegen würde, sähe wohl — selbst bei absolut wirksamem Zollschutz gegen Auslandseinfuhr — keinen Vorteil darin, die Preise zu erhöhen und dadurch den Absatz zu verringern. Ginge er aber mit der Betriebsstillegung sehr weit, würde er also nicht nur die schlechten Fabriken, sondern alle nicht ganz vorteilhaften außer Betrieb setzen, gäbe es also in Deutschland nur mehr vier oder fünf Autofabriken, von denen jede eine bestimmte Wagentype herstellt: dann würde das Interesse des Trust an der Absatzsteigerung bedeutend vermindert, so daß das Optimum vielleicht nur mehr beim Zehnfachen der heutigen Produktion läge. Je weniger Fabriken in Betrieb gehalten werden, um so früher ist ein Zustand erreicht, in dem die Leistungsfähigkeit jeder einzelnen Fabrik bestmöglich ausgenutzt ist und für neue Bedarfssteigerungen Neuanlagen nötig wären. Natürlich kommt es darauf nicht allein an: Das Gesetz der sinkenden Kosten wird erst dann ausgeschaltet, wenn z. B. auch der zentralisierte Materialeinkauf für die Trustfabriken den optimalen Umfang hat, und wenn die Kosten der allgemeinen Trustregie bei Verteilung auf den Wert des jährlichen Produkts unehreblich geworden sind. Dann aber tritt die Monopolrechnung, die vom willkürlich beschränkten Gesamtumfang bei höherem Stückgewinn größeren Gesamtgewinn verspricht, wieder voll in Wirksamkeit.

Der Automobilabsatz ist unter der Einwirkung sinkender Preise ungewöhnlich elastisch, außerdem ist das Auto in Deutschland bis jetzt verhältnismäßig wenig verbreitet. Hier würde also das Gesetz der sinkenden Kosten von dem heute erreichten Punkt an auch bei starker Konzentration der Industrie noch länger wirken als bei den meisten anderen Produktionszweigen. Bei den meisten Massengütern würden heute schon allein durch Konzentration der Erzeugung in den zweckmäßigst arbeitenden Produktionsstätten die Vorteile der sinkenden Kosten voll verwirklicht werden. Es würden Riesenbetriebe von optimaler Größe entstehen, so daß durch weitere Vergrößerung des Umsatzes keine Senkung der Stückkosten mehr zu erreichen wäre. Mit Recht hat Vogelstein auf der Regensburger Tagung des Vereins für Sozialpolitik den sozialistischen Vertretern entgegengehalten, daß man nicht so argumentieren dürfe, als ob das Gesetz der sinkenden Kosten für die industrielle Produktion unbegrenzt gelte, und daß man also nicht mit einer Zwangsläufigkeit rechnen dürfe, die zu einer immer stärkeren Konzentration erst in Großunternehmungen, dann in Trusts und schließlich in einen Staatskapitalismus zwinge. Aber nicht nur gegen die Deutung der Konzentrationstendenz, wie sie bei manchen Sozialisten sich findet, ist der Hinweis nötig, daß das sogenannte Gesetz der sinkenden

Kosten nur in gewissen Grenzen gilt. Diese Tatsache widerlegt auch jeden Optimismus, der etwa eine Selbstheilung der Verkehrswirtschaft von der Monopolkrankheit annehmen wollte. Heute haben wir es überwiegend mit Kartellen zu tun, die, auf die Vorteile des Gesetzes der sinkenden Kosten teilweise verzichtend, die Produktion beschränken. Wenn wir es morgen mit Trusts zu tun haben werden, so dürften sie in vielen Fällen sofort in der Lage sein, sich das Gesetz der sinkenden Kosten zunutze zu machen, ohne an der Beschränkung der Produktion etwas zu ändern. Sind sie noch nicht an diesem Punkt, dann werden sie die Produktion nicht sehr lange ausdehnen müssen, um ihn zu erreichen.

Damit kommen wir zu einem Gedanken zurück, der schon oben bei der Klarstellung des Begriffs „Freie Konkurrenz" berührt wurde. Eine voll durchgebildete Markttechnik der Verkehrswirtschaft bedingt, daß jedes Angebot jede Nachfrage treffen kann. Aber das ist unmöglich, wenn nicht überhaupt das Sichzusammenfinden aller Marktpersonen in unbeschränktem Maß möglich ist. Trifft aber diese Voraussetzung zu, dann können sich auch alle Anbieter zur Wahrung ihrer gemeinsamen Interessen vereinigen. Die Nachfragenden können das nur ausnahmsweise oder mit viel geringerer Wirkung, weil jeder Mensch auf zahlreichen verschiedenen Märkten als Nachfragender auftritt, indem er die Güter seines Konsums kauft und unmöglich für alle diese Märkte Mitglied einer monopolistischen Käuferorganisation werden kann, ohne sich in der Art seiner Bedarfsdeckung in unerträglicher Weise zu binden (die häufig erörterten Grenzen der Konsumvereine!). Der Verkäufer dagegen kann seine Aufmerksamkeit und seine Stoßkraft auf ein einziges Marktgebiet verlegen. Es ist eine schwierige Vorstellung, so wurde früher gezeigt, eine Gesellschaft der freien Konkurrenz denken zu wollen, die keine Tendenz zum Monopol, wenn auch ohne Marktverengung, in sich trüge: Denn die vorausgesetzte Verkehrsfreiheit muß den Zusammenschluß auch gleichgerichteter Interessen ermöglichen, das nach den Voraussetzungen allein regierende Gewinninteresse muß ihn herbeiführen, wenn nicht Sonderabreden dies hindern. Die Ungleichmäßigkeiten der Voraussetzungen für den Zusammenschluß der Interessen aber gibt den Trägern der leicht organisierbaren Interessen einen Vorsprung und zerstört damit ihre Bereitwilligkeit zu jeder monopolhindernden Abrede, so daß jene Tendenz ungehemmt bleiben muß, durch welche die freie Konkurrenz sich selbst aufzuheben strebt. Da differentielle Preisbildung unmöglich ist, kommt es dabei zur Marktverengung. Es ist daher eine irreale Voraussetzung, wenn man eine Verkehrswirtschaft annimmt, die sich innerhalb der praktisch möglichen Grenzen vervollkommnet, aber dabei Monopole ausschließt. Man nimmt dabei an, daß der Verkehr zwischen Käufern und Verkäufern die höchste Entfaltung erreicht habe, daß aber die Verständigung zwischen den Verkäufern gehindert sei. Nun gebiert aber der freie Wirtschaftsverkehr aus sich das Monopol, das seine Vorteile vermindert und die Entfaltung der Wirtschaft beschränkt. Mit jedem Maß von Sicherheit, mit dem sich überhaupt Aussagen über die wirtschaftliche Zukunft machen lassen, läßt sich behaupten: Solange die kapitalistische Verkehrswirtschaft dauert, wird auch der Monopolismus dauern. Er wird sich in dem Maß verschärfen, wie die Technik monopolistischer Verständigung sich fortbildet, und wie durch zunehmende Konzentration der Erzeugungsstätten Gelegenheit sich bietet, auch bei monopolistischer Beschränkung des Gesamtabsatzes dem einzelnen Werk die optimale Produktionsmenge zu sichern und damit die Vorteile des Gesetzes der sinkenden Kosten auszuschöpfen.

Das heißt nicht, daß der Kapitalismus irgendwann einmal an der Monopoltendenz zerbrechen muß. Die Menschheit hat noch keine Wirtschaftsform von vollendeter Zweckmäßigkeit gehabt, und sie hat viel länger unter Wirtschaftsformen gelebt, die einen economical man durchaus nicht befriedigen konnten, als unter solchen, die auch nur bescheidenen Vorstellungen von Zweckmäßigkeit genügten. Aber der Ertrag der kapitalistischen Wirtschaft wird abnehmen, oder er wird mindestens nicht so zunehmen, wie die Entfaltung der Technik es gestatten würde. Aus anderen — aber im tiefsten nicht einmal wesensverschiedenen — Gründen, als die Marxisten annehmen, wird die Wirtschaftsform den sich entfaltenden produktiven Kräften zu eng werden. Es ist nicht gesagt, daß sie von ihnen gesprengt werden wird. Aber das Argument, daß im Namen der Produktivität der Kapitalismus beseitigt werden müsse, wird verstärkte Geltung gewinnen.

In seinem Buch „Gemeinwirtschaft“[1] hat Ludwig Mises sich auch mit der These der Sozialisten auseinandergesetzt, daß der Kapitalismus zum Monopol führe, und er glaubte dieses Argument mit der Behauptung zurückweisen zu können, daß die Monopolbildung sich fast ganz auf die Urproduktion beschränkt. Dort aber sei das Monopol nicht schlechthin schädlich, denn es führe dazu, daß der Abbau der nur für eine beschränkte Zeit noch ausreichenden Bodenschätze langsamer vor sich gehe. Als Mises dies schrieb, hatte er im wesentlichen noch Vorkriegsverhältnisse im Auge, und für diese war die Annahme richtig, daß es in der Fertigwarenproduktion nur wenig wirksame Kartelle gebe. Von Trusts war damals in Europa nur wenig die Rede. Heute trägt das Argument von Mises schon deshalb nicht weit, weil die Monopolbildung sich auch über die Fertigwarenindustrie verbreitet hat. Aber selbst für die Urproduktion stimmt das Argument nicht mehr. In verstärktem Maß vollzieht sich, was schon vor dem Krieg in Ansätzen zu spüren war: die syndizierten Montanindustrien der hochindustriellen Länder halten im Inland die Preise hoch und exportieren die Überschußmengen der Produktion zu stark verbilligten Preisen in andere Länder. Auch im Inland gibt es diese Differenzierung der Preise (nicht nach der Zahlungsfähigkeit und Zahlungswilligkeit der Käufer, sondern nach den Konkurrenzverhältnissen). Man nimmt im „unbestrittenen Gebiet“ vom Abnehmer hohe Monopolpreise, im bestrittenen Gebiet aber bietet man das Produkt zu Preisen aus, die vielfach hart an die äußerste Grenze selbst der speziellen (proportionalen) Selbstkosten gehen. Auf diese Weise vereinigt man Monopolnutzung mit den Vorteilen des Gesetzes der sinkenden Kosten, so daß im ganzen die Drosselung der Gesamtmenge nicht mehr stark ist. Der volkswirtschaftliche Verlust liegt dann nicht darin, daß überhaupt zu wenig produziert wird, sondern daß ein Teil der Produktmenge unwirtschaftlich verwendet wird. Eisen geht aus Deutschland und Frankreich zu niedrigsten Preisen in andere, bisher nicht industrialisierte Länder, die dadurch allein in die Lage kommen, sich eine Industrie aufzubauen, während die übrigen Standortsbedingungen ihnen nahelegen würden, sich mit agrarischer oder bergbaulicher Produktion in die internationale Arbeitsteilung einzufügen. Die

[1] 1. Aufl., Jena 1922, S. 381 ff.

deutsche Kohle wird in der Nähe der Gruben nur zu höchsten Preisen abgegeben, die natürliche, volkswirtschaftlich zweckmäßige Standortsverteilung wird gestört, weil man in der Nähe der Wasserkante deutsche Kohle einschließlich Frachtkosten verhältnismäßig billiger kaufen kann als im Ruhrgebiet. Allein dem Umstand, daß das wichtigste deutsche Kohlenrevier in der Nähe des Rheines liegt, der die Einfuhr englischer Kohle erleichtert, ist es zu verdanken, daß in Deutschland nicht noch viel schlimmere Ausartungen dieses differenziellen Prinzips zu spüren sind.

3. Der Monopolschaden

Andere Gedankengänge wollen die Wirkung der Monopole bagatellisieren. Man weist ganz richtig darauf hin, daß ein absolutes Monopol — das heißt die ausschließliche Herrschaft über die Produktion einer Ware, die durch keine andere Ware ersetzt werden könne — zu den größten Seltenheiten gehöre. Also sei der Monopolist in seiner Preispolitik nicht völlig frei. Er könne den Preis nicht bis zum theoretischen Monopoloptimum hinaufzusetzen, wenn er damit einen „potentiellen" Außenseiter oder einen Surrogatproduzenten konkurrenzfähig mache. Wenn z. B. die Werke eines bestimmten Gebiets kartelliert sind und wegen der Höhe von Zoll und Fracht andere nichtkartellierte Produzenten nicht in dieses Gebiet liefern können, so darf das Kartell, wo immer das Monopoloptimum liegen mag, den Preis jedenfalls nicht so hoch ansetzen, daß die unkartellierte Ware von jenseits der Grenzen trotz der Belastung billiger hereinkommt. Und wenn jemand ein Patent auf einen bestimmten Artikel besitzt, der ein bestimmtes Bedürfnis am vollkommensten befriedigt, so wird er trotzdem den Preis unter dem Monopoloptimum halten müssen, wenn sonst der Konsument es vorziehen würde, das billigere und weniger wirksame Produkt zu kaufen. Georg Halm[1] kommt so zu dem Ergebnis, daß „Monopole, die den höchsten Gesamtgewinn bei einer beträchtlichen Steigerung des Preises erzielen, verhältnismäßig sehr selten" sein müßten. Es fragt sich dabei, was man als eine „beträchtliche Steigerung des Preises" anzusehen hat. Gewiß, das Lehrbuchbeispiel von dem Beduinenstamm, der in der Wüste von dem verdurstenden

---

[1] „Die Konkurrenz". München und Leipzig 1927.

Reisenden für einen Eimer Wasser ein Vermögen erpreßt, findet in der modernen Wirtschaft keine Analogie. Aber die Fälle, in denen die potentielle Konkurrenz erst bei einer Preisüberhöhung des Monopolisten von — um nur eine Zahl zu nennen — 20 % wirksam wird, sind sicher nicht selten. Verbreitet sich ein Monopolismus dieses Grades über die Wirtschaft, beim letzten Konsumenten in seinen Wirkungen sich häufend, weil jede einzelne Preisüberhöhung der Produktionsmittel im Preis des Endprodukts sich ausdrücken muß, dann würde dies eine schwere Wirtschaftskrankheit, eine gewaltige Herabdrückung des Lebensstandards bedeuten. Und selbst wenn wir die Höhe des Monopolaufschlags im einzelnen Fall geringer veranschlagen wollten (jeder einigermaßen exakte Maßstab fehlt), würde sich eine sehr bedeutende Minderung des Sozialprodukts ergeben.

Nun bestreitet Halm überhaupt, „daß die monopolistische Preisgestaltung das Sozialprodukt vermindern würde". Denn die Einschränkung der Produktion in der monopolistischen Industrie setze Produktivkräfte frei, und diese würden anderswo verwendet. Werden die monopolisierten Güter in geringerem Umfang erzeugt, so werden andere Güter in größerer Zahl erzeugt werden. Wird die Konkurrenz also durch den Monopolpreis eingeschränkt, so sucht sie sich anderswo in der Form verstärkter Konkurrenz der Produktionsfaktoren auszuwirken und hat hier eine Preissenkung zur Folge — als Korrelat der künstlichen Preissteigerung des Monopolprodukts. Was an Monopoltribut gezahlt wird, wird also teilweise durch sinkende Konkurrenzpreise wiedergewonnen, so daß tatsächlich der einzelne nur insofern betroffen wird, als man ihm durch die Fixierung des Monopolpreises eine andere Gestaltung seines Haushaltplans zumutet.

Diese „kleine Änderung der Produktionsrichtung" ist aber ganz gewiß eine Verminderung des Sozialprodukts. Denn wie soll man das Sozialprodukt überhaupt messen? Auf sein Volumen oder Gewicht kommt es nicht an, es kann nur ankommen auf die „Ophelimität", die Gesamtnützlichkeit des Produkts, auf die Bedürfnisbefriedigung, auf den Lebensstandard, den die gesellschaftliche Arbeit ermöglicht. Ein größeres Sozialprodukt ist eine Gütermenge, die es dem Volk gestattet, besser zu leben. Jeder andere Maßstab ist sinnlos. Da das Monopol bewirkt, daß man schlechter leben muß als man sonst leben müßte, bewirkt es eine Minderung des Sozialprodukts.

Wie steht es nun mit dem Ausmaß dieser Minderung? Je geringer die Zahl der monopolisierten Produktionszweige ist, um so geringer ist nicht nur absolut, sondern auch relativ der Schaden, der durch die Monopolisierung entsteht. Denn Arbeit und Kapital, die in der Industrie A durch monopolistische Einschränkung der Produktion freigesetzt werden, können dann in den nichtmonopolisierten, also beliebig ausdehnungsfähigen Industrien sich eine Verwendung wählen, die wahrscheinlich nicht sehr viel weniger nützlich ist als die in A. Das gilt besonders dann, wenn die Industrie A weder direkt noch indirekt als Lieferant von Produktionsmitteln für viele andere Industrien in Betracht kommt. Ist dagegen der Kohlenbergbau oder die Eisenindustrie oder auch die Maschinenindustrie monopolisiert, dann liegt der Fall schon bedenklicher. Denn eine solche Monopolisierung allgemein verwendeter Produktionsmittel wirkt drosselnd auf alle Industrien, Kapital und Arbeit, die aus der monopolisierten Industrie verdrängt sind, können sich daher auch in der Erweiterung anderer Produktionszweige nur mit geringerem Ertrag betätigen. Da die Kartellierung gewöhnlich bei den Produkten erster Stufe beginnt, ist sie also auch in ihren Anfängen keineswegs harmlos.

Je weiter die Monopolisierung fortgeschritten ist, um so enger wird der Raum, in dem sich Arbeit und Kapital ersatzweise Verwendung suchen können, mit um so geringerem Ertrag müssen sie vorlieb nehmen. Die Ausbreitung des Monopolismus vermindert also progressiv das Wirtschaftsergebnis. Die Schäden der Kartellierung verschlimmern sich mit ihrer zunehmend sich verfeinernden Technik, die es gestattet, weitere Produktionszweige zu monopolisieren.

Allerdings: Die Gesamtmenge des Kapitals, das in der Produktion verwendet wird und zu seiner Ergänzung der Arbeit bedarf, wird zunächst nicht vermindert. Denn im Gegensatz zur Arbeit, die immer ihr Existenzminimum im Lohn gedeckt finden muß, hat das Kapital keinen nach unten fixierten Preis. Es wird sich also stets, wenn es durch Drosselung monopolisierter Industrien aus ertragreicheren Verwendungen gedrängt ist, in minder ertragreicheren Verwendungen beschäftigen, und auch dort Nachfrage nach Arbeit üben. Man kann es auch so ausdrücken: Daß der Kapitalbedarf einzelner Industrien vermindert wird, weil ihre Produktion durch Monopolisierung gehindert ist, sich bis an die Ertragsgrenze auszudehnen, macht Kapital für andere Zwecke frei, drückt also etwas auf den allgemeinen Zinsfuß, erweitert damit ein wenig die Rentabilitätsspanne anderer Produkte und die Möglichkeit, dort auch ohne Lohndruck Arbeiter zu beschäftigen. Aber das Kapital hätte dort, wo es seinen höchsten Ertrag liefert, durch seine direkten und indirekten Wirkungen die meisten Arbeiter beschäftigt. Das ergibt sich, von allen schwierigen theoretischen Überlegungen abgesehen, schon einfach daraus, daß Ertrag materielle — nicht nur formelle — Kaufkraft bedeutet, und daß diese Kaufkraft um so stärker ist, je größer der Ertrag der Produktion ist, noch ganz davon abgesehen, daß die Möglichkeit der Kapitalbildung mit der Größe des Volkseinkommens wächst, und daß daher eine Verringerung der Gesamtproduktivität durch Monopole auch die Möglichkeit des Sparens einschränkt[1].

4. Geschlossene oder offene Monopolverbände

Aber noch ein wichtiges Argument bleibt übrig, das gegen den Schaden der Monopole sprechen könnte: Ist nicht der Zugang zu den kartellierten Industrien offen? Angenommen also, die Kartelle würden eine Monopolrente durch Eindämmung der Produktion schaffen: Würde das nicht dazu führen, daß der Anreiz, sich diesem Beruf zuzuwenden, verstärkt wird und auf diese Weise erstens die

[1] Dagegen könnte vielleicht eingewendet werden, daß die Einkommensverteilung, die durch Monopolismus entsteht, der Kapitalbildung günstiger sei als die Einkommensbildung bei freier Konkurrenz. Die Monopolrenten bilden nämlich große Unternehmereinkommen, die, so unerwünscht sie sozial sein mögen, doch in stärkerem Maße eine Erübrigung von Einkommensteilen gestatten als die Durchschnittseinkommen. Der Monopolismus drosselt aber nicht etwa nur das Reallohneinkommen, sondern das Realeinkommen aller Schichten, auch jener Unternehmer, die nicht selbst Monopolgewinne beziehen. Er verringert den Ertrag, der von der Kapitalbildung zu erwarten ist, und damit den Anreiz. Daher ist kaum ein Zweifel möglich, daß die Kapitalbildungsbilanz des Monopolismus durchaus ungünstig ist.

Monopolrente wieder verschwindet und zweitens die Versorgung der Konsumenten den Grad erreicht, der auch dann erzielt worden wäre, wenn von vornherein freie Konkurrenz bestanden hätte?

Gegen dieses Argument spricht zunächst, daß es Kartelle von jahrzehntelanger Dauer gibt. Sollte ihre Dauerexistenz nur aus dem wirtschaftlichen Trägheitsmoment zu erklären sein? Läßt man das nicht zu, dann würde ihr Bestehen doch beweisen, daß es auch die Monopolrente noch gibt, die das ursprüngliche Ziel der Kartellbildung war. Der Zugang zu den kartellierten Industrien ist eben tatsächlich nicht frei. Er ist zwar nicht formell beschränkt, wie bei den Zünften des späten Mittelalters. Seitdem es die Kartellverordnung gibt, würde überdies ein Kartell, das sich offen weigert, Außenseiter aufzunehmen und ihnen gleichzeitig die Existenz unmöglich zu machen sucht, wohl auch vom Staat zurechtgewiesen oder aufgelöst werden. Aber tatsächlich ist der Zugang zu den kartellierten Industrien in verschiedener Weise beschränkt, am häufigsten bei den syndizierten Industrien durch die begrenzte Menge der Quoten. Wer in eine solche syndizierte Industrie als Unternehmer eintreten will, kann das zwar tun, aber er muß eine Quote kaufen, was oft nur in der Form möglich ist, daß er ein bestehendes Unternehmen erwirbt, auch wenn er es keineswegs fortführen, sondern die Quoten auf die neuen, moderneren Betriebe übertragen will. Freilich finden sich häufig Bestimmungen in den Kartellverträgen, die eine Möglichkeit, für neuzuerrichtende Betriebe Quoten aus eigenem Recht zu verlangen, irgendwie vorsehen. Aber diese Möglichkeit ist meist so mit Hindernissen aller Art umgittert, daß sie praktisch in vielen Fällen gar nicht in Frage kommt. Gegenwärtig, da wirtschaftliche Reibungswiderstände besonderer Art die Neuentstehung von Betrieben hemmen — zumal, wenn sie sich sofort den Bestimmungen eines Kartells entsprechend mit einer nur teilweisen Ausnutzung ihrer Kapazität begnügen müßten —, genügt es natürlich sehr oft, die bestehenden Unternehmungen durch das Kartell an Produktionserweiterungen zu hindern.

Auch bei kartellierten oder syndizierten Industrien ist also die Offenheit des Zugangs meist fragwürdig. Sie ist praktisch aufgehoben bei vertrusteten Industrien und schon bei jenen Produktionszweigen, in denen bisher zwar noch ein bloßes Kartell oder Syndikat besteht, aber ein Konzern bereits so große Bedeutung erlangt hat, daß er eine überragende Rolle spielt. Dort nämlich führt der Trust oder der trustartige Konzern in der Regel den Kampf gegen die neue Konkurrenz. Handelt es sich um einen fertigen Trust, so ist das durch Preisunterbietung leicht möglich. Handelt es sich um Konzerne in einer kartellierten Industrie, so ist die Sache ein wenig schwieriger, aber auch hier finden sich Wege: Oft verfügt ja der Konzern über eine eigene, überlegene Absatzorganisation, oder er beherrscht das etwa vorhandene Syndikatsbüro: Dann sorgt man dafür, daß der „Neue“ mit dem Absatz seiner Ware möglichst große Schwierigkeiten hat, so große, daß er schließlich zum Aufkauf reif wird. Wo aber neue Unternehmungen die Geschäftspolitik eines großen Konzerns ernstlich bedrohen und Kartellbindungen den Konzern in der Abwehr hindern, da werden nach alter Erfahrung die Kartellbindungen zerrissen, um den lästigen Konkurrenten klein zu kriegen, und die Entwicklung zum Trust wird dadurch beschleunigt.

5. *Die Monopole und die Sachlichkeit der Wirtschaftsentscheidung*

Die Durchsetzung der Verkehrswirtschaft mit Monopolen ändert auch deren soziologische Bedeutung. Die Verkehrswirtschaft, in der zahlreiche Unternehmer miteinander konkurrieren, hat den großen Vorteil, daß wirtschaftliche Irrtümer des einzelnen für die Gesamtwirtschaft wenig ins Gewicht fallen. In der Monopolwirtschaft aber entscheiden nicht mehr, jeder an seinem kleinen Teil, die vielen einzelnen, von denen man annehmen kann, daß sie sich in ihrer Mehrheit nicht irren und deren Fehler sich oft gegenseitig aufheben. Es entscheiden die Leiter der Kartelle, wenige Personen, für die das alles nicht gilt. Es gilt auch nicht für sie, was zum Lob der Verkehrswirtschaft über den einzelnen Unternehmer gesagt werden konnte: daß sie mit dem ganzen Einsatz ihrer wirtschaftlichen Existenz für die Richtigkeit ihrer Entschlüsse haften. Die Leiter der Syndikatspolitik können — so wenig wie etwa die paar Großbankdirektoren, die gleichfalls über das wirtschaftliche Geschehen im großen mitzubestimmen haben — nur schwer so falsch handeln, daß ihre private Lebensgrundlage durch die Folgen erschüttert würde. Sie beziehen mehr Tantiemen und Dividenden, wenn ihre

Handlungen richtig sind, als wenn sie Irrtümer begehen. Aber selbst nach großen Fehlschlägen machen sie nicht Konkurs, sie müssen nicht, wie früher der einzelne Unternehmer, von klein wieder anfangen, im Laden stehen oder gar mit dem Bettelstab davongehen, sie behalten große Einkommen, ihre Villen und Autos, ihre auf Luxus gestellte Lebenshaltung. Das ist ein Moment von ungeheurer Bedeutung, eine Fehlerquelle der monopolisierten Verkehrswirtschaft, die der vorangegangenen Wirtschaftsstufe fremd war. Auch hier gilt, daß diese bedenkliche Tendenz, soweit man irgend voraussehen kann, weiter steigen wird, weil die Konzentration und die Monopole zunehmen werden.

Damit wird auch die Sachlichkeit der wirtschaftlichen Entscheidung in hohem Grad gefährdet. Man hat zur Verteidigung der Verkehrswirtschaft immer angeführt, daß jede gebundene Wirtschaftsform mit der individuellen Freiheit unverträglich sei. Sobald man die Produktionsmittel und damit die Organisation der Produktion einer Zentrale in die Hand gebe, die doch auch nur aus Menschen bestehen könne, mache man diese zu Herren über das Dasein aller und liefere ihrer Willkür die Staatsbürger aus. Es gebe dann keine Freiheitssphäre mehr, die der einzelne gegen den Staat behaupten könne. Darin lag zugleich der Gedanke, daß der zweckmäßige Ablauf der Wirtschaftsvorgänge durch Willkür gefährdet sei. Denn wenn nicht der richtige Mann an die richtige Stelle gesetzt wird, weil dieser richtige Mann einer der Regierung nicht genehmen Partei, Religion, Rasse, sozialen Schicht oder einer sonst unbeliebten Gruppe angehört, dann wird die Entfaltung der Wirtschaft in einem Punkt gehindert, und wenn sich diese Punkte häufen, so kann der Ertrag der Produktion schwer beeinträchtigt werden.

Die Haltung der Regierungen hat oft Anlaß gegeben, mit Schauder daran zu denken, was aus der Freiheit der einzelnen Bürger würde, wenn diese Regierung neben dem Apparat der öffentlichen Verwaltung auch noch die Wirtschaft beherrschen könnte. Es schien ein Segen zu sein, daß sich der einzelne, auch wenn er bei der Regierung unbeliebt war, als freier Unternehmer betätigen konnte. Es wäre auch für die Sozialdemokratie in ihren Anfängen sehr schlimm gewesen, wenn etwa die preußische Regierung die Macht gehabt hätte, einem Paul Singer oder August Bebel die Gewinnung seines Lebensunterhaltes aus freier Unternehmertätigkeit unmöglich zu machen. Auch nachdem die Konzentration der Industrie dem einzelnen immer weniger Möglichkeit eröffnet — wenn er nicht zufällig über größeres Vermögen verfügt —, wirtschaftliche Selbständigkeit zu erreichen, bleibt eine nicht durchmonopolisierte Verkehrswirtschaft eine wichtige Freiheitsgarantie: Der Unternehmer, der unter Konkurrenz steht, was ja immerhin auch bei einem erheblichen Grad von Konzentration noch der Fall sein kann, ist nur in geringem Grad in der Lage, bei der Anstellung politischen, sozialen, religiösen Vorteilen freien Lauf zu lassen. Er muß, wenn er sich nicht gegen seine Konkurrenten in Nachteil setzen will, den besten Mann nehmen, der sich ihm anbietet.

Das hört mit der Verbreitung des Monopols auf. Es wäre aller Kenntnis der menschlichen Natur zuwider, wenn man annehmen wollte, daß die Leiter der großen Kartelle und Trustgebilde nur nach den Grundsätzen reiner Wirtschaftlichkeit verfahren würden. Geld ist ein starker Reiz, aber für Menschen, deren Lebensunterhalt gesichert ist, sind viele andere Reize stärker als die Mehrung des Geldeinkommens. Gerade ihnen ist Geld Mittel zur Macht. Ist da zu erwarten, daß die Lockungen unmittelbarer Machtübung auf anderem Weg sich als schwächer erweisen werde wie die Lust, Geld zu verdienen? Es gibt vielleicht auch heute schon Beispiele für die unsachliche Auswahl anzustellender Arbeitnehmer bei Trusts, die in ähnlichem Maß in einer wirklichen Konkurrenzwirtschaft undenkbar wären. Zweifellos sind bei manchen Entscheidungen der Kartell- und Trustpolitik oft ganz andere Beweggründe maßgebend als rein wirtschaftliche. Es ist gewiß ein Ausnahmefall, der freilich in einer so wichtigen Industrie wie dem ostelbisch-mitteldeutschen Braunkohlenbergbau praktisch geworden ist, daß zwei verwandte, rivalisierende Familien die Bestimmungen eines Syndikatsvertrags als Kampfwaffen nutzen. Aber jederzeit kann Kartellmacht, für deren Gebrauch nicht die gleiche Zwangsläufigkeit besteht wie für alle wirtschaftlichen Handlungen in einem System der freien Konkurrenz, in den Dienst irgendwelcher außerwirtschaftlich bedingter Antriebe gestellt werden.

b) Die Arbeitslosigkeit

1. Verluste der Volkswirtschaft durch die Arbeitslosigkeit

Es ist stets wohl das eindrucksvollste Argument gegen die kapitalistische Verkehrswirtschaft gewesen, daß von Zeit zu Zeit, so lange sie besteht, immer wieder ein Zustand eintritt, bei dem Massen von arbeitswilligen Menschen keine Arbeit finden. Die Arbeitslosen leiden Mangel an Nahrung und Kleidung. In den Läden aber stauen sich Waren aller Art, die diese Bedürfnisse decken könnten, und die nicht zu den Konsumenten finden. Es scheint, als ob die Wirtschaftsordnung zeitweise einem großen Teil der Menschen verbieten würde, ihre eigene dringende Nachfrage nach Gütern durch ihre Arbeit zu decken. Dieser Zustand widerspricht natürlich aufs schärfste der Vorstellung, daß die Verkehrswirtschaft eine bestmögliche Befriedigung der menschlichen Bedürfnisse sichere. Wie scharf dieser Widerspruch ist, zeigt die Überlegung, daß selbst in einem absolut übervölkerten Gebiet keine Arbeitslosigkeit möglich sein dürfte, wenn die Wirtschaft zweckmäßig eingerichtet sein soll. Absolute Übervölkerung liegt dann vor, wenn jeder neue Arbeiter — der ja nicht nur einen hungrigen Magen, sondern auch ein paar Arbeitshände mitbringt —, durch seine Arbeitskraft im Arbeitstag weniger herzustellen vermag, als er an Gütern verbrauchen muß. Man denke etwa an eine übermäßig stark besiedelte Insel. Unter dem Einfluß des Gesetzes vom abnehmenden Bodenertrag steigern sich die Ernteerträge des Landes nicht entsprechend der Menge der darauf verwendeten Arbeit, sie wachsen vielmehr in einem geringeren Verhältnis. Jeder neue Arbeiter setzt dem Ernteertrag noch etwas zu, aber weniger als jeder früher schon vorhandene. (Es fällt überdies nicht schwer, ähnliche Beispiele auch aus der Industriewirtschaft sich auszudenken.) Auch in einem solchen Land, in dem ein Teil der Arbeiter weniger herstellt als er verbraucht, ist es für die gesamte Gesellschaft immer noch besser, wenn diese „Überschüssigen“ wenigstens einen Teil ihres Konsums durch ihre eigene Arbeit vergüten, als wenn sie bloße Verbraucher wären. Die Erwerbslosen in der modernen Wirtschaft sind solche bloßen Verbraucher. Sie scheiden für den Konsum nicht aus, wenn sie auch ihren Konsum auf ein Mindestmaß einschränken müssen.

Auch wo keine Erwerbslosenfürsorge besteht, muß in der Form der Armenpflege das Gemeinwesen ihnen einen notdürftigen Lebensunterhalt sichern, soweit sie nicht etwa aus Ersparnissen leben können, und selbst wo solche Hilfe ausbleibt, wird in irgendeiner legalen oder illegalen Form ein Teil des gesellschaftlichen Produkts für den Unterhalt der Erwerbslosen in Anspruch genommen, da eben lebendige Menschen es sich nicht tatenlos gefallen lassen, mit den Ihrigen verhungern zu müssen. Der Haushalt der Gesellschaft wird also, verglichen mit dem Zustand der Vollbeschäftigung, mit einem Minusposten belastet. Das gilt, wie gezeigt, auch für den Fall eines absolut übervölkerten Landes. Aber die modernen Staaten sind allesamt in diesem Sinne nicht übervölkert. In ihnen erzeugt jeder Arbeiter im Durchschnitt der Jahre nicht nur, was er zur Lebenserhaltung braucht, sondern auch noch ein Mehr. Um so größer ist die Schmälerung des Gesamtprodukts, wenn arbeitswillige Menschen feiern müssen.

Man könnte nun vielleicht einwenden, dieser unmittelbare Schaden der Arbeitslosigkeit sei gering. Selbst im Durchschnitt des Krisenjahres 1930 hat in Deutschland die Zahl der Erwerbslosen einen Anteil von 10% an der erwerbstätigen Bevölkerung knapp erreicht, wenn man von Kurzarbeit und Unterbeschäftigung der Selbständigen ganz absieht. Die Vermutung mag nahe liegen, daß im gleichen Verhältnis das Produkt der gesellschaftlichen Arbeit geschmälert worden sei. In Wirklichkeit aber war schon der unmittelbare Verlust viel größer. Für diese Arbeiter, die nicht beschäftigt wurden, waren die Fabriken, die Maschinen, überhaupt die festen Produktionsanlagen, an denen sie hätten beschäftigt werden können, zum größten Teil vorhanden. Ihre Arbeit hätte der Gesellschaft verhältnismäßig geringe zusätzliche Kosten verursacht, der Ertrag wäre um so größer gewesen, der Ausfall ist um so empfindlicher. Dieser Ausfall kommt auch darin zum Ausdruck, daß bei erhöhter Arbeitslosigkeit die Tätigkeit der Arbeiter, die noch beschäftigt werden, für einen großen Teil der Unternehmungen keinen wirklichen Überschuß mehr erzielt. Die Generalspesen, die nun auf einem verkleinerten Betriebsumfang lasten, können nicht neben den Betriebskosten aufgebracht werden.

Aber wahrscheinlich noch viel größer als der unmittelbare Verlust der Gesellschaft ist der mittelbare. Perioden der Arbeitslosigkeit bedeuten für den Arbeiter Zeiten der Verelendung. Er und die Seinen leiden Schaden an Gesundheit und Lebenskraft. Der Arbeiter ist nach Wochen der Erwerbslosigkeit ein schlechterer Arbeiter als vorher; er hat nicht nur an physischer Kraft Einbuße erlitten, die Energie seines Arbeitswillens ist geschwächt, oft gebrochen. Bei Facharbeitern bewirkt die Erwerbslosigkeit häufig einen Verlust oder eine Verminderung der besonderen Fähigkeiten, vor allem dann, wenn der Arbeiter aus Mangel an Gelegenheit zum Erwerb in seinem eigenen Fach gewöhnliche Taglöhnerarbeit annimmt, wozu er ja zuweilen auch von Unterstützungsbehörden genötigt wird. Die Eignung für alle Tätigkeiten, bei denen Fingerspitzengefühl erforderlich ist (gewisse Feinholzarbeiten, Feinmechanik usw.) leidet Schaden, wenn der Arbeiter wochenlang grobe Arbeit verrichtet.

Zeiten großer Arbeitslosigkeit bedeuten für die Gesellschaft als Ganzes Rückschläge der volkshygienischen und kulturellen Entwicklung. Volksseuchen breiten sich stärker aus, in jeder Hinsicht wird ein Teil dessen, was für die Entwicklung der Gesellschaft getan worden ist, entwertet. Noch bis weit in die Zeiten der Vollbeschäftigung, der günstigen Wirtschaftslage hinein sind diese Wirkungen zu spüren. Wie in der einzelnen Arbeiterfamilie auch Zeiten des guten Verdienstes nicht den Hunger und auch oft nicht die Schulden aus der Zeit der Arbeitslosigkeit gutmachen können, so auch für die Gesellschaft als Ganzes: Es bedarf dann nicht eines einfachen Ausgleichs, sondern einer unverhältnismäßigen Besserung der Lage, damit der Stand von vorher wieder erreicht werde. Die Entfaltung der Produktivkräfte hat in der bisherigen Geschichte der Verkehrswirtschaft im allgemeinen diese mehr als verhältnismäßige Besserung herbeigeführt: Das rasche Tempo der Gesamtentwicklung, die den Lebensspielraum der Masse mit geringen Unterbrechungen stets erweitert hat, konnte die Folgen der Krisenperioden des Arbeitsmarktes lindern. Aber ein wesentlicher Teil der Fortschritte wurde dabei verbraucht. Die Entwicklung hat den Menschen weniger Segen gebracht, als sie hätte bringen können, wenn der Aufstieg gleichmäßig erfolgt wäre, anstatt im Wechsel von Aufstiegs- und Rückschlagsperioden.

2. *Entstehung von Konjunktur und Krise*

Wie ist nun die Erscheinung der Arbeitslosigkeit im System der Verkehrswirtschaft möglich? In der Verkehrswirtschaft des idealen Typs, wie sie im vorigen Kapitel beschrieben wurde, gäbe es keine Arbeitslosigkeit. Eine statische Wirtschaft — um es genauer zu sagen: eine Wirtschaft, die ständig mit der gleichen Technik, mit den gleichen Produktionsmöglichkeiten, mit der gleichen Zahl gleich arbeitsfähiger Menschen arbeitet —, in der völlig freier Wirtschaftsverkehr besteht, würde die Ware Arbeitskraft wie alle anderen Waren stets in dem Maß verwenden können, wie sie vorhanden ist. Ihr Preis hätte sich eben nach Angebot und Nachfrage zu richten, er würde sich so einstellen, daß sich Nachfrage und Angebot stets ausgleichen. Wenn es in der realen Wirtschaft Arbeitslosigkeit gibt, so wird das möglich entweder durch Eingriffe in den Wirtschaftsverkehr, z. B. Bindungen der Preise, die den Ausgleich von Angebot und Nachfrage stören, oder durch eine ruckweise Wirtschaftsentwicklung, die einen bestehenden Gleichgewichtszustand außer Geltung setzt und eine Weile braucht, bis sie einen neuen herbeiführt.

Es gilt vor allem, den zweiten Fall zu betrachten. Er zeigt die Arbeitslosigkeit als Folge des Konjunkturenwechsels in der Wirtschaft. Die Wirtschaftstheorie ist sich in ihrer Mehrheit[1] darüber einig geworden, daß dieser Konjunkturenwechsel eine Folge des technisch-wirtschaftlichen Fortschritts ist. Die Technik erschließt neue Produktionsmöglichkeiten. Um sie auszunutzen, bedarf es eines Kapitalaufwands, das heißt, es muß eine Weile gearbeitet werden, um die technischen Vorrichtungen zu schaffen, die zur Anwendung der verbesserten Produktionsmethoden nötig sind. Das wird trefflich illustriert durch das alte Beispiel, das Wilhelm Roscher entwickelt und Böhm-Bawerk für seine grundlegende Darstellung des Kapitalbildungs- und Kapitalverwertungsprozesses benutzt hat. Ein wilder Fischerstamm, der keine Fanggeräte kennt, dessen Angehörige vielmehr mit der Hand die in den Uferlachen bei der Ebbe zurückbleibenden Fische fangen, wird von einem Europäer darüber belehrt, daß es viel zweckmäßiger sei, die

[1] Vgl. die Züricher Verhandlungen des V. f. S. 1928.

Fischerei mit Boot und Netz zu betreiben. Die Arbeitszeit, die man auf die Herstellung von Boot und Netz verwenden müsse, werde vielfach vergolten durch den größeren Ertrag. Diese Belehrung würde den Fischern gar nichts nützen, wenn sie bisher nur gerade in der Lage waren, durch ihre primitiven Fangmethoden sich den notdürftigen Unterhalt zu beschaffen. Denn dann wäre es ihnen unmöglich, sich mit der Herstellung von Boot und Netz zu befassen, ohne aus Mangel an täglicher Nahrung zugrunde zu gehen. Erst wenn sie etwa durch zufällige günstige Fänge in der Lage sind, für die Dauer der Herstellung von Netz und Boot getrocknete Fische aufzusparen, können sie diesen technischen Fortschritt sich zunutze machen.

Auch in der modernen Wirtschaft hängt die Nutzung technischer Fortschritte davon ab, daß man erst einmal Arbeiter und Material freistellen kann, um die dazu nötigen Fabriken, Maschinen, Verkehrsanlagen, Bauten zu schaffen, ohne daß der laufende Unterhalt Schaden leidet. Stets sind unausgenützte Möglichkeiten vorhanden, den technischen Produktionsprozeß zu verbessern. Der Regulator, der die Ausnutzung dieser technischen Möglichkeiten mit den Kräften der Wirtschaft in Einklang halten soll, ist der Zins. Er wird beeinflußt durch das Kapitalangebot, das heißt durch das Maß der Güter und Dienste, welche die Wirtschaft in der Gegenwart erübrigen kann, wenn sie dafür durch künftigen höheren Ertrag belohnt wird. Er entscheidet darüber, wie rentabel eine technische Verbesserung sein muß, damit sie noch wirtschaftlich gerechtfertigt sei. Technische Möglichkeiten, die einen hohen Kapitalaufwand erfordern, aber den Ersatz der Kosten und ihren Gewinn erst in einer verhältnismäßig späten Zukunft liefern, sind unrentabel, wenn der Zinsfuß hoch ist. Je niedriger der Zinsfuß, um so mehr können auch solche Unternehmen in Angriff genommen werden, bei denen man viele Jahre lang auf Ertrag warten muß. Große Verkehrsanlagen, Bergwerke, Hüttenwerke, Elektrizitätswerke, Überlandleitungen, Gasversorgungsanlagen brauchen zunächst längere Zeit, ehe sie überhaupt in Betrieb kommen, sie müssen ferner lange Zeit in Betrieb sein, bis sie auch nur ihre Kosten vergütet haben. Der eigentliche Ertrag liegt also bei diesen Unternehmungen in einer verhältnismäßig späten Zukunft. Sie sind daher gegen hohen Zinsfuß in besonderem Maße empfindlich. Aber sie gehören zu den wichtigsten Mitteln, das Ergebnis der menschlichen Arbeit zu vermehren. Die Entwicklung der modernen Wirtschaft erfordert in immer höherem Maß Produktionsverbesserungen dieser Art als solche, die mit großem stehendem Kapital arbeiten. Die Regulierung des technischen Fortschritts wird dabei zu einem immer wichtigeren Problem.

Nimmt man einmal an, die Fischer, von denen vorhin die Rede war, hätten Vorrat für dreißig Tage gesammelt. Aber während des Baues käme ihnen plötzlich der Gedanke, nicht ein gewöhnliches Ruderboot zu bauen, sondern ein Segelboot. Nun zeigte sich aber nach Ablauf der dreißig Tage, daß zwar der Vorrat an Unterhaltungsmitteln zu Ende, das Schiff aber keineswegs fertig sei. Denn da man ein größeres Schiff bauen wollte, das freilich leistungsfähiger wäre, aber auch erhöhten Aufwand erfordert, hat man sich etwas vorgenommen, was den gegebenen Wirtschaftskräften nicht entspricht. Entweder müssen die Wirtschaftsgenossen ihren Unterhalt aufs äußerste einschränken oder der Bau des Bootes muß ganz liegen bleiben. Es ist ein Zustand eingetreten, den man auf höherer Wirtschaftsstufe, wo er andere Symptome hervorruft, eine Krise nennt.

In der kapitalistischen Verkehrswirtschaft liegt die Gefahr, daß Produktionsverbesserungen in Angriff genommen werden, die mit den Kräften der Wirtschaft nicht bewältigt werden können, viel näher als in jener Gemeinschaft primitiver Menschen. Denn es handelt sich nicht, wie bei dem Fischerstamm, nur um eine bestimmte Produktionsverbesserung, deren Erfordernisse und Aussichten bei einiger Überlegung übersehen werden können, sondern an allen Ecken und Enden geht man unabhängig voneinander daran, technische Möglichkeiten auszunutzen. Niemand ist da, der kontrollieren wollte oder könnte, wie sich alle diese Pläne zu der Möglichkeit verhalten, die Güter und Dienste zu beschaffen, die zu ihrer Ausführung nötig sind. Frühere sozialistische Auffassungen haben dem Kapitalismus vorgeworfen, daß er planlos ohne Rücksicht auf den Konsum die Produktion ausdehne. Das war unrichtig. Da nie zuviel produziert werden kann, ist die Sorge, daß die Produktion als Ganzes über den Konsum hinauswachse, durchaus überflüssig.

Aber der Vorwurf der Planlosigkeit war berechtigt, nur ist sie in einem anderen Punkt zu suchen: Der Kapitalismus hat kein Mittel, den technischen Fortschritt so zu regulieren, daß er die Kräfte der Wirtschaft nicht zeitweise im Übermaß belastet und dadurch Krisen hervorruft. Auch der Zins ist kein zuverlässiges Mittel zu solcher Regulierung. Vor der Aufschwungsperiode drückt der Zins das dann bestehende günstige Versorgungsverhältnis mit Kapital aus, ist also niedrig und reizt dadurch zur Investition. Er pflegt sich im Lauf der Aufschwungsperiode, besonders in ihrem letzten Stadium, zu erhöhen. Er bewirkt, daß in der Hochspannungsperiode nur wenig Investitionen neu geplant und begonnen werden, aber er schließt nicht aus, daß für die vorhandenen das Kapital nicht reicht. Auf dem Kapitalmarkt spielen jeweils nur das gegenwärtige Angebot und die gegenwärtige Nachfrage nach Kapital gegeneinander. Nur in geringem Maß kommen auf dem Weg spekulativer Erwägungen irgendwelche Ansichten der Marktpersonen über künftige Gestaltung des Zinsfußes zum Ausdruck. Der Kapitalmarkt besitzt so wenig wie die Gesellschaft als Ganzes irgendein Organ, um das kommende Versorgungsverhältnis mit Kapital vorauszusehen. Begonnene Investitionen können aber nicht sofort abgebrochen werden, wenn die Kapitalversorgung sich verschlechtert. Der Unternehmer muß versuchen, sich mit allen Mitteln das erforderliche Kapital zu verschaffen, selbst dann, wenn der hohe Zinsfuß, den er dabei zahlen muß, die Aussichten auf Rentabilität seiner Investition vernichtet, denn das Stehenbleiben bedeutet in den meisten Fällen den völligen Verlust des bisherigen Aufwands. Selbst wenn der Unternehmer, durch die unerwartete Verteuerung des Kapitals ruiniert, den Konkurs erklärt, hört die Kapitalnachfrage für die einmal begonnene Investition nicht auf. Ein anderer erwirbt für einen Preis, der nur einen Teil des ursprünglichen Aufwands vergütet, das unfertige Werk und versucht es auf seine Rechnung zu vollenden. (In gleicher Richtung wie die Verteuerung des Kapitals durch Steigen des Zinsfußes wirkt die Erhöhung der Löhne und Materialpreise, die sich gleichfalls in der aufsteigenden Konjunktur vollzieht[1].)

[1] Einige Autoren, die sonst mit der herrschenden Meinung über die Krisenentstehung übereinstimmen, leugnen doch, daß man in irgendeiner Form von der Vorstellung eines Irrtums der Wirtschaftspersonen bei dieser Erklärung Ge-

Die Verteidiger der verkehrswirtschaftlichen Ordnung haben gegenüber jenem sozialistischen Argument, daß die Planlosigkeit dem Kapitalismus eigentümlich sei und notwendig zu Krisen führen

---

brauch machen dürfe. Natürlich entsteht dann eine Lücke im Gang der Erklärung, die irgendwie ausgefüllt werden muß. F. H. Hayek, der zu dieser Gruppe gehört, sucht zum Beispiel durch eine besondere Darstellung des kreditwirtschaftlichen Moments über die Lücke hinwegzukommen (vgl. Hayek, „Geldtheorie und Konjunkturtheorie", Wien-Leipzig 1929). Daß aber ein Irrtum der Wirtschaftspersonen hier mitspielt, ist schon daraus zu erkennen — Gregory hat auf der Züricher Tagung des Vereins für Sozialpolitik darauf hingewiesen —, daß eine Krise niemals in den Formen, die wir alle kennen, kommen könnte, wenn die Wirtschaftspersonen sie voraussehen und sich danach richten würden. Denn die Krise besteht offenbar doch im Fehlschlag bestimmter geschäftlicher Unternehmungen, und niemand, der diesen Fehlschlag voraussieht, wird solche Unternehmungen beginnen. Natürlich darf man den Begriff Irrtum nicht zu eng ausdeuten, er beschränkt sich hier durchaus nicht auf die Eigenschaft, das objektiv Voraussehbare nicht voraussehen zu können. Nehmen wir an, eine Reihe kluger und vernünftiger Unternehmer habe sich errechnet, wieweit man höchstens den Kapitalbestand der Gesellschaft in Anspruch nehmen dürfe, damit die Investitionen ohne Krise auslaufen könnten. Alle diese Unternehmer seien bereit, ihre Handlungen nach dieser Erkenntnis einzurichten. Das würde bewirken, daß nicht wie bisher der Zins in der Periode aufsteigender Konjunktur verhältnismäßig rasch ansteigt, das Ansteigen würde vielmehr ein langsames sein, die Investitionen könnten zu Ende geführt werden — wenn es nicht neben diesen klugen und vernünftigen Unternehmern unkluge und unvernünftige gäbe. Diese werden nämlich gerade durch das langsame Ansteigen des Zinsfußes ermutigt werden, Investitionen zu beginnen, die sie sonst vielleicht nicht unternommen hätten. Niemand kann ihnen verwehren, in den Kapitaltopf hineinzugreifen und seine relative Fülle auch im vorgeschrittenen Stadium der Konjunktur für ihre eigenen Zwecke in Anspruch zu nehmen. Sie können auf diese Weise nicht nur selbst Investitionen beginnen, die sich dann hinterher als unlösbar erweisen, sondern sie können auch die wohlerwogenen Pläne der anderen Unternehmer unwirksam und damit kalkulatorisch unrichtig machen. Denn der Kapitaltopf leert sich eben rascher als ursprünglich berechnet war. Die Vorsicht einzelner schafft relativ billiges Kapital und lockt damit andere, unvorsichtig zu verfahren. Der Unternehmer müßte die Unklugheit aller seiner Mitunternehmer im voraus dem Grad nach berechnen können, um vor dem Irrtum, der den Konjunkturumschlag bewirkt, geschützt zu sein. Hayek beruft sich immer wieder auf den Preis, sowohl auf den Preis des Produkts wie auf den Preis der Rohstoffe und den Preis des Kapitals, der dem Unternehmer die Richtschnur für Investitionen gebe, die, wie er mit Recht hervorhebt, durch die lange Dauer von Investitionen an sich nicht aufgehoben wird. Aber er übersieht dabei eben, müsse, häufig großen Wert darauf gelegt, daß die Krisen im ganzen während der kapitalistischen Entwicklung an Schärfe bedeutend verloren hätten. Die Gründe für diese Erscheinung hat man vielfach in der stärkeren Organisation der Wirtschaft, in der Tätigkeit der Kartelle gesucht. Diese, so meinte man, hemmten in der Aufschwungsperiode die allzu starke Ausdehnung der Produktion, indem sie rechtzeitig das Signal zur Einschränkung geben. Daher sei dann der Sturz weniger tief. (Viele Formulierungen des „Kartellarguments" sind in die Vorstellungen der alten Überproduktionstheorie verstrickt, die in einem Defizit an dem nebelhaften Etwas „Kaufkraft" die Ursachen des Konjunkturumschlags sieht. Man kann aber den Gedanken wohl, ohne ihn umzubiegen, durch die eben gegebene Fassung in die moderne Konjunkturtheorie einfügen.) Einiges mag daran richtig sein. Im großen und ganzen dürften die Kartelle dahin wirken, daß schon der Beginn wirtschaftlicher Aufstiegsperioden zu Preiserhöhungen benutzt wird. Da sich also die Produktion rascher verteuert, kann die Neigung, allzuviel zu investieren, in einem verhältnismäßig frühen Zeitpunkt abgeschwächt werden, zumal die am stärksten kartellierten Produkte gerade solche sind — besonders Eisen —, die in den Kosten der Investition eine bedeutende Rolle spielen. Aber da die Preiserhöhung nicht auf Güter dieser Art beschränkt bleibt, ruft gerade die Erhöhung des Preisniveaus auch die Hoffnung wach, von den Investitionen einen höheren Ertrag in Geld zu erhalten. Es ist daher recht fraglich, ob die Kartelle eine wirksame Bremse der Konjunkturentwicklung bedeuten; keinesfalls erklärt die Kartellierung zur Genüge, warum die Krisen im Lauf des 19. und im Anfang des 20. Jahrhunderts milder geworden sind. (Die Schwere der Nachkriegskrise 1929/30/31 wäre wegen der Besonderheit ihrer Entstehungsbedingungen kein ausreichendes Gegenargument.) Man wird die Erklärung wohl darin suchen müssen, daß der technische Fortschritt immer mehr zu einer Spitzenbewegung geworden ist, die zwar auf die Dauer für das Schicksal der Wirtschaft nach wie vor entscheidende Bedeutung hat, aber in jedem Augenblick am Gesamt-

daß während der Dauer der Investitionen Änderungen der Preise eintreten, denen der Unternehmer mit seinen Entschlüssen nicht mehr folgen kann, weil er der Gefangene seines ersten Entschlusses ist, die Investition überhaupt zu beginnen.

umfang von Produktion und Konsum verhältnismäßig wenig ändert. In Zeiten des Aufschwungs wie der Depression wird die Hauptmasse des gesellschaftlichen Arbeitsprodukts dazu verwendet, der großen Masse der Bevölkerung die notwendige Nahrung, Kleidung und Wohnung zu schaffen. Trotz der ungeheuren Erweiterung der technischen Möglichkeiten ist es wahrscheinlich ein kleinerer Teil als früher, der jeweils vom technischen Fortschritt beansprucht wird. Auch wenn man berücksichtigt, daß in Perioden der Hochkonjunktur, also des raschen technischen Fortschritts, auch der Konsum sich ausdehnt, kann man wahrscheinlich daran festhalten, daß die veränderlichen Faktoren für das Ganze der Wirtschaft weniger bedeutsam sind als früher.

Kein technischer Fortschritt im späteren Verlauf der kapitalistischen Entwicklung dürfte so tief in die Wirtschaft eingegriffen haben wie die großen Bahnbauten des 19. Jahrhunderts. Das war nicht nur durch die absolute Höhe der Ansprüche bedingt, die die Bauten an die Produktionskraft stellten, sondern vor allem durch den geringen Entwicklungsgrad der damaligen Wirtschaft. Die Nachfrage nach Eisen und Material aller Art für Zwecke des Baues machte damals einen viel größeren Teil der Gesamtnachfrage aus, als ein gleich großer Bedarf für Investitionszwecke heute ausmachen würde.

3. *Die wachsende Konjunkturempfindlichkeit der Wirtschaft*

Wie sich das Verhältnis zwischen den Ansprüchen der Bedarfsdeckung und den Ansprüchen des technischen Fortschritts in Zukunft gestalten wird, darüber läßt sich wenig sagen. Es ist möglich, daß wie bisher das absolute Wachstum der Arbeit für die Zukunft übertroffen wird durch ein noch stärkeres Wachstum der Arbeit für die Gegenwart. Es ist aber auch umgekehrt möglich und nicht einmal unwahrscheinlich, daß besondere Aussichten des technischen Fortschritts, besondere Anreize durch günstige Anlagemöglichkeiten für Kapital den Menschen Anlaß geben, wieder einen größeren Teil ihrer Arbeit im technischen Fortschritt zu investieren. Rechnet man mit der ersten Möglichkeit, so wäre anzunehmen, daß die kapitalistische Verkehrswirtschaft sich selber bis zu einem gewissen Grad von der Krankheit der Konjunkturschwankungen heilt. Sie brauchte das nicht einmal notwendigerweise mit einem geringeren Ertrag des technisch-wirtschaftlichen Fortschritts zu bezahlen. Denn es könnte ja sein — und es ist in manchen Perioden der Vergangenheit ohne Zweifel so gewesen —, daß der technische Fortschritt in einem Maße gewinnbringend ist, daß er auch bei Investition nur eines bescheidenen Teils des gesellschaftlichen Arbeitprodukts eine erhebliche Erweiterung des Lebensspielraums gestattet. Doch selbst mit dieser optimistischen Annahme kommt man zu keinem sehr beruhigenden Ergebnis. Die moderne Produktion wird in zunehmendem Maß empfindlicher gegen Konjunkturschwankungen. Schon oben ist davon die Rede gewesen: Der Anteil des fixen Kapitals wird immer größer, in immer höherem Maß sind die einzelnen Werke darauf angewiesen, ihre Kapazität restlos auszunutzen. Die Produktion modernsten Typs ist unelastisch: Sie muß, wenn sie einigermaßen im Rahmen ihrer gewohnten Produktionskosten bleiben will, soundso viel Produkte auswerfen können. Eine Automobilfabrik, nach dem Prinzip des laufenden Bands organisiert, muß annähernd die Menge von Kraftwagen herstellen, für die sie geplant ist. Ist sie genötigt, ihren Absatz einzuschränken, dann bedeutet das nicht wie beim früheren Stand der Technik eine proportionale Minderung des Gewinns zuzüglich eines mäßigen Mehrverlustes für schlechtere Ausnutzung der festen Anlagen, sondern es bedeutet ein Ansteigen der Stückkosten bis zur wirtschaftlichen Katastrophe. Viel kleinere Konjunkturschwankungen als früher verursachen heute viel größere Verluste. Aller Voraussicht nach wird sich dies durch die weitere Entwicklung nur noch verschärfen. Wohl mag die zunehmende Vertrustung dem kapitalistischen Unternehmertum im einen oder anderen Fall das Mittel in die Hand geben, der Produktion ein neues Moment von Elastizität einzufügen. Man wird vielleicht künftig, statt in zehn Fabriken die Produktion um 20 % einzuschränken, zwei Fabriken stillegen und als Reserve betriebsfähig halten, die übrigen acht unter voller Ausnutzung der Kapazität weiterarbeiten lassen. Aber auch das hat seine engen Grenzen: Man kann schon privatwirtschaftlich nicht einen Betrieb heute stillegen und morgen wieder aufmachen. Abgesehen von technischen Verlusten, wie sie z. B. beim Hochofen eintreten, ist vor allem die Erhaltung eines geübten Arbeiterstamms in vielen Fällen nur durch wenigstens teilweise Aufrechterhaltung des Betriebs möglich. Selbst wo die privatwirtschaftlichen Nachteile einer Stillegung wesentlich geringer sind als die einer proportionalen Produktionseinschränkung, sind es die volkswirtschaftlichen oft nicht. Von einer Stillegung wird nicht selten das wirtschaftliche Dasein einer ganzen Gemeinde zerrüttet, während die Folgen weit erträglicher wären, wenn sie sich über eine größere Zahl lokaler Gemeinwesen verteilen würde. Das führt dann zu wirtschaftspolizeilichen oder steuerlichen Abwehrmaßnahmen gegen Stilllegungspläne, und es ist recht fraglich, ob die Freiheit der Konzerne und Trusts, Betriebe zeitweise zu schließen, auch nur im bisherigen Umfang in Zukunft erhalten bleibt.

Aber wenn man schon in allen diesen Punkten auch die günstigsten Annahmen machen will, so ist doch kein Zweifel: Zwischen der Konjunkturbewegung der kapitalistischen Wirtschaft und ihrem rasch wachsenden Bedürfnis nach Stabilität wird in Zukunft ein weit größerer Zwiespalt vorhanden sein als in der Vergangenheit. Die Kritiker des Kapitalismus von Marx an, der in der Zunahme des konstanten Kapitalteils die Ursache eines ständigen Sinkens der Profitrate und darum die Quelle von Krisen sah, bis zu Schmalenbach, der aus dem wachsenden Anteil der fixen Kosten das Bedürfnis nach Kartellierungen und anderen Bindungen ableitet, sind bei ihrer Voraussage der Schwierigkeiten im einzelnen oft in die Irre gegangen. Der Kerngedanke, von dem diese Kritik seit fast fünfzig Jahren lebt, ist richtig.

4. Konjunkturschwankungen und Kreditpolitik

Es gibt liberale Wirtschaftswissenschaftler, die behaupten, die Konjunkturbewegung der Gegenwart sei nicht aus dem Wesen der Verkehrswirtschaft entsprungen, sie sei im Gegenteil hineingetragen durch Eingriffe planwirtschaftlicher Art, oder es bedürfe zum mindesten nur einer Reform, die mit dem Wesen der Verkehrswirtschaft durchaus verträglich sei, um sie auszuschalten. Das wirksamste Mittel, die Investitionstätigkeit anzuregen, ist die Gewährung von zusätzlichem Kredit durch die Banken. Die Notenbank hält ihren Diskontsatz niedrig, lädt also gleichsam dazu ein, ihr Wechsel einzureichen und kauft sie gegen neugedruckte Noten an. Die übrigen Banken räumen Kredite ein, die nicht voll durch Spareinlagen gedeckt sind[1], und vermehren dadurch das Kapitalangebot. Beide Gruppen von Banken schaffen damit neue Zahlungsmittel, denn auch über die Kredite der privaten Banken kann man im Überweisungsverkehr verfügen. Die neugeschaffenen Zahlungsmittel geraten in die Hände derer, die Kredite in Anspruch nehmen, also in der Regel in die der Unternehmer. Die Unternehmer erhalten durch die neue Kaufkraft, die ihnen zufließt, gleichsam das Mandat,

---

[1] Der von Wicksel, Schumpeter, Mises und Albert Hahn aufgedeckte, von Cassel und Spietthoff entwickelte und jüngst von Hayek in seiner Schrift „Geldtheorie und Konjunkturtheorie", Seite 83ff., sehr glücklich formulierte Sachverhalt ist kurz folgender: A zahlt an seine Bank 1000 RM ein. Dadurch entsteht ein Guthaben, über das er wie über Geld verfügen kann. Die Bank hält es für unnötig, den vollen Betrag der 1000 RM vorrätig zu halten, sie kann das auch gar nicht, da sie ja Zinsen bezahlen soll. Die behält also nur 100 RM bereit und verleiht 900 RM weiter. Diese 900 RM wirken anderswo als Zahlungsmittel, so daß nun im ganzen 1900 RM Zahlungsmittel vorhanden sind. Die Zahlungsmittelmenge hat sich also verdoppelt. Legt die Bank die 900 RM nicht unmittelbar in Krediten an Unternehmer oder etwa an Börsenspekulanten an, sondern bei einer anderen Bank, dann verstärkt sich noch die zahlungsmittelschaffende Wirkung des Kredits, denn dann wird die zweite Bank der ersten eine Gutschrift über 900 RM leisten, und diese Gutschrift wird von der ersten Bank wie ein Zahlungsmittel gebraucht werden können. Die zweite Bank aber leiht von den 900 RM einen Teilbetrag von — wenn sie gleichen Grundsätzen folgt wie die erste — 810 RM weiter aus, wodurch sich die Menge der vorhandenen Zahlungsmittel schon auf 2710 RM gesteigert hat.

Ob ein Barvorrat von 10 % genügt, oder ob er zuviel oder zuwenig bedeutet, hängt besonders davon ab, in welchem Umfang die Bank damit rechnen muß, zu Auszahlungen genötigt zu sein. Ein solcher Zwang zur Bereithaltung von Bargeld besteht immer so weit, als die Guthaben etwa Reservebestände für Lohnzahlungen oder andere nur mit Bargeld auszuführende Zahlungen darstellen. Soweit es sich um Zahlungen handelt, die von einer Firma an die andere zu leisten sind, gibt es für die Ausführung im Überweisungsverkehr kaum Grenzen. Eine sehr große Bank, die damit rechnen kann, daß ein erheblicher Teil der Depositen nur vom Konto ihres einen Kunden auf das Konto des anderen Kunden jeweils überwiesen wird, kann den Prozentsatz ihres Barvorrats niedriger halten als ein kleiner Bankier. Ist die Bank gar dem Abrechnungsverkehr in einem System angeschlossen, das alle großen Banken umfaßt, so wird im allgemeinen die Bereithaltung eines Barbetrags genügen, der die fälligen Lohnzahlungen usw. nur wenig übersteigt.

aus der Volkswirtschaft Güter und Arbeitskräfte anzufordern, um sie Investitionszwecken zuzuführen. Nur durch diese zwangsweise Ablenkung der produktiven Kräfte in die Erweiterung des Produktionsmittelapparates entsteht, so wird behauptet, die übermäßige Beanspruchung der Wirtschaftskräfte. Würden die Banken nur in dem Maß Kredit geben, wie sie Spareinlagen erhalten, so hieße das: Für die Produktion wird nur verwendet, was die einzelnen Glieder der Wirtschaft in der Gegenwart nicht für ihre Konsumzwecke verwenden wollen. Es könnte also ein Widerspruch zwischen den vorhandenen Beschaffungsmöglichkeiten und den Ansprüchen des technischen Fortschritts gar nicht eintreten.

Aus diesem Gedankengang hat die liberale Kreditpolitik praktische Folgerungen gezogen, die außerordentlich heilsam gewesen sind: In den Regeln der Goldwährung hat sie ein System entwickelt, das die Gefahren des Kreditwesens bedeutend gemildert hat. Das alleinige gesetzliche Zahlungsmittel ist bei Goldwährung eben Gold, also ein künstlich nicht vermehrbarer Stoff. Da jede Bank, die einem Kunden Kredit eröffnet, gewärtig sein muß, daß dieser Kredit zum Teil in Form von gesetzlichen Zahlungsmitteln in Anspruch genommen wird, wird schon dadurch der Kreditgewährung eine Grenze gesetzt. Der Notenbank, also jenem Kreditinstitut, das Kredite in liquidester Form ausgibt, wird weiterhin vorgeschrieben, daß sie ihre Noten jederzeit auf Verlangen in Gold einzulösen habe. Mit dem Argument, daß die Erfüllung dieser Einlösungspflicht gesichert werden müsse, oder mit dem unmittelbaren Hinweis auf die Gefahren der Kreditausweitung, denen vorzubeugen sei, wird die weitere Vorschrift begründet, daß die Notenbank für einen bestimmten Teil ihres Notenumlaufs Gold vorrätig halten müsse. Besondere Vorschriften sichern die Wertgleichheit von gemünztem und ungemünztem Gold und bewirken im Zusammenhang mit der Freiheit der Goldeinfuhr und Goldausfuhr, die gleichfalls zur echten Goldwährung gehört, daß eine Erhöhung der Preise durch übermäßige Schaffung von Kreditzahlungsmitteln unmittelbar zu einem Abfluß von Gold führt — weil die Einfuhr steigt und die Ausfuhr sinkt — und dadurch die Notenbank zwingt, die Kreditgewährung einzuschränken.

Die Ideen, die diesem Währungssystem zugrunde liegen, sind

zwar im geschichtlichen Zusammenhang mit der Entfaltung des wirtschaftlichen Liberalismus entwickelt worden. Aber trotzdem ist die Goldwährung in der Form, wie sie verwirklicht wurde, immer ein Fremdkörper im liberalen Wirtschaftssystem gewesen. Sie hat dem Mißbrauch des Geldwesens zu künstlicher Wirtschaftsförderung durch den Staat oder zu staatlichen Machtzwecken, der dem Liberalismus besonders verhaßt war, wirksam vorgebeugt. Aber sie hat das nur getan, indem sie an eine zentrale Stelle des Wirtschaftskörpers ein planwirtschaftliches Organ einbaute: Die nicht unter dem allgemeinen Prinzip der freien Konkurrenz stehende, durch staatliche Satzung zu einem bestimmten, für sie manchmal recht unvorteilhaften Verhalten verpflichtete Notenbank. Selbst wenn mehrere Notenbanken vorhanden waren, ist das Geld- und Kreditwesen gerade unter der Herrschaft liberaler Wirtschaftsideen ein Objekt staatlicher Regulierung, staatlicher Eingriffe gewesen. Eben dort, wo die liberalen Geldpolitiker ihre Ideen zuerst — beinahe möchte man sagen: allein — zu einem System entwickelt haben, in England, haben sie bewußt das Notenmonopol einer einzigen Zentralbank geschaffen. Die liberale Currency-Schule war sich im klaren, daß sie damit einem Organ von größter Wichtigkeit eine Ausnahmestellung zuerteile. In der Tat: Jede Zentralnotenbank ist notwendig ein planwirtschaftliches Organ, eine Ausnahme vom Prinzip der Konkurrenzwirtschaft. Sie richtet ihre Politik nicht oder nicht in erster Linie darauf, Gewinn zu erzielen, sondern die Kreditgewährung in solchen Grenzen zu halten, daß das Tempo der wirtschaftlichen Entwicklung zu den Kräften der Wirtschaft im richtigen Verhältnis bleibt.

Würde sie nun diese Aufgabe an Hand allgemeiner wirtschaftspolitischer Überlegungen erfüllen, also das Tempo des wirtschaftlichen Fortschritts an äußeren Kennzeichen, an der Bewegung des Preisniveaus usw. unmittelbar beobachten, dann wäre es wohl kaum je möglich gewesen, daß dieses Organ einen Teil eines liberalen Wirtschaftssystems gebildet hätte. So treten zwischen die planwirtschaftliche Kreditpolitik und die übrige Wirtschaft von verkehrswirtschaftlicher Struktur die Vorschriften der Goldwährung. Sie wollen der Notenbank eine Richtlinie geben, nach der sie ihre Kreditpolitik regulieren kann, ohne sich mit allgemeiner Wirtschaftspolitik befassen zu müssen. Dieses begrenzte Interesse, das ihr vorgeschrieben wird, besteht in der Pflicht, die Deckungsvorschriften zu wahren. In dem Verhältnis von Deckung und Kreditgewährung soll sich die Konjunkturbewegung spiegeln: Je mehr die Konjunktur steigt, um so mehr Kredit wird in Anspruch genommen, um so mehr wird schließlich auch Gold von der Notenbank abgezogen, so daß das Deckungsverhältnis sich verschlechtert. Bei sinkender Konjunktur vollzieht sich der entgegengesetzte Vorgang. Weil also das Deckungsverhältnis als Konjunkturanzeiger wirken soll, kann die Notenbank angewiesen werden, ausschließlich auf diesen Anzeiger zu blicken. Sie hat es danach nicht nötig, sich mit der Beurteilung anderer wirtschaftlicher Erscheinungen abzugeben. Und sie soll das auch nicht. Denn täte sie es, dann würde sie in Gefahr geraten, mit den großen Machtmitteln, die ihr zu Gebote stehen, diese Erscheinungen beeinflussen zu wollen. Und wenn erst einmal ein Organ vorhanden ist, das mit dem Grundsatz des laissez faire bricht, dann wird man es anderen Instanzen oder Gruppen nicht grundsätzlich verwehren können, unter Umständen mit wirtschaftspolitischen Machtmitteln diesem Organ entgegenzuwirken. Dann wäre aber das Bild der reinen Verkehrswirtschaft, die von allen äußeren Machteingriffen frei sein soll, völlig zerstört.

Mit Hilfe der Goldwährung ist es dem Liberalismus in der Tat lange Zeit gelungen, die Regelwidrigkeit des Notenbanksystems im Rahmen seiner Wirtschaftspolitik auf das Mindestmaß einzuschränken, das im Wesen der Sache liegt. Diese Regelwidrigkeit darf überhaupt nicht in dem Sinne aufgefaßt werden, als ob sie den Vorwurf einer Inkonsequenz gegen die liberalen Kreditpolitiker bedeuten sollte. So stark der Liberalismus in der Zeit, da er entstand, auf allgemeinen philosophischen Grundsätzen fundiert war, so hat er sich doch niemals, jedenfalls in seinen besten Vertretern nicht, als ein Prinzip aufgefaßt, das keine Grenzen seiner eigenen Verwirklichung anerkennen könne. Im Gegenteil gibt es keinen großen liberalen Schriftsteller, der nicht mit diesem Problem der Grenzen gerungen hätte. Der Liberalismus hat niemals verlangt, daß die öffentliche Sicherheit nach außen und innen der Konkurrenz privater Söldnerführer ausgeliefert werden müsse. Er hat niemals gefordert, daß der betrügerische Kaufmann nicht bestraft, oder daß das System öffentlicher Beglaubigung von Maß und Gewicht aufgehoben werde, weil die freie Konkurrenz von selbst dazu führe, daß der Verkehr den Unzuverlässigen ausschalte. Und er hat aus grundsätzlich den gleichen Erwägungen, die zur Anerkennung staatlicher Regulierungsaufgaben auf diesen Gebieten führten, auch die staatliche Regulierung der Kreditpolitik in Form des zentralen Notenbankwesens bejaht und verlangt.

Erst in neuerer Zeit haben liberale Wirtschaftsschriftsteller die Freiheit des Notenbankwesens zu einer liberalen Forderung gestempelt, in erster Linie Ludwig Mises. Das steht wohl im Zusammenhang mit dem Versagen des Deckungsverhältnisses in der Rolle des alleinigen Konjunkturanzeigers. Durch die Entwicklung der Kredittechnik haben neben den Noten, die der Currency-Schule fast als einzige Form der Kreditzahlungsmittel vorschwebten, die Überweisungsguthaben der verschiedensten Art erhebliche Bedeutung erlangt. Zwar ist dieses „Giralgeld" nur zwischen Bankkunden verwendbar, und deshalb muß sein Umfang jeweils in einem bestimmten Verhältnis zu dem umlaufenden Münzgeld und den umlaufenden Noten stehen. Aber dieses Verhältnis ist Änderungen unterworfen, und zwar in dem Sinn, daß allmählich auf eine gegebene Menge von Noten und Münzen ein immer größerer Betrag von Giralgeld entfallen kann. Schon dadurch allein müßte das Verhältnis von Notenmengen zu Gold zu einem recht unzuverlässigen Konjunkturmesser werden, zum mindesten hätten die Vorschriften auf das Verhältnis von Noten plus Giralgeld zu Gold abgestellt werden müssen. Denn Kredite, die in Giralgeld gegeben werden, wirken nicht grundsätzlich anders als solche, die in Noten gegeben werden. Die Einbeziehung des Giralgeldes in die Deckungsvorschriften ist in den Vereinigten Staaten versucht worden, sie kann aber nicht recht gelingen, weil immer nur bestimmte Formen des Giralgeldes faßbar sind. Ob dieser Umstand allein die Zentralnotenbanken gezwungen hätte, sich nach anderen Symptomen der wirtschaftlichen Wellenbewegung umzusehen, mag dahingestellt bleiben. Die Probe darauf konnte nicht gemacht werden, so wenig wie auf die grundsätzlich wichtigere Frage, ob überhaupt eine Kreditpolitik, die ausschließlich nach einem Deckungsverhältnis sich richtet, das Bedürfnis der modernen Wirtschaft nach Stabilität zu befriedigen vermag. Es ist sehr unwahrscheinlich, daß sie das kann. Denn in dem augenblicklichen Deckungsverhältnis spiegelt sich ja nur die Anspannung, die jetzt da ist, während schon die bereits eingeleiteten Investitionsprozesse voraussichtlich eine größere künftige Anspannung bewirken werden. Wenn der Bau von zu vielen Elektrizitätswerken, Kanälen, Maschinenanlagen begonnen ist, so braucht sich das nicht schon in der augenblicklichen Kreditlage der Banken zu spiegeln, weil alle diese Investitionsprozesse ja erst nach einer gewissen Zeit ihre höchsten Ansprüche an die Wirtschaftskraft ausüben. So dürfte eine Konjunkturpolitik, die sich nach einem Deckungsverhältnis richtet, wohl immer für einen Ausgleich der Konjunkturen zu spät einsetzen.

Aber das alles mag sein, wie es wolle: Für die Voraussetzungen einer Kreditpolitik, wie der Liberalismus sie wünschte, haben wir in der Vergangenheit kaum ein Beispiel, und in der Gegenwart ganz gewiß keines. Denn damit das Goldwährungssystem befriedigend wirke, genügt es nicht, daß ein Land es einführe: Alle Länder oder zum mindesten alle wichtigen Industrieländer müssen im wesentlichen nach den gleichen Grundsätzen ihre Kreditpolitik treiben, sie müssen mindestens freie Einfuhr und Ausfuhr von Gold zulassen. Ja, nicht nur dies: Es darf auch der Verkehr der Waren, vielleicht sogar der Waren und der Menschen, von einem Land in das andere nicht gehindert sein. Wenn in der Welt Schutzzölle bestehen, welche die freie Warenbewegung behindern, dann ist der Ausgleich des Preisniveaus in Frage gestellt, der zum Goldwährungssystem gehört. Wir haben seit dem Krieg nicht nur eine Erhöhung der Schutzzollmauern erlebt, sondern auch noch ganz andere Eingriffe, durch die das Geldsystem unmittelbar mit der Politik verknüpft wurde: den Dawes-Plan, Stützungsaktionen für schwache Währungen mit politischem Endzweck, fiskalische Inflationen und politische Prestigedeflationen.

Eine solche Lage zwingt jede Notenbank dazu, Wirtschaftspolitik, ja sogar allgemeine Politik zu treiben. Daraus entstehen sehr ernste Probleme. Daß die Notenbank des Goldwährungssystems eine aller Politik entrückte Stelle sein sollte, war nicht etwa bloßes manchesterliches Vorurteil. Das Instrument der zentralen Kreditpolitik, die Macht, wenigstens für den Augenblick gutes oder schlechtes Wetter zu machen, kann keiner Stelle in die Hand gegeben werden, die zur wirtschaftspolitischen Parteinahme, also zu Bündnissen mit dieser oder jener Gruppe wirtschaftlicher Interessenten gezwungen ist. Selbst wer auf dem Standpunkt steht, daß grundsätzlich nur die Vorschriften der Goldwährung und der liberalen Wirtschaftspolitik befolgt zu werden brauchen, um Krise und Konjunkturschwankung zu bannen, muß einsehen, daß für absehbare Zeit die Forderung wirtschaftspolitischer Abstinenz an eine Zentralnotenbank sinnvollerweise kaum gestellt werden kann. Da ist es denn kein Wunder, daß öfter, als es im 19. Jahrhundert geschehen ist, die Beseitigung der Zentralnotenbank als eine notwendige liberale Forderung empfunden wird.

Aber dennoch paßt der Gedanke, den Mises in seiner Schrift „Geldwertetabilisierung und Konjunkturpolitik"[1] vertritt, daß die Notenausgabe konkurrierenden Notenbanken überlassen werden soll, zu den wirtschaftlichen Tatsachen von heute schlechter als zu irgendwelchen früheren. Mises stellt sich vor, die Notenbanken könnten im wesentlichen von staatlicher Regulierung befreit werden, nur zur Goldeinlösung aller von ihnen geschaffenen Zahlungsmittel seien sie dadurch zu verpflichten, daß Gold als alleiniges gesetzliches Zahlungsmittel gelte, auf das jeder Inhaber von Schuldurkunden (Banknoten) oder sonstigen Forderungen (z. B. Giralgeld) Anspruch habe. Keine Bank, so meint Mises, könne dann im Verhältnis zu ihrem Goldbestand mehr Kredit geben als die anderen, denn tue sie es, dann liefen ständig mehr Forderungen an sie, als sie Guthaben bei den anderen hat. Eröffnet nämlich die Bank dem A einen Kredit, den dieser nicht in Gold abhebt — nur in dem Maß, in dem nicht unmittelbar Gold beansprucht wird, besteht überhaupt die Möglichkeit, mehr Kredit auszugeben, als man Gold besitzt —, dann verfügt der Betreffende über sein Guthaben durch Überweisung auf eine andere Bank. Beim Abrechnungsverkehr der Banken werden dann die Forderungen und Guthaben gegeneinander aufgewogen. Daran ändert sich nichts Wesentliches, wenn an die Stelle von Überweisungsguthaben Banknoten treten. Eine Bank, die grundsätzlich mehr Kredit gibt als die anderen, ohne den Saldo durch Gold auszugleichen, müßte also ständig von den anderen Banken Forderungen gestundet erhalten, wozu diese nicht bereit sind.

[1] Jena 1928.

Man braucht nicht zu erörtern, ob die Begrenzung des Kredits durch diese Zusammenhänge genügen würde, die Kreditgewährung im konjunkturpolitisch erwünschten Maß einzuschränken. Die Grenze ist jedenfalls in dem Augenblick beseitigt, in dem die Banken solidarisch ihre Kredite erweitern.

Was aber sollte die Banken hindern, dies zu tun? Sie alle verdienen um so mehr, je größer das Kreditgebäude ist, das über einer gegebenen Grundlage von Bargeld errichtet wird. Denn jede Summe, die sie ausleihen, ohne sie geliehen zu erhalten, bedeutet für sie kostenlosen Zinsgewinn. Nun haben freilich die Banken ein Interesse daran, daß die Wirtschaft nicht durch schwere Krisen gefährdet werde. Kreditgewährung ohne Grenzen verbietet sich für sie. Aber die Grenzen, die ihnen ihr eigenes Interesse zieht, sind keineswegs besonders eng. Die Banken müßten schon Exzesse der Kreditpolitik begehen, wenn sie in der Krise mehr verlieren sollten als sie in der Konjunktur verdienen. Ihre Tätigkeit besteht darin, Unternehmer zu ermächtigen, daß sie zum Zweck der Einleitung von Investitionsprozessen Güter und Arbeitskräfte aus der Wirtschaft entnehmen. Die Bank wird an einem Kredit nur dann verlieren, wenn dieser Investitionsprozeß nicht sein natürliches Ziel erreicht, sei es, daß der Plan von Anfang an falsch kalkuliert war, oder sei es, daß er erst nachträglich falsch wird, weil die Kräfte der Wirtschaft nicht ausreichen und der daraus sich ergebende Spannungszustand unerwartete Zins- und Preissteigerungen bedingt. Der Verlust der Bank tritt also nur ein, wenn der volkswirtschaftliche Zweck der Investition verfehlt wird. Aber der volkswirtschaftliche Zweck kann verfehlt sein, ohne daß die Bank Verluste erleidet, denn sie kann ihre Forderungen aus dem sonstigen Vermögen des kreditnehmenden Unternehmers befriedigen. Sie kann sich also in weitem Umfang an die alte Substanz der Wirtschaft halten, auch wenn ihre Kreditpolitik nicht dazu führt, neue Substanz zu schaffen. Nur wenn auch das sonstige Vermögen des Schuldners die Forderungen nicht deckt, kommt die Bank zu Schaden. Aber sie sichert sich im vornherein dagegen, indem sie Pfänder verlangt, also eine vorzugsweise Deckung aus der alten Substanz für den Fall der Not sich versprechen läßt. Die Rücksicht, die in der Regel am stärksten die Privatbanken zur Vorsicht in der Kreditgewährung veranlaßt, ist nicht der Gedanke an ihr eigenes Interesse, sondern der Wunsch, mit der Notenbank nicht in Konflikt zu geraten. Die Zentralnotenbank betrachtet sich in fast allen modernen Ländern mit Recht als den Hüter der Liquidität. Ihre Politik aber ist gerade eine planwirtschaftliche. Einmal angenommen, daß es ihr gelänge, durch ihre Politik, zu der auch die Einwirkung auf die Privatbanken gehört, die Konjunkturschwankungen auszuschalten, so wäre das nicht eine Selbstheilung des Organismus der freien Konkurrenz, sondern der Erfolg eines planwirtschaftlichen Eingriffs. Die Frage, ob eine solche Aussicht sich bietet, ist daher nicht an dieser Stelle zu erörtern, sondern später als ein Teil des Problems: Können durch Einbau planwirtschaftlicher Organe in den Mechanismus der Verkehrswirtschaft die Fehlsteuerungsmomente der Verkehrswirtschaft beseitigt werden?[1]

c) Einige weitere Funktionsmängel der Verkehrswirtschaft

Die Verkehrswirtschaft beruht auf dem Prinzip des Wettbewerbs, der Wettbewerb aber verursacht Kosten. Diese Aufwendungen, die Reklame aller Art, der Apparat der Geschäftsreisenden usw., sind zuweilen als Beweis dafür angeführt worden, daß die Verkehrswirtschaft unwirtschaftlich arbeite. Nun ist es gewiß sehr wahrscheinlich, daß der Aufwand, den alle diese Erscheinungen verlangen, im Vergleich zu dem Aufwand der Produktion verhältnis-

---

1 Ein weiterer Vorschlag, der zur Konjunkturstabilisierung durch kreditpolitische Mittel führen soll, ist der Gedanke der Indexwährung. Wenn die Notenbank von allen Vorschriften der Goldwährung befreit, dafür aber verpflichtet wird, jeweils so viel Noten auszugeben und wieder einzuziehen, daß die Preise aller wichtigen Waren im Durchschnitt stabil bleiben, dann würde das eine Ausgleichung von Konjunkturhausse und -baisse bedeuten, da es keinen Konjunkturabstieg ohne Preissenkung gibt und ein Konjunkturaufstieg ohne Preissteigerung mindestens sehr selten ist. Dieser Gedanke der Indexwährung hat, besonders seit Keynes ihn sich zu eigen machte, die Aufmerksamkeit stark auf sich gelenkt, aber so interessant er an sich ist, so soll er hier doch nicht erörtert werden. Denn ehe es Sinn hätte, sich über Nutzen oder Schaden dieser Vorschläge zu unterhalten, müßte nachgewiesen sein, daß sich ein genügend zuverlässiger Index findet. Die Unzuverlässigkeit der jetzt vorhandenen Indices ist aber so augenscheinlich, daß es nicht in Frage kommen kann, ein Währungssystem auf sie zu gründen.

mäßig gering ist, und daß mit ihm der Wettbewerb nicht zu teuer bezahlt wäre, wenn er wirklich den unentbehrlichen Stachel zum wirtschaftlichen Fortschritt bilden würde.

Überlegt man einmal, ob dieser Teil des volkswirtschaftlichen Aufwands die Tendenz hat, zu wachsen oder sich zu verringern, so stößt man auf zwei entgegengesetzte Momente. Die fortschreitende Vertrustung und auch die Kartellierung haben im großen und ganzen die Tendenz, den Wettbewerb zu dämpfen, weil Unternehmungen entweder überhaupt in einer Hand vereinigt werden oder der für den betreffenden Produktionszweig erzielbare Absatz zwischen ihnen gleichmäßig oder doch nach festen Merkmalen aufgeteilt wird. Die technische Entwicklung der Produktion dagegen bedingt eine Tendenz zu größerer Intensität des Wettbewerbs und damit zur Steigerung der Wettbewerbskosten. Da die volle Ausnutzung der Kapazität heute weit größere Bedeutung hat als früher, rechtfertigt sich auch erhöhter Aufwand, um die dafür nötigen Kunden zu erhalten. Da von einem Punkt an die zusätzlichen Produkte nur mehr wenig kosten, braucht man sich auch nicht auf die Kunden in frachtgünstiger Lage zu beschränken. Man kann in die „natürlichen" Absatzgebiete anderer Produzenten eindringen und die erhöhten Frachtspesen vom Preis abziehen.

Verwandt mit der Überentwicklung des Reklameapparats ist der unwirtschaftliche Umfang anderer Teile des gesellschaftlichen Apparats der Güterverteilung. Im Kleinhandel sind viel mehr Personen tätig, als für eine sorgsame und bequeme Bedienung der Konsumenten nötig wären. Manchmal wird dies von den Produzenten begünstigt, die durch die vielen in einen Wettkampf auf Tod und Leben verstrickten Kleinhändler von ihrer Ware mehr abzusetzen hoffen. Aber der Andrang zum Kleinhandel ist überhaupt sehr groß: Das eigene Geschäft gibt die Möglichkeit, auch in Zeiten ungünstiger Konjunktur noch eine kleine Verdienstchance zu haben, die das Leben immerhin zuweilen erträglicher macht als die Arbeitslosenunterstützung. Eine Planwirtschaft würde diese überflüssigen Existenzen aus ihrer heutigen Funktion herauslösen und sie dorthin stellen, wo sie Nützliches schaffen können, und sie würde damit die gesellschaftlichen Selbstkosten der Produkte wesentlich herabdrücken. Aber es ist nicht ganz sicher, ob nicht gerade in diesem Punkt dem Kapitalismus allmählich eine Selbstreinigung gelingt. Ein Produzententrust hat kein Interesse mehr daran, die Überbesetzung des Verteilungsapparats zu erhalten, im Gegenteil, er hat ein Interesse daran, die Verteilung zu rationalisieren, damit er den Produzentenpreis erhöhen kann, ohne die Kaufkraft allzusehr zu belasten. Die Beseitigung dieser antiproduktiven Erscheinung mag also vielleicht nicht von der Umformung der Wirtschaft abhängen, denn es bedürfte wohl keiner Vertrustung der gesamten Produktion, um den Kleinhandel wesentlich schrumpfen zu lassen: Sobald erst einige Trusts sich mit Wiederherstellung gangbarer Waren befaßten, ihre Produkte nicht mehr wahllos den Weg zum Konsumenten gehen ließen, würden die mit Trustwaren belieferten Kleinhändler bald die übrigen erdrückt haben.

Im großen und ganzen wird man also annehmen dürfen, daß mit der zunehmenden Monopolisierung die Wettbewerbskosten sich mindern. Ein gewisses Maß von Reklame bleibt immer nötig, weil schließlich alle Waren miteinander im Wettbewerb um die Kaufkraft des Käufers stehen. Auch ein großer Klaviertrust würde wahrscheinlich Aufwendungen machen, um möglichst viel Leute dahin zu bringen, daß sie sich ein Klavier anschaffen, statt ihr „überflüssiges" Geld für Autos oder für Delikatessen oder für Theater auszugeben. Und gar bei neuerfundenen oder neu eingeführten Artikeln kann durch keine Art der Wirtschaftsorganisation die Notwendigkeit der Werbung ausgeschaltet werden. Aber ein gewisses Maß von Reklamekosten hilft ja auch dazu, den Zweck der Produktion zu erfüllen, indem es die Konsumenten auf Methoden der Bedarfsbefriedigung aufmerksam macht, die diese sonst nicht erkennen würden. Freilich macht dieser produktive Teil des Reklameaufwands nur ein Bruchteil der heutigen Reklamekosten aus.

Daß in der Verkehrswirtschaft ein Bedarfszweck um so schwerer voll zu befriedigen ist, je mehr das Interesse an seiner Befriedigung sich zersplittert, schädigt häufig in besonderem Maß die volkshygienischen Zwecke. Für eine nachdrücklichere Bekämpfung der Kindersterblichkeit ist oft das Argument gebraucht worden: Wenn man schon nicht aus Menschlichkeit stärkere Mittel einsetzen wolle, dann möge man doch bedenken, daß es eine ungeheure wirtschaftliche Verschwendung bedeutet, Kinder gebären und einige Monate oder Jahre ernähren zu lassen, ohne sie dagegen zu schützen, daß sie vor Eintritt in das arbeitsfähige Alter zugrunde gehen. Was für die Kinder gilt, das gilt natürlich erst recht für die Erwachsenen: Jeder Mensch kostet der Gesellschaft sehr viel, bis er zum leistungsfähigen Glied einer arbeitsteiligen Wirtschaft wird. Die pflegliche Behandlung der Arbeitskraft, ihre Erhaltung und Wiederherstellung, wo sie gefährdet oder verloren ist, stellt — von aller Ethik abgesehen — ein Gebot der Wirtschaftlichkeit dar, das auch durch die weit ausgebaute Sozialpolitik vorläufig nur in unzureichendem Maß erfüllt wird. Die Erfüllung öffentlicher Aufgaben auf diesem Gebiet leidet an zwei Übeln: erstens daran, daß in der Sozialpolitik strenge Wirtschaftlichkeit fehlt, die etwas anderes ist als bloße Sparsamkeit, nämlich nicht Einschränkung von Ausgaben schlechthin, sondern exakter Vergleich zwischen Aufwand und Erfolg in jedem Einzelfall; zweitens, daß die Aufbringung von Mitteln für den ganzen öffentlichen Apparat heute mit solchen Friktionen und Widerständen zu rechnen hat, daß sie über eine bestimmte Grenze hinaus nicht gesteigert werden kann. Die Steuerschraube dreht sich, wenn man sie überlastet, teilweise leer. Ein Staat, der Kostgänger der Einzelwirtschaften ist, kann immer nur einen begrenzten Teil des Sozialprodukts an sich ziehen, der sehr wohl unter dem Maß liegen kann, bei dem eine volle Versorgung der Gemeinschaftszwecke möglich ist. Wir haben allen Anlaß zu vermuten, daß trotz der Riesenhaushalte unserer öffentlichen Körperschaften auch heute noch bestimmte Gemeinschaftszwecke unterversorgt sind. Es mag sein, daß die Mittel für sie aufgebracht werden könnten, wenn die Wirtschaftlichkeit im öffentlichen Haushalt gesteigert würde. Aber selbst wenn die so gewonnenen Mittel für die Gegenwart ausreichend wären, für die Zukunft sind sie es sicher nicht. Denn daran ist kaum ein Zweifel möglich, daß die Bedeutung der Gemeinschaftsaufgaben immer mehr wächst. Das gleiche Gesetz, das die Produktion im eigentlichen Sinn innerhalb weiter Grenzen zu beherrschen scheint, daß der Nutzeffekt mit der Größe des Apparats zunimmt, scheint auch in der Konsumsphäre immer mehr Geltung zu gewinnen. Wie wir einen großen Teil unserer Wohnungen nicht mehr vom Einzelhaushalt heizen, wie wir in modernen Wohnblocks von Waschküchenanlagen bis zu Kindergärten den Einwohnern durch zentrale Maßnahmen zu einer Besserung ihrer Bedürfnisbefriedigung verhelfen, wie wir zur Heilung von Krankheiten mit immer größeren Einrichtungen immer mehr Erfolge auch für die Massen erzielen, so wird schließlich von unserem ganzen Konsum immer mehr „vergesellschaftet" werden, und dabei wird es sich in vielen Fällen als zweckmäßig erscheinen, daß die „Vergesellschaftung" durch Maßnahmen des Staates oder der Selbstverwaltungskörper erfolgt. Dies aber bedingt, gerade auch bei strengster Wirtschaftlichkeit, ein Wachstum der öffentlichen Ausgaben, und die kapitalistische Verkehrswirtschaft, die den Staat im wesentlichen auf Steuern verweist, kann ihm die Mittel dazu immer weniger bereitstellen.

Alle diese Überlegungen beziehen sich auf die Fehlerquellen des Kapitalismus in der einmal gegebenen Wirtschaft. Der Kapitalismus ist von seinen Verteidigern gepriesen worden, nicht nur als die Form der Wirtschaft, die am besten den Ablauf der Produktionsvorgänge im Rahmen der einmal gegebenen Möglichkeiten sichert, man hat ihm vor allem nachgerühmt, daß er besser als alle anderen Formen der Produktionsorganisation die Umstellungen zu bewirken verstehe, die der technische Fortschritt erfordert.

Ist das richtig? Das Erfahrungsmaterial reicht nicht aus, um diese Frage zu beantworten. Im Zeitalter des Kapitalismus ist unendlich Großes in der Entfaltung der produktiven Kräfte geschehen. Gewiß wäre diese Entfaltung in den Formen der feudalen und handwerklichen Wirtschaft, die dem Kapitalismus vorausging, nicht möglich gewesen. Aber wäre sie auch nicht möglich gewesen in einer sozialistischen Ordnung? Wenn man auf Betriebe wie Post und Eisenbahn blickt, die seit langem in Deutschland ganz in öffentlicher Hand sind, so wird man nicht behaupten können, daß es dort an technischer Fortschrittsfreudigkeit fehle. Woran es eher fehlt, das ist die Anpassung des technischen Fortschritts an die wirtschaftlichen Möglichkeiten in jedem einzelnen Fall. Man wird vielleicht vermuten dürfen, daß die kapitalistische Produktionsorganisation solchen Umstellungen besonders gut gewachsen ist, bei denen das genaue Maß der Veränderungen im Einzelfall sehr wichtig ist, weil ja der Kapitalismus als eine Form dezentralisierter Wirtschaft solche Anpassung im einzelnen wohl besonders gut zu gewährleisten vermag. Dagegen wird man dort, wo es mehr auf die rasche Durchführung der Maßnahmen als auf Genauigkeit im einzelnen ankommt, von einer mehr zentralistischen Wirtschaftsführung Besseres zu erwarten haben. Man kann sich nicht denken, daß etwa eine Umstellung, wie sie beim Ausbruch des Krieges in den Industrien des abgesperrten Deutschland vorgenommen werden konnte, auf rein kapitalistischem Weg möglich gewesen wäre. Solche Aufgaben treten aber auch außerhalb eines Krieges und der besonderen Vollmachten, die er für die staatlichen Organe bringt, an die Wirtschaft heran.

Die Ausnutzung des technischen Fortschritts wird in einem Punkt immer schwieriger: Die technische Entwicklung verlangt in immer höherem Grad Methoden der Massenfabrikation. Bei solchen Methoden, wie sie wohl am frühesten aus der amerikanischen Automobilindustrie bekannt wurden, ist es aber sehr schwer und kostspielig, den Typ zu ändern. Wenn eine Änderung sofort bei einer Millionenzahl von Einzelstücken — bei hohem wirtschaftlichen Wert der Einheit — durchgeführt werden muß, dann kann man nur ganz erprobte Neuerungen einführen. Jeder Fortschritt aber ist irgendwann einmal unerprobt. Je weniger man in den Erfahrungen der Produktionspraxis technische Neuerungen genügend erproben kann, um so wichtiger werden, wenn die Wirtschaft nicht stillstehen soll, Experimentiervorrichtungen großen Stils, wie sie der einzelne Betrieb sich in der Regel nicht zu leisten vermag. Daraus entsteht wahrscheinlich für die nächste Zukunft ein weiterer Anreiz zur Bildung großer Produktionskomplexe, die dann auch der Monopolisierung dienen. Aber schließlich wird in vielen Fällen entweder auch durch einen solchen Zusammenschluß keine genügend breite wirtschaftliche Basis für solche Versuche geschaffen, oder es wird überhaupt die Neigung fehlen, das gewohnte Alte, auf das man sich eingestellt hat, durch Neuerungen gefährden zu lassen. Heute ist das noch nicht so fühlbar, weil die großen standardisierten Produktionszweige sich auf einzelne Länder beschränken, während gleiche Produktionen in anderen Ländern mit kleinerem Absatzgebiet sich noch nicht jene Starrheit der Produktionsmethoden angeeignet haben. Diese müssen, gerade weil sie nicht den Vorzug der modernsten Arbeitsmethoden haben, um so mehr auf den technischen Fortschritt bedacht sein und wirken daher gleichsam als große Versuchslaboratorien für die Standardproduktionen. Hat sich ein Fortschritt bei ihnen durchgesetzt, dann wird er auch von der vollmechanisierten Industrie nach einer Weile übernommen. Das scheint sich z. B. nach einigen Anzeichen im Verhältnis der europäischen zur amerikanischen Automobilindustrie anzubahnen. Geht die Entwicklung in der jetzt sichtbaren Richtung weiter, dann droht von hieraus, sobald die Vollmechanisierung sich auf der ganzen Welt durchgesetzt hat, eine starke Lähmung des technischen Fortschritts. Natürlich hat auch der Monopolist manchmal ein Interesse an technischen Verbesserungen. Aber der Mut zu dem immerhin kostspieligen Experimentieren wird dem Monopolisten häufig fehlen: Seine wirtschaftliche Stellung ist ja ohnehin gesichert. Dagegen könnte und würde wohl auch eine staatliche Planwirtschaft, unter dem doppelten Druck ihrer Techniker und Konsumenten, sich zu großzügigem Experimentieren entschließen und damit der Erstarrung der Produktion entgegenwirken.

d) Eine psychologische Fehlerquelle der Verkehrswirtschaft: Kooperation durch Kampf?

Alle menschliche Wirtschaft beruht auf Zusammenarbeit. Auch die kapitalistische Verkehrswirtschaft zielt darauf ab, Zusammenarbeit zu organisieren. Aber sie tut das in der Form des Kampfes: Im Kapitalismus hat der einzelne Wirtschafter nicht das Bewußtsein, daß er mit dem neben ihm tätigen Menschen durch Zusammenarbeit verbunden ist, sondern er sieht in diesem den Konkurrenten, mit dem er zu kämpfen hat. Als die Wirtschaftswissenschaftler und Philosophen des beginnenden kapitalistischen Zeitalters diesen Zwiespalt zwischen den Aufgaben der kapitalistischen Wirtschaftsordnung und dem Bewußtseinsinhalt der Menschen im Kapitalismus entdeckten, haben sie den weisen Plan bewundert, der die Menschen zur Zusammenarbeit führe, während sie gegeneinander zu kämpfen glaubten. In der berühmten „Bienenfabel“ Mandevilles erscheint sogar der verbrecherische Egoismus des einzelnen als Quelle größten Wohlstands der Gesamtheit. So weit sind die Vertreter der klassischen und der manchesterlichen Richtung in der Nationalökonomie nicht gegangen. Aber auch ihnen erschien die ökonomische Zusammenarbeit der Menschen in der modernen Gesellschaft als eine notwendig unbewußte und die wirkliche Interessengemeinschaft am besten gewahrt, wenn die einzelnen durch das Bewußtsein eines Interessengegensatzes zu höchsten Leistungen angespornt würden.

Die kapitalistische Wirtschaft will durch die Fiktion, daß es auf den Kampf, nicht auf Zusammenarbeit ankomme, eine besonders wirksame Form der Zusammenarbeit erreichen. Diese würde in der Tat in der idealen Verkehrswirtschaft erreicht. Daß sich aus dem Wesen der realen Verkehrswirtschaft wichtige Fehlsteuerungsmomente ergeben, ist gezeigt worden. Ist aber auch nur die Fiktion an sich unschädlich, bewirkt nicht der Irrtum, den sie erzeugt, eine Einstellung der wirtschaftlich handelnden Menschen, die ihr Verhältnis zueinander verschiebt, dadurch auch den Verlauf der wirtschaftlichen Vorgänge beeinflußt und schließlich die Erreichung der Wirtschaftszwecke gefährdet?

Jene Generalfiktion löst sich in mehrere Teilfiktionen auf. Eine dieser Teilfiktionen ist jedem Anfänger des nationalökonomischen Studiums wohl bekannt, denn wer das Wesen der Wirtschaft erkennen will, muß sich von ihr erst frei machen. Die einzelne Wirtschaftsperson in der Verkehrswirtschaft handelt so, als ob es darauf ankäme, für vorhandene oder zu schaffende Güter Konsumenten zu finden, obwohl es in Wirklichkeit darauf ankommt, die im Übermaß vorhandenen Konsumwünsche so sparsam als möglich zu befriedigen. Während es scheint, daß es zu wenig Konsumenten für die Güter gäbe, gibt es in Wirklichkeit zu wenig Güter für die Konsumenten. Der Unternehmer, der seinen Absatz zu erweitern trachtet, ist gleichsam ein Agent der Gesellschaft, dessen Provision sich aber nicht unmittelbar nach dem Grad richtet, in dem er dem Hauptinteresse der Gesellschaft Genüge tut. Die Gesellschaft hat ihn gleichsam nur an der Erfüllung eines ihrer eigenen Teilinteressen interessiert, nämlich daran, daß jeder Konsument, der nach Maßgabe der vorhandenen Beschaffungsmöglichkeiten ein Gut bestimmter Art erhalten kann, es auch wirklich erhält, und daß von den konkurrierenden Bedürfnissen die dringendsten (oder die wegen besonderer gesellschaftlicher Qualifikation zu bevorzugter Deckung bestimmten) vor den übrigen gedeckt werden. Die Aufgabe erfüllt der Unternehmer, wenn er nach größtmöglichem Absatz strebt (und sich, sofern er das Angebot nicht erweitern kann, unter den Käufern die zahlungswilligsten und zahlungsfähigsten auswählt). Die Gesellschaft kann sich darauf verlassen, daß das Interesse der Konsumenten, ihr Einkommen möglichst wirtschaftlich auszugeben, dem Interesse der Produzenten an der Absatzerweiterung das Gegengewicht hält. Die Fiktion, daß es auf Vermehrung des Absatzes ankomme, ist für den einzelnen also sogar eine Wahrheit. Zur Fiktion wird sie dadurch, daß die große Mehrzahl der Menschen sich als Gesamtinteresse nichts anderes vorstellen kann als die einfache Addition der Einzelinteressen und daher die Absatzerweiterung, die „Beschäftigung" von Kapital und Arbeit, als ein Interesse der Gesamtheit ansieht. Diese Fiktion ist unschädlich, solange sie die Wirtschaftspolitik nicht beeinflußt. Aber von den Zeiten des Merkantilismus an, als man die Förderung des Luxus für notwendig hielt, um die müßigen Hände zu beschäftigen, bis zu den Hauptformen der modernen Schutzzollagitation, die alle heimische Nachfrage den heimischen Anbietern erhalten und die Vermehrung des Güterangebots durch Einfuhr ausschalten will, oder bis zu manchen konjunkturpolitischen Vorschlägen, die eine niedergehende Konjunktur nur durch Steigerung des Bedarfswillens glauben bekämpfen zu können, hat immer wieder die einzelwirtschaftliche Betrachtungsweise auf die Wirtschaftspolitik abgefärbt und dazu geführt, daß man die Fiktion als Wahrheit nahm. So ist es eine ständige Gefahrenquelle für die Wirtschaftlichkeit der Verkehrswirtschaft, daß sie das Handeln des einzelnen einem Gesetz unterstellt, das für die Gesamtheit gar nicht gilt. Man hat es nicht in der Hand, wie weit eine solche einmal geschaffene Fiktion das Denken der Menschen in eine Richtung treibt, die der Wirklichkeit nicht entspricht.

Die Verleugnung des Prinzips der Zusammenarbeit im täglichen Handeln der Wirtschaft ist von größtem Einfluß gewesen auf die Beziehungen der Völker zueinander. Der Weltkrieg war gewiß kein reiner Wirtschaftskrieg in dem Sinn, daß die Völker um einen wirtschaftlichen Lebensspielraum hätten kämpfen müssen. Er hat ja für kein am Krieg beteiligtes Volk den Lebensspielraum erweitert, er hat wirtschaftlich auch den meisten Siegern mehr geschadet als genützt. Daß England aus wirtschaftlichem Selbsterhaltungstrieb Deutschland habe vernichten müssen, weil die deutsche Wirtschaft zur schärfsten Konkurrentin der englischen geworden war, ist eine Legende, erfunden von Leuten, die den Krieg als unvermeidlich erweisen wollten. Deutschland war gleichzeitig Englands bester Kunde und der Lieferant von Waren, die es notwendig brauchte. Auch die englischen Staatsmänner haben im Jahr 1914 nicht geglaubt, daß Englands wirtschaftliches Wohl den Krieg gegen Deutschland erforderte. Aber in England wie in Deutschland hat die Wirtschaftsrivalität, die fast ausschließliche Betrachtung des anderen als eines Gegners im Kampf um den Absatz, unendlich viel dazu beigetragen, den Völkerhaß groß werden zu lassen, aus dem der Krieg entstanden ist.

Diese Erfahrung ist hier zunächst nur unter dem Gesichtspunkt der Wirtschaft zu würdigen. Was immer der Weltkrieg sonst noch für das Schicksal der Menschheit bedeutete, er war auch ein Wirtschaftsunglück von ungeheurem Ausmaß. Daß die kapitalistische Verkehrswirtschaft in den Seelen der Menschen Zündstoff anhäuft, der sich so entladen kann, daß der ganze Wirtschaftsapparat zerschlagen und die Deckung der primitivsten Lebensbedürfnisse der Menschen in großen Teilen der Welt für viele Jahre in Frage gestellt wird, ist ein Argument von schwerstem Gewicht, wenn Schuld und Leistung der Verkehrswirtschaft verglichen werden.

e) Die Lohnpolitik in der kapitalistischen Verkehrswirtschaft

1. Die Gewerkschaften als Monopolverbände

Das Prinzip, daß die Zusammenarbeit durch rücksichtslose Wahrung der Einzelinteressen verwirklicht werden soll, leidet völlig Schiffbruch bei den Beziehungen zwischen Kapital und Arbeit. Die Arbeiter haben sich, da sie als einzelne ihrem Arbeitgeber gegenüber sich wehrlos fühlten, zu Verbänden zusammengeschlossen, die im Grundsatz ähnlich wie die Kartelle die Gewinnmöglichkeiten des Monopolprinzips auszunutzen suchen. Sie verringern zwar nicht das

Angebot an Arbeit, aber sie stellen den Arbeitgeber vor die Frage, ob er mehr zahlen will, als dem „Grenzwert" der Arbeit entspricht, oder ob er zeitweilig darauf verzichten will, überhaupt Arbeiter zu bekommen. Das Interesse der Arbeiter geht an sich nicht dahin, den Abstand der wirklich gezahlten Löhne vom „Grenzwert" der Arbeit sehr groß werden zu lassen. Denn da sie den Arbeitgeber nicht wirksam daran hindern können, die Zahl der beschäftigten Arbeiter so zu regulieren, wie er es vom Standpunkt seines Gewinninteresses aus für gut hält, so führt ein übersteigerter Lohn zu hoher Arbeitslosigkeit, und wenn er dadurch nicht selbst unmöglich wird — wie es geschieht, wenn die „Reservearmee" sich den Unternehmern zu untertariflichem Lohn anbietet —, so wird doch der Arbeiterschaft in ihrer Gesamtheit nicht genützt. Selbst wenn aber durch besondere Mittel, etwa durch Beschäftigungszwang auf den Unternehmer, die Arbeitslosigkeit verhindert werden könnte, würde dem Arbeiter die Lohnerhöhung wenig nützen. Denn der Unternehmer würde sie im Preis auf den Konsumenten wieder abwälzen, und der Konsument ist in einem modernen Industrievolk in überwiegendem Maß doch wieder der Arbeiter. Tatsächlich haben die Arbeiter durchaus nicht jedesmal, wenn die Nominallöhne stiegen, von diesem Steigen Vorteil gehabt, denn die Lohnerhöhungen führten oft zu Steigerungen der Preise.

Der Monopolismus der Arbeiter trägt also viel eher sein Korrektiv in sich als der Monopolismus einzelner Unternehmergruppen, eben weil die Arbeit das allgemeinste Produktionselement ist und daher auf die Höhe des Preisniveaus entscheidenden Einfluß übt. Durch keine Monopolpolitik kann ja das Gesamtergebnis der gesellschaftlichen Arbeit irgendwie vermehrt werden. Es wird sogar immer geschmälert, weil eine Einschränkung der Produktion erfolgt. Eine kleine Gruppe von Wirtschaftspersonen kann durch monopolistischen Zwang von einem nicht vermehrten und sogar verkleinerten Gesamtprodukt einen größeren Teil an sich reißen. Die Gesamtheit der Produzenten aber kann sich nicht selbst ausbeuten, und auch eine Mehrheit unter den Wirtschaftspersonen, wenn sie so groß ist, wie die Arbeiter sie darstellen, kann kaum auf Kosten der Minderheit etwas Erhebliches gewinnen, jedenfalls dann nicht, wenn an der Wirtschaftsverfassung sich nichts ändert.

Nun erfolgen freilich die gewerkschaftlichen Aktionen der Arbeiter nicht als Kampfhandlungen der gesamten Arbeiterklasse, sondern in jedem Fall geht ein einzelner Berufsverband für sich vor. Dieser Berufsverband ist jeweils nur eine kleine Minderheit der Arbeiter. Unbestreitbar würde eine Erhöhung der Bäckerlöhne, auch wenn sie auf die Brotpreise aufgeschlagen wird, den Arbeitern der Bäckereien Vorteile bringen. Die Arbeiterorganisation könnte also jedesmal versucht sein, ihren Einfluß restlos auszunutzen, in der Hoffnung, daß die anderen Arbeiterverbände nicht in vollem Umfang oder nicht sofort nachfolgen könnten, oder daß es gelingen würde, aus irgendwelchen kapitalistischen Renten oder anderen Einkommensteilen fremder Klassen die erhöhten Löhne zu decken. Tatsächlich spielt diese Erwägung in den Gedankengängen der Führer einzelner Gewerkschaftsverbände selten eine große Rolle, weil sie das Problem meist noch nicht so scharf sehen. Doch ist es vorgekommen, daß die einzelnen Arbeitergruppen einen Wettlauf der Lohnerhöhungen durchgeführt haben, der für alle ohne das erhoffte reale Ergebnis blieb.

Man kann zweifeln, ob diese nominellen Lohnerhöhungen irgendwie die Produktion beschränkt haben, indem sie die Preise in die Höhe trieben. Theoretisch kann ja eine Koalition der Arbeiter ganz ähnlich auf die Warenpreise wirken wie eine Koalition der Unternehmer: Indem sie die Produktionskosten für alle Unternehmer durch Monopolisierung der Ware Arbeit steigert, zwingt sie jeden einzelnen Unternehmer wirksamer als jeder Kartellbeschluß, die Preise zu erhöhen, wenigstens unter der Voraussetzung, daß er den Produktionsprozeß oder seine Absatzorganisation nicht verbessern kann. Aber die Produktion ist, wie wir an allen statistischen Zahlen ablesen können, während der Erhöhung des Lohn- und Preisniveaus zu Anfang des 20. Jahrhunderts, teilweise auch schon früher — also in der Epoche, da die Gewerkschaften aufkamen —, gewaltig gewachsen. Es bleibt nur der Einwand übrig, daß sie ohne die Tätigkeit der Gewerkschaften noch stärker gewachsen wäre, daß also die Lohnerhöhungen durch gewerkschaftliche Aktionen eine relative Einschränkung der Produktion bewirkt haben. Viel wahrscheinlicher aber ist, daß die Lohnerhöhungen sogar zur Erweiterung der Produktion angespornt haben, weil die Verteuerung der Arbeitskraft die Verwendung von Maschinen rentabel machte. Dieses Entwicklungsmoment des technischen Fortschritts ist ja ein weiterer Grund, weshalb der Monopolismus der Gewerkschaften dem Ertrag der Produktion weit weniger gefährlich wird als der Monopolismus der Unternehmer. Der etwa zu hohe Lohn, den die Gewerkschaften erzwingen, kann Tendenzen hervorrufen, die ihn nachträglich rechtfertigen.

So weit wäre also die Tätigkeit der Gewerkschaften nicht eine notwendige Quelle von unüberwindlichen Schwierigkeiten für das bestehende Wirtschaftssystem. Könnten wir für die Zukunft mit den gleichen Voraussetzungen rechnen wie bisher, mit dem gleichen Maß von Macht bei den Gewerkschaften, mit der gleichen durchschnittlichen Lage der Unternehmungen, mit dem gleichen Tempo des technischen Fortschritts, dann wäre von dieser Seite her der Kapitalismus kaum gefährdet. Aber schon in unserer Gegenwartswirtschaft zeigt sich deutlich, daß die Dinge im Begriff sind, sich gründlich zu wandeln. Die Macht der Gewerkschaften ist heute weit größer, als sie vor dem Krieg war, und sie hat die Tendenz, weiter stark und rasch zu wachsen. Das hat seinen Grund nicht in der Entwicklung der Gesetzgebung oder in irgendwelchen politischen Verhältnissen, sondern in einer technischen Veränderung der Produktion und einer daraus folgenden Strukturveränderung der Wirtschaft.

2. *Fixe Produktionskosten — Arbeitermacht*

Schmalenbach hat in seinem bekannten Wiener Vortrag[1] das Wachsen der fixen Kostenbestandteile, die Vermehrung des Anlagekapitals gegenüber dem Betriebskapital, die der Fortschritt der Technik bewirkt, als den Entstehungsgrund einer neuen Wirtschaftsordnung bezeichnet: Diese Verschiebung steigere das Bedürfnis der Produktion nach Konstanz des Absatzes, und man mühe sich, durch Bildung von Kartellen diesem Bedürfnis zu genügen.

---

[1] Die Betriebswirtschaftslehre an der Schwelle der neuen Wirtschaftsverfassung. Abgedruckt in der Zeitschr. für handelswissenschaftliche Forschung, 22. Jahrg. 1928.

Das aber bedeute, wenn man sich den Prozeß bis zu Ende durchgeführt denkt, gebundene Wirtschaft, Sozialismus. „Was ist es denn im Grund genommen anderes als die Erfüllung der Voraussagen des großen Sozialisten Marx, die wir erleben? Seine Vorstellungen über die Zukunft sind es, die wir sich erfüllen sehen."[1]

Nun ist es nicht so sicher, wie Schmalenbach meint, daß das Bedürfnis nach Konstanz des Absatzes zur Kartellbildung führt. Objektiv ist die Preisstabilität, die von den Kartellen angestrebt wird, vielleicht eher ein Grund für verstärkte Schwankungen des Beschäftigungsgrades: In schlechten Zeiten kann sich die Kartellbildung als ein Hindernis erweisen, durch niedrige Preise den erforderlichen Absatz zu schaffen. Allerdings mag hier und dort bei Unternehmern der Irrtum bestehen, daß durch Kartelle der Markt stabilisiert werden könne, nicht nur in Hinblick auf die Preise, sondern auch in Hinblick auf die Absatzmenge. Diese Unternehmer sehen dann eben nicht auf die Veränderung des Gesamtabsatzes, sondern auf die Entwicklung des Absatzes einzelner schwächerer Unternehmungen, die bei freien Industrien in der Tat in Zeiten ungünstiger Konjunktur unter dem Einbruch überlegener Konkurrenten in ihr Absatzgebiet zu leiden haben und dagegen durch ein Kartell geschützt werden können. Aber auf die Dauer würde sich das größere Interesse der Industrie an der Stabilisierung des Gesamtabsatzes durchsetzen und zu einem Rückgang der Kartellbildung führen, wenn eben das Interesse an der Konjunkturstabilisierung in Zusammenhang mit dem Moment der fixen Kosten überhaupt für Zunahme oder Abnahme der Kartelle entscheidend wäre. In Wirklichkeit schreitet die Kartellbildung fort, weil sie angetrieben wird durch das Streben nach Monopolgewinnen, das mit dem Wachstum der fixen Kosten nichts zu tun hat.

Nun behauptet freilich Schmalenbach noch einen indirekten Zusammenhang zwischen Kartellbildung und Mehrung der fixen Kosten, der sich daraus ergeben soll, daß die Kostendegression zur Betriebserweiterung drängt:

„Die fixen Kosten begnügen sich nicht damit, den Betrieb dahin zu drängen, seine Kapazität trotz mangelnder Nachfrage voll aus-

---

[1] S. 242.

zunutzen. Sie drängen ihn zugleich, sich trotz mangelnder Nachfrage zu vergrößern. In jedem Betriebe gibt es eine Reihe von Anlagen, die besonders schwach ausgenützt werden. Sie arbeiten mit übermäßigen Kosten, selbst bei voller Beschäftigung des Gesamtbetriebes. Die Betriebsleiter werden durch diese unterbeschäftigten Anlagen dazu gedrängt, den Betrieb so lange zu vergrößern, um auch diese nicht ausgenutzten Anlagen besser zu beschäftigen. Und so dehnen ganze Industriezweige ihre Kapazität aus, ohne daß ihnen ein Steigen der Nachfrage dazu Veranlassung gibt. In unzähligen Generalversammlungen hört man heute die Verwaltung vortragen, der Betrieb arbeite heute noch nicht voll befriedigend; aber wenn noch einige Maschinen angeschafft und sonstige Erweiterungen vorgenommen würden, dann werde der Betrieb rentabel werden. Aber da andere Betriebe der gleichen Branche das gleiche tun, rationalisieren sich diese Industriezweige automatisch in eine überzogene Kapazität hinein, die von der Nachfrage nie oder nur selten erreicht wird. Und immer sind es die fixen Kosten, die den Anlaß geben. Ist ein Geschäftszweig so weit gekommen, so ist es zur Gründung eines Kartells oder zur Vertrustung nicht mehr weit. Und so drängen die fixen Kosten einen Industriezweig nach dem anderen aus der freien Wirtschaft heraus und in die gebundene Wirtschaft hinein"[1].

Wenn diese Erklärung den Grund aufzeigen sollte, warum die Kartelle sich stark ausbreiten, dann müßte also die Überkapazität der Industrie eine allgemeine Erscheinung sein. Einer solchen Annahme stehen sehr ernste theoretische Bedenken entgegen: Sie läuft auf die aus der Konjunkturlehre bekannte Überproduktionstheorie hinaus, die mit einem allgemeinen Zuviel an Gütern rechnet, während in der ganzen Wirtschaftswissenschaft nichts gewisser ist, als daß wir in jedem Sinn mit einem allgemeinen Zuwenig an Gütern rechnen müssen. Und zeigt etwa die Beobachtung der Tatsachen eine allgemeine industrielle Überkapazität? Man darf den Maßstab für das Zuviel oder Zuwenig natürlich nicht aus den Verhältnissen einer ausgesprochenen Depression nehmen, wie sie gerade im Jahr 1931 herrscht. Daß in solchen Zeiten ein Zuviel an Kapazität vor-

---

[1] S. 245.

handen ist, läßt sich im allgemeinen aus der Desorganisation der Wirtschaft im weitesten Sinne dieses Wortes erklären, soviel Einzelfragen auch dabei noch offenbleiben mögen. Diese Überkapazität der Depression kann also hier ausscheiden: Es muß ja sogar, solange es Wirtschaftsschwankungen gibt, in der Depression eine ungenützte Kapazitätsreserve gegeben sein. Auch im Durchschnitt der Konjunkturen gibt es einzelne Industrien, die sich im Verhältnis zu anderen zu stark ausgedehnt haben, so daß ihr Betriebsaufwand, gemessen am Grenznutzen ihrer Produkte, zu groß ist. Hier ist eine Einschränkung wirklich nötig, sie ist dann eben keine allgemeine Produktionseinschränkung. Aber selbst wenn eine allgemeine Überkapazität vorhanden wäre, und wenn sie zur allgemeinen Kartellierung führen müßte, wäre das wirklich eine gebundene Wirtschaft nach den Ideen von Marx, wäre das Sozialismus? Selbst ein „Generalkartell" wäre nur Sozialismus im formalen Sinn, der — an wesentlich anderen Zielen orientiert — dem echten Sozialismus höchstens einige technische Erfahrungen liefern könnte[1]. Aber diese Tendenz zum Generalkartell, also zum Zusammenschluß der Kartelle, folgt ja selbst dann nicht aus den Feststellungen Schmalenbachs, wenn man anerkennen will, daß diese die Ausbreitung der Einzelkartelle erklären. Daß Einzelkartelle und auch Trusts noch nicht einmal Sozialismus im formalen Sinn darstellen, weil sie ja keine Leitung der Gesamtwirtschaft ermöglichen, ist sicher. Der Ausdruck „gebundene Wirtschaft", der Sozialismus und Kartellierung zusammenfassen soll, drückt eigentlich nur etwas Negatives aus, „nicht freie Wirtschaft". Im Positiven aber besteht kaum entfernte Verwandtschaft äußerer Züge, geschweige denn Identität des Wesens. Wenn vorhin von der Tendenz zum Monopol im Zusammenhang mit antiproduktiven Tendenzen im Kapitalismus gesprochen werden mußte, so war das ganz anders gemeint: Nicht weil Kartelle in irgendeinem Sinn eine Art Sozialismus seien, wird von ihnen eine Sozialisierung der Wirtschaft ausgehen, sondern weil nur die Sozialisierung eine Abwehr der Monopoltendenz ermöglicht, wird sie notwendig in einer Zeit, in der die Kartelle sich über ihr ursprüngliches Anwendungsgebiet hinaus ausbreiten.

---

[1] Vgl. Hilferding, Das Finanzkapital, Wien 1910, S. 295.

Und doch hat Schmalenbach vollkommen recht, wenn er in dem Überwuchern der fixen Kostenelemente eine schwere Bedrohung des Kapitalismus sieht. Die freie Wirtschaft ist wirklich nur so lange auf die Dauer möglich, als „die Produktionskosten im wesentlichen proportionaler Natur waren". Die Kostendegression ist die wichtigste Erscheinung, „die uns die alte Wirtschaftsform verlassen und in eine neue hineinsteuern läßt". Wie Schmalenbach dargelegt hat, kommt das gesteigerte Bedürfnis der kapitalintensiven Wirtschaft nach Stabilität in der freien Verkehrswirtschaft nicht mehr auf seine Kosten. Nur ist es nicht die Heilung der Unstabilität, die in der Form der Kartelle zur wirtschaftlichen Neuordnung führt, sondern die Unmöglichkeit einer solchen Heilung im Kapitalismus führt dazu, daß ein anderer politisch-soziologischer Unterbau der Produktion, eine andere Produktionsverfassung geschaffen werden muß.

Es handelt sich nicht nur um das Interesse der Wirtschaft an Konjunkturstabilität. Das Wachsen der fixen Kosten des Betriebs wirkt dahin, daß ein Streik, bei dem doch die fixen Kosten im wesentlichen bleiben und nur die proportionalen entfallen, heute viel schwerer ertragen wird als früher. Daher ist das Bedürfnis der Wirtschaft auch nach Arbeitsfrieden außerordentlich gestiegen. Die Drohung der Arbeiter, den Arbeitsfrieden zu brechen, wirkt heute viel schärfer. Die Widerstandskraft der Unternehmer im Kampf um die Lohnhöhe hat sich also verringert. Vor dem Krieg konnten die Löhne weit eher hinter dem Punkt, an dem sie ökonomisch stehen müßten, zurückbleiben als ihn überschreiten. Heute ist eine „Überhöhung" der Löhne zeitweise sicher vorhanden, und sie hat die Tendenz, immer häufiger zu werden.

Manche Wirtschaftstheoretiker sehen darin einen Grund, warum der Kapitalismus sich halten werde. Bezahlt er nicht in diesen hohen Löhnen eine überaus nützliche Risikoprämie? Sind sie nicht der Preis, durch den er die Arbeiter mit seiner eigenen Existenz versöhnt? Gewiß, das beste, was der Kapitalismus für seine Sicherheit überhaupt tun kann, das tut er, wenn er immer höhere Löhne ökonomisch möglich macht[1]. Aber das ist etwas ganz anderes, als

[1] Vgl. M. J. Bonn, Das Schicksal des deutschen Kapitalismus, neue, erweiterte Auflage, Berlin 1930, S. 130: „Der Kapitalismus muß imstande sein, auf

Löhne zu zahlen, die ökonomisch noch nicht möglich sind. In einem Wirtschaftssystem, das die gesamtwirtschaftlich richtigen Vorgänge erzeugen will, in dem es die vom Privatinteresse gelenkte Macht der einzelnen gegeneinander spielen läßt, hat natürlich auch die Widerstandskraft der Unternehmer gegen die Arbeiter eine gesamtwirtschaftliche Funktion. Sie hat zunächst zu verhindern, daß die Löhne die bestehende Produktion unrentabel machen. Diese Funktion kann sie im allgemeinen auch heute noch erfüllen. Ein allgemeiner, dauernder Schrumpfungsprozeß der Wirtschaft, der von Rückbildungsprozessen einzelner Teile ebenso streng zu unterscheiden wäre wie von der periodischen Schrumpfung in der Depression, erkennbar daran, daß der periodischen Schrumpfung eine periodische Wiederausdehnung folgt, ist innerhalb der modernen kapitalistischen Länder — selbst wenn man die Vereinigten Staaten ganz beiseite läßt — nicht zu bemerken.

Die Vermeidung von Unrentabilität der vorhandenen Unternehmungen allein genügt noch nicht. Wenn die Wirtschaft fortschreiten soll, braucht sie laufend neues Kapital. Lohnerhöhungen aber wirken im Sinn verringerter Kapitalbildung. Der Widerstand der Unternehmer hat im heutigen Wirtschaftssystem die weitere Funktion, ein ausreichendes Maß von Kapitalbildung zu sichern.

3. Die gefährdete Kapitalbildung

Erhöhung der Löhne bedeutet, wenn sie nicht nur nominell bleibt, daß ein Teil des gesellschaftlichen Arbeitsprodukts aus der Verfügungsgewalt der Unternehmer genommen und in das Einkommen

---

Grund verhältnismäßig starrer Arbeitsbedingungen" — nämlich der durch den Staat festgesetzten Löhne — „die Produktion so zu organisieren, daß sie reichlicher und billiger fließt, als es bei einer kommunistischen Organisation der Fall wäre. Er muß sich als Geschäftsführer der Gesellschaft betrachten, der den Aktionären hohe Dividenden, den Arbeitern hohe Löhne, dem Publikum billige Preise sichert, und der die Arbeitslosigkeit in verhältnismäßig engen Schranken hält. Dann, aber auch nur dann, wird man ihm die Freiheit der Disposition, den Bezug eines hohen Einkommens, den Besitz eines großen Vermögens gestatten." Also ist das Schicksal des Kapitalismus besiegelt, sobald er nicht mehr die Wirtschaftsform der größten Produktivität ist.

der Arbeiter übergeleitet wird. Nun ist der Arbeiter ein relativ weniger leistungsfähiger Träger der Kapitalbildung als der Unternehmer. Die Statistik der Sparkasseneinlagen, die selbst in Zeiten großer Volksverelendung wachsen, beweisen trotz aller Fehlerquellen eindringlich die gewaltige Sparenergie der Massen, die Intensität des Willens, sich und den Seinen selbst um den Preis härtester Entbehrungen eine Gefahrenrücklage, eine besser gesicherte Zukunft zu schaffen. Aber das hebt die Tatsache nicht auf, daß man von einem großen Einkommen sehr viel leichter einen bestimmten Prozentsatz zurücklegen kann als von einem kleineren, und daß deshalb von einem größeren Einkommen eben doch relativ mehr gespart wird. Einkommensteile aus der Verfügungsgewalt der Unternehmer — aus dem Kapital von Gesellschaften, aus dem Einkommen der Industriellen, der Aktionäre usw. — herausnehmen und sie den Arbeitern zuzuleiten, heißt also bewirken, daß ein größerer Teil dieser Beträge dem Konsum dient und ein kleinerer in Form von anlagesuchendem Geldkapital wieder der Produktion zur Verfügung steht. Höhere Löhne bedeuten daher Einschränkung der Kapitalbildung.

Die Kapitalbildung ist nicht Selbstzweck. Es wäre Wahnsinn, die Löhne so tief wie möglich halten zu wollen, damit die Kapitalbildung so hoch wie möglich sei. Das Maß der erwünschten Kapitalbildung bestimmt vor allem der technische Fortschritt. Welche Aussichten sind vorhanden, das künftige Produktionsergebnis zu verbessern, indem man heute Neuerungen in den Produktionsprozeß einführt oder sie mehr als bisher anwendet? Die Antwort darauf muß sich danach richten, wie viel und wie Wertvolles die Techniker erfunden haben. Nun scheint es, daß heute und noch auf recht lange Zeit hinaus die technischen Möglichkeiten größer sind, als sie je früher waren. Wir müssen uns davor hüten, in einen technischen Fortschrittsfanatismus zu verfallen, der auf eine unübersehbare Reihe von Jahrzehnten hinaus die Menschen dazu verurteilen würde, einen immer größeren Teil ihres Arbeitsergebnisses der Einführung neuerfundener Maschinen zu widmen, ohne daß sie dazu kämen, die Früchte dieser Neuerungen zu genießen. Aber mit alledem wird nicht aus der Welt geschafft, daß die vernünftig bemessenen Ansprüche der Kapitalbildung beim heutigen

Entwicklungstempo der Technik künftig eher größer als kleiner sein werden als bisher.

Wir haben also auf der einen Seite wachsende Macht der Gewerkschaften, Wahrscheinlichkeit immer schnelleren Ansteigens der Lohnkurve, auf der anderen Seite mindestens gleichbleibende, wahrscheinlich verstärkte Notwendigkeit der Kapitalbildung.

Ein Zurückbleiben der Kapitalbildung hinter dem technischen Fortschritt, soweit man dessen Verwertung wünschen muß, bedeutet aber eine Erstarrung der Produktion, bedeutet Verzicht auf mögliche Verbesserungen der Wirtschaftslage, auf die gerade der Arbeiter weder verzichten kann noch verzichten will. Gerade er ist ja mit dem heutigen Stand der Bedarfsdeckung unzufrieden und hat dazu Anlaß. Besonders schlimm können die Folgen einer ungenügenden Kapitalbildung dort werden, wo die Bevölkerung noch wächst, und diese Voraussetzung trifft in den großen europäischen Industriestaaten Deutschland und England zu. Hier muß laufend so viel Kapital gebildet werden, daß jeder neue Arbeiter mit mindestens der gleichen technischen Ausrüstung in den Produktionsprozeß eintritt, wie sie der Durchschnitt der schon beschäftigten Arbeiter besitzt, sonst ist eine Herabdrückung des Lebensstandards unvermeidlich. Damit die wachsende Bevölkerung Gelegenheit erhält, durch das Mehr an Kräften das Mehr an Gütern zu erarbeiten, das sie benötigt, müssen dauernd neue Betriebe geschaffen oder bestehende Betriebe erweitert werden. Diese Vergrößerung des technischen Apparates aber ist nur möglich, wenn die Bevölkerung in entsprechendem Maß spart, das heißt auf Gegenwartskonsum verzichtet und so Güter und Kräfte freimacht für die Erweiterung der Produktion. Tut sie das nicht und wehren sich die Arbeiter durch Hochhaltung der Löhne dagegen, daß die Konsumansprüche beschränkt werden, dann tritt der Zustand ein, den wir von England kennen und den wir in geringerer Ausprägung heute auch in Deutschland haben: Da mangels technischer Ausrüstung nicht alle Arbeiter ihre Arbeit so nützlich gestalten können, daß der Ertrag den festgesetzten Mindestlohn übersteigt, so wird ein Teil von ihnen in der Produktion nicht verwendet. Es entsteht dann eine Arbeitslosigkeit nicht nur beim Tiefstand der Konjunktur, sondern auch im Durchschnitt der Konjunkturen. (Man hat sich daran gewöhnt, auch dies als „strukturelle“ Arbeitslosigkeit zu bezeichnen, obgleich der Begriff vielleicht besser anderen Tatbeständen vorbehalten bliebe.) In doppelter Hinsicht ist an ihrer Entstehung das Tempo vorangegangener Lohnerhöhungen schuld: Weil zu große Teile des Volkseinkommens aus Unternehmereinkommen in Arbeitereinkommen verwandelt wurden, ist zu wenig gespart worden. Das beschränkte die Verbesserung des technischen Apparats. Weil die Löhne rasch erhöht wurden, hätten sie nur bei entsprechend rascher Verbesserung des technischen Apparats verdient werden können.

Bei wachsender Bevölkerung ruft also eine nicht entsprechend große Kapitalbildung Erscheinungen hervor, die den Folgen einer absoluten Schrumpfung des Wirtschaftskörpers ähnlich sind: Wenn die personelle Voraussetzung einer wachsenden Wirtschaft gegeben ist, die sachliche aber fehlt, wirkt die Disproportionalität als schwere Wirtschaftskrankheit. In England besteht wohl sicher ein Defizit an Kapitalbildung in dem Sinn, daß der Kapitalzuwachs nicht mehr zur entsprechenden Ausrüstung des Menschenzuwachses ausreicht. In Deutschland kann man daran zweifeln, ob im Durchschnitt der Jahre ein Defizit dieses Grades vorhanden ist. Zur Zeit der Hochkonjunktur des Jahres 1927 war fast die Gesamtheit der verwendungsfähigen Arbeiter von der Wirtschaft aufgenommen. Die halbe Million, die damals ungefähr von den Versicherungseinrichtungen noch als arbeitslos unterstützt wurde, bestand in der Hauptsache aus Personen von geringer Verwendbarkeit und solchen Leuten, die im Wechsel der Arbeitsstellen eine Pause in Kauf zu nehmen hatten, wie das auch bei normaler Wirtschaft immer wieder vorkommt. Zu einem geringen Teil mögen auch Leute mit mangelhaftem Arbeitswillen darunter gewesen sein. Seitdem ist freilich die Arbeitslosenzahl, von den Saisonschwankungen abgesehen, ununterbrochen bis zum heutigen Riesenausmaß gewachsen. Auch war es 1927 ja keineswegs nur eigene Kapitalbildung, die den Beschäftigungsgrad hob, sondern in hervorragendem Maß auch die Kreditaufnahme im Ausland. Aber die gegenseitige Ergänzung der Volkswirtschaften durch den Ausgleich von Kapitalüberfluß und Kapitalbedarf ist ja etwas durchaus Normales, und Deutschland mit seinen großen Wirtschaftsenergien ist für erhebliche Teile des Weltkapitals der Ort zweckmäßigster Verwendung. Bis zu irgendeinem Grad darf sich eine Volkswirtschaft wie die deutsche also wahrscheinlich darauf verlassen, daß ihr im Durchschnitt der Konjunkturen ein Zuwachs an Fremdkapital zur Verfügung steht. Um diesen Betrag könnte die eigene Kapitalbildung — freilich um den Preis vermehrter Unsicherheit, vor allem verstärkter Schwankungen des Kapitalangebots je nach der Weltkonjunktur — unter dem Betrag liegen, der sonst der Bevölkerungszunahme entsprechen würde — wenn man damit zufrieden ist, den Lebensstandard zu halten, oder jedenfalls darauf verzichtet, ihn im vollen Ausmaß des technischen Fortschritts zu steigern. Aber selbst da ist eine Einschränkung hinzuzufügen. In der kapitalistischen Wirtschaft, mit der wir es vorerst allein zu tun haben, führt jedes Mißverhältnis zwischen Kapitalnachfrage und Kapitalangebot zu schweren Störungserscheinungen, selbst wenn die Kapitalnachfrage nur durch raschen technischen Fortschritt, also durch außerordentliche Steigerung der Rentabilitätsaussichten erhöht ist und das Kapitalangebot zur Aufrechterhaltung des Wirtschaftsprozesses, ja sogar zu seiner mäßigen Erweiterung genügen würde. Denn das Mißverhältnis führt, ganz gleichgültig wie es entstanden ist, zu einem erhöhten Zinsfuß. Dieser aber bewirkt — wenn nicht schwierige und kostspielige Subventionsmaßnahmen ergriffen werden — ein Absterben aller jener Produktionszweige, deren Rentabilitätsgrad an die neue Zinsrate nicht mehr heranreicht. Die Krise der europäischen und besonders der deutschen Landwirtschaft ist zum erheblichen Maß eine Folge des hohen Zinses, den die Landwirtschaft im Durchschnitt nicht verdienen kann, weshalb sie entweder auf Kapitalzufluß verzichten muß oder auf Kapitalverbilligung durch die öffentliche Hand angewiesen ist. Wo das Kapitalangebot nicht so vermehrt wird, daß es möglich ist, die neuen technischen Errungenschaften ohne starke Verteuerung des Kapitals auszunutzen, da ist der Vorteil dieser Errungenschaften für die Gegenwartswirtschaft oft recht zweifelhaft, denn sie haben dann gewaltige Umschichtungen mit großen wirtschaftlichen Verlusten und schlimmen sozialen Schäden zur Folge.

Im großen und ganzen ist die Einstellung der Arbeiterorganisationen zum Problem der Kapitalbildung bisher nicht gerade glücklich gewesen. Man sah nicht, daß man aus den offenkundigen

6*

Schwierigkeiten, in der kapitalistischen Wirtschaft ein ausreichendes Kapitalangebot zu sichern, die schärfste Waffe gegen den Kapitalismus selbst schmieden könne. Man stand allzusehr unter dem Eindruck, daß in den gegenwärtigen Kämpfen das volkswirtschaftliche Interesse an der Kapitalbildung von den Unternehmern benutzt wurde, um die Ansprüche der Arbeiter auf höheren Lohn abzuwehren. Man hat die absolute Notwendigkeit einer gesteigerten Kapitalbildung nicht recht gelten lassen wollen, und man ist in den Argumenten gegen sie oft nicht sehr wählerisch gewesen.

Zu diesen Gegenargumenten gehört die Erinnerung an Fehlinvestitionen. Die umfassenden Fehlinvestitionen der Inflationszeit und der ersten Periode nach der Stabilisierung waren eine schlimme Kapitalvergeudung. Die kapitalistische Maschinerie hat hier ihre Aufgabe, die Rationalität der Wirtschaftsvorgänge zu sichern, nicht erfüllt. Man kann das gewiß aus der geschichtlich bedingten großen Funktionsstörung erklären, die der Kapitalismus damit erlitten hatte. Aber die Gefahr gerade solcher Störungen von der Geldseite her ist eine spezifisch kapitalistische Gefahr, und so bieten diese Fehlinvestitionen ein eindrucksvolles Argument für die These, daß es ein rationelleres Wirtschaftssystem geben müsse als das kapitalistische. Nur gerade als Argument gegen die Notwendigkeit vermehrter Kapitalbildung ist der Hinweis auf Fehlinvestitionen völlig falsch am Platz. Daß Kapital unter bestimmten Voraussetzungen verschwendet wird, kann doch niemals beweisen, daß wir über genug Kapital verfügen. Es kann höchstens zeigen, daß die Kapitalbildung noch mehr gesteigert werden müsse als es sonst nötig wäre, weil erfahrungsgemäß mit Verlusten zu rechnen sei. Wenn man dagegen den Einwand bringt, den Arbeitern dürfe nicht zugemutet werden, die Fehler der Kapitalisten durch eigene Entbehrungen gut zu machen, so ergibt sich darauf eine einfache Antwort: Solange der Kapitalismus besteht, ist das überhaupt unvermeidlich. Weigern sich die Arbeiter, die Konsequenzen der einmal begangenen Fehler zu tragen, so entgehen sie den Auswirkungen trotzdem nicht, sie werden nur in anderer Form und in stärkerem Grad von ihnen betroffen. Wird das Kapital, das durch Fehlinvestitionen verlorengegangen ist, nicht durch Beschränkung des Konsums ersetzt, so treten alsbald Arbeitslosigkeit und Hemmung des technischen Fortschritts ein, deren Folgen natürlich wieder auf die Massen fallen. Daran ist nur etwas zu ändern, wenn man das kapitalistische System durch ein anderes ersetzen kann und will.

Man hat von seiten der Gewerkschaften und in der sozialistischen Tagesliteratur auf die Behauptung, daß Kapital auf Kosten des Konsums gebildet werden müsse, auch mit der Gegenthese erwidert, es müsse vor allem der Konsum erweitert werden, denn ohne Konsumerweiterung seien die Erzeugnisse der Produktion, und gar einer durch Kapitalbildung erweiterten Produktion, gar nicht abzusetzen. Diese Theorie enthält immer, in welchen Formen sie auch auftreten mag, die Vorstellung, daß es in der Volkswirtschaft zu viel Güter geben könne. Irgend etwas, ein Mangel an „Kaufkraft", hindere in der kapitalistischen Wirtschaft die Menschen, die vorhandenen oder erzeugbaren Güter, nach denen sie hungern, zu verbrauchen. Diese Vorstellung, daß es zu viel Güter geben könne, läßt sich in ein Gesamtbild der Wirtschaft überhaupt nicht einfügen. In jedem Versuch, die Wirtschaft als ein Ganzes darzustellen, erscheint die Kaufkraft nur als die andere Seite der Produktionsfähigkeit, so daß ein Hinauswachsen der Produktionskraft über die Kaufkraft undenkbar ist. Gewiß, der völlige Verzicht auf die Vorstellung, daß es zu viel Güter geben könne, und auch auf den Begriff eines selbständigen Faktors „Kaufkraft" machen es schwierig, alle wirtschaftlichen Einzelheiten zu erklären. Man mag in diesem oder jenem Punkt die Erklärung, die heute die Theorie zu geben vermag, vielleicht nicht überzeugend finden. Aber das alles beweist nur, daß die heutigen Erklärungen ergänzungsbedürftig sind, es beweist nicht, daß es eine Überproduktion gibt. Nun können die Gewerkschaften, die in ihrem täglichen wirtschaftspolitischen Kampf das Kaufkraftargument zu brauchen glauben, sich auf einige Vertreter der Wirtschaftswissenschaft und auch auf zahlreiche Äußerungen bürgerlicher Praktiker berufen. Das Bedürfnis, sich ein Gesamtbild des wirtschaftlichen Geschehens zu machen, ist nicht allen Vertretern der Wirtschaftswissenschaft gemein, es fehlt mitunter auch solchen, die in der Arbeit an Einzelproblemen Beträchtliches geleistet haben. Die Wirtschaftswissenschaft scheidet sich also in zwei Gruppen. Die eine Gruppe vertritt die Schulmeinung, das geschlossene System, das unter Benutzung der Gedankengänge der Klassiker von der mathematischen Schule, von den Grenznutzentheoretikern, von den Schulen Clarks, Marschalls, von Cassel, Liefmann, Hahn, Spiethoff und anderen Nachfolgern und Außenseitern der Grenznutzenschule ausgearbeitet worden ist. Diese Schulmeinung wird manchmal mit einer reichlich anmaßenden Geste vertreten, als ob sie überhaupt keine grundsätzlichen sozialwirtschaftlichen Probleme mehr offen lasse. Solche Anmaßung hat andere Theoretiker zu betontem und oft überbetontem Widerspruch provoziert. Einige von ihnen haben in den wirtschaftstheoretischen Diskussionen die äußerst notwendige Aufgabe übernommen, an die Lücken der Schulmeinung zu erinnern. Dazu gehört z. B., um nur einen wichtigen Namen zu nennen, Adolf Loewe. Sie konnten diese Aufgabe erfüllen, ohne ein eigenes Gesamtbild der Wirtschaft zu entwerfen. Wo sie aber Ansätze dazu entwickelt haben, sind sie nicht zur Klärung der entscheidenden Fragen gekommen. Respekt vor der Arbeit dieser Außenseiter ist geboten. Keiner, der die Gefahr der Selbstsicherheit in der Wissenschaft kennt, möchte sie entbehren. Aber die Arbeiterbewegung würde einen schweren Fehler begehen, wenn sie sich unter Berufung auf diese Außenseiter von der Notwendigkeit frei fühlen würde, die herrschende Meinung der Wirtschaftstheorie über das Verhältnis von Kapital und Konsum anzunehmen. Diese Außenseiter werden der Schule vielfach Anlaß geben, ihre Meinung zu berichtigen. Es ist aber nicht die geringste Aussicht dafür vorhanden, daß sie Grundlagen liefern, um ein anderes Gesamtbild der Wirtschaft zu ermöglichen. Die neomarxistische Theorie im Sinne Rosa Luxemburgs und Fritz Sternbergs, die einen interessanten, aber erfolglosen Versuch macht, ein solches neues Gesamtbild zu schaffen, kann in diesem Zusammenhang ausscheiden: die sozialistische Bewegung in den Ländern kapitalistischer Wirtschaft hat sie nicht aufgenommen.

Noch viel weniger als die Ansichten einzelner Theoretiker, die dem Nutzen oder der Notwendigkeit einer gesteigerten Kapitalbildung widersprechen oder sie zurückdrängen, beweisen Äußerungen bürgerlicher Wirtschaftspolitiker. Die sogenannten „Praktiker", mögen sie Unternehmer oder Syndici sein, stehen völlig unter der Herrschaft von Einzeleindrücken. Die theoretische Erziehung der Praxis ist noch nicht weit genug fortgeschritten, um der Mehrzahl der aktiv Tätigen überhaupt begreiflich zu machen, daß man versuchen muß, die wirtschaftlichen Dinge in ihrer Gesamtheit zu sehen. Kein Wunder, daß die „Kaufkrafttheorie", die Lehre, daß gesteigerter Konsum ein besonders taugliches Mittel sei, um Wirtschaftsblüte zu erzeugen, auch wenn er auf Kosten der Kapitalbildung geht, bei ihnen Anklang findet. Denn diese Theorie läßt sich ja nicht nur zur Stützung von Arbeiteransprüchen gebrauchen. Man kann auf sie Zollforderungen im Interesse des „inneren Markts", Subventionsforderungen und viele andere Postulate gründen, für die man nach Argumenten sucht. Aber auch dort, wo das Kaufkraftargument den eigenen Interessen gar nicht entspricht, wirkt der Eindruck überzeugend: Hier ist Ware, die nicht abgesetzt werden kann, dort sind Käufer, die sie gern kaufen möchten, aber nicht können, also haben wir Überproduktion aus Mangel an „Kaufkraft". Daß diese Situation sich nicht aus einem allgemeinen Zuviel an Produktivkräften, sondern aus einer unrichtigen Verwendung von Produktivkräften erklärt — z. B. daraus, daß mehr Produktivkräfte auf die Produktion für den Gegenwartskonsum, weniger Produktivkräfte für den Ausbau des Produktionsapparates verwendet worden sind, als die Struktur der Wirtschaft für den Augenblick erforderte —, das ist ein Gedanke, zu dem der Praktiker meistens gar nicht kommt. Hat er einmal selbst seine Richtigkeit eingesehen, so hält er diese Einsicht nicht mit solcher Kraft fest, daß die Wirkung des Augenscheins, der für das Gegenteil spricht, aufgehoben würde.

Für die Arbeiterbewegung kommt es nicht darauf an, einzelne Schwurzeugen für die Unrichtigkeit gegnerischer Auffassungen zu haben: Sie muß — mehr noch als ihre Gegner — die wirtschaftlichen Dinge im Zusammenhang sehen. Sie kann nicht, auch auf diesem Gebiete nicht, auf die Dauer von den Irrtümern ihrer Gegner leben. Wenn es nur das eine Gesamtbild der Wirtschaft gibt, das gleiche, das auch die meisten ihrer theoretisch geschulten Gegner sich zu eigen gemacht haben, dann muß sie dieses Bild annehmen. Sie kann und wird die Zusammenhänge anders werten, sie den Forderungen eines anderen politischen Willens unterwerfen. Aber nichts ist damit gewonnen, daß man, mit welcher Begründung immer, sich einer Gesamtanschauung entzieht, der heute von niemandem mehr ein anderes Bild des Ganzen entgegengestellt wird.

Wer sich das klar gemacht hat, der ist leicht geneigt, umgekehrt zu fragen: Wenn der Zwang zur Kapitalbildung von der Arbeiterbewegung selbst eingesehen werden muß, wird es dann nicht möglich sein, auch in der kapitalistischen Wirtschaft das erforderliche Maß der Kapitalbildung sozialpolitisch zu sichern? Man könnte die Gewerkschaften daran erinnern, daß die Arbeiter mehr noch als die Unternehmer daran interessiert sind, daß die Welt nicht wegen ungenügender Kapitalbildung auf wirtschaftlichen Fortschritt verzichten muß. Es läge also nahe, die Gewerkschaften bei ihrem Willen zum wirtschaftlichen Fortschritt zu fassen. Man könnte versucht sein, sie zu mahnen: Mäßigt euch heute in euren Lohnforderungen, damit Kapital akkumuliert werden kann, um den technischen Fortschritt auszunutzen. Ihr könnt hinterher die Macht ja noch immer gebrauchen, wenn ihr glaubt, daß die Früchte dieses Fortschritts — sobald sie erst da sind — den Arbeitern sonst vielleicht nicht in genügendem Maß zugute kommen!

Es ist nicht eine Frage der Einsicht der Gewerkschaftsführer, ob sie solchen Mahnungen Gehör schenken. Sie können es nicht, denn die Mahnung ist undurchführbar in einem Wirtschaftssystem, das eben auf rücksichtslose Wahrung der Einzelinteressen und damit auch der Gruppeninteressen eingestellt ist. Die Gewerkschaften haben die Funktion, zunächst einmal für die Arbeiter den größtmöglichen Anteil am Produktionsertrag zu verlangen. Würden sie darauf verzichten, für diese Forderung ihre ganze Macht einzusetzen, dann wären sie in Gefahr, noch unter der möglichen Höhe des Lohnes zu bleiben. Denn eine Grenze ist für sie ja nicht erkennbar. Sie können den Unternehmern unmöglich nachrechnen, wieviel sie zum Ausbau ihrer Unternehmungen brauchen, sie müssen aber von vornherein gewiß sein, daß die Unternehmer die Rechnung stets so aufmachen, wie es für die Lohnansprüche am ungünstigsten ist. Sie können also den Druck, den sie einsetzen, nicht nach Dosen berechnen, weil sie sonst Gefahr laufen, vom Gegendruck zurückgeworfen zu werden, sondern sie müssen selbst so stark drücken, wie es überhaupt nur geht. Das liegt, um es nochmals zu sagen, im Wesen eines Systems, das das Gesamtinteresse dadurch zu seinem Recht kommen lassen will, daß jeder einzelne im Kampf gegen den anderen sein Einzelinteresse behauptet. Es wird keine unmögliche Aufgabe sein, den Arbeitern zum Bewußtsein zu bringen, daß in jeder Wirtschaft eine Akkumulation von Kapital nötig ist. Aber sie werden in der Praxis nicht gewillt sein, die Ansprüche der Kapitalbildung gegen ihre eigenen Lohnansprüche gelten zu lassen, solange sie diese Ansprüche als Argumente ihrer Gegner im Interessenkampf kennenlernen, solange sie wissen, daß der Verteidiger dieser Ansprüche vielleicht sogar im Namen der Kapitalbildung einen Teil des Arbeitsprodukts in Anspruch nimmt, um ihn seinem eigenen Verbrauch zuzuführen. Auf praktisch ausreichendes Verständnis der Arbeiter für die Notwendigkeit, einen Teil des Volkseinkommens als Volkskapital zurückzustellen, ist erst dann zu rechnen, wenn die Regelung des Spargrads zur gemeinwirtschaftlichen Angelegenheit geworden ist. Das hat keine akuten Schwierigkeiten für das kapitalistische System bedeutet, solange die Macht der Arbeiter verhältnismäßig gering war. Es muß zur entscheidenden Schwierigkeit werden, wenn die Macht der Gewerkschaften so weiter wächst, wie es bisher der Fall gewesen ist. Die moderne Wirtschaft bedarf einer Sozialverfassung, die nicht kämpfende Einzelpersonen und Klassen zu Verfechtern entgegengesetzter volkswirtschaftlicher Interessen bestellt, um so einen Ausgleich zu bewirken, sondern alle Interessen der Gesamtheit allen als ihre Interessen zeigt und jedem einzelnen wie jeder Gruppe die Pflicht auferlegt, das Für und Wider im eigenen Entschluß abzuwägen.

Die Gefahr ungenügender Kapitalbildung hat gerade in der Gegenwart auch einer Anzahl liberaler Wirtschaftspolitiker ernste Sorgen bereitet. Der Gedanke, im Kapitalismus müsse sich eine ausreichende Spartätigkeit sichern lassen, hat zu dem Vorschlag geführt, das Sparen in der Steuer vor dem Verbrauch zu prämiieren. Der Gedanke, daß die Belastung des Einkommensverbrauchs eine besonders wichtige wirtschaftspolitische Funktion zu erfüllen habe, während die Einkommensentstehung bei den Massen überhaupt nicht belastet werden solle und bei den größeren Einkommen nur soweit, als es zur sozialpolitischen Korrektur des Steuersystems nötig und im Interesse der Kapitalbildung noch erträglich sei, liegt vor allem den umfassenden Finanzvorschlägen Gustav Stolpers zugrunde. Das Stolpersche System enthält zunächst eine — für deutsche Verhältnisse — starke zusätzliche Belastung des „entbehrlichen" Verbrauchs, bei gleichzeitiger Aufhebung der Einkommensteuer für normale Arbeiterlöhne und andere Einkommen von ähnlicher Größe. Es will ferner die Umsatzsteuer durch Pauschalierung zu einem Instrument machen, das die Einschränkung des Verbrauchs an Stellen, wo dies erträglich erscheint, im Wege der zusätzlichen Belastung gestattet. Dabei geht Stolper in der Abwägung der Konsuminteressen gegen das Kapitalbildungsinteresse durchaus besonnen vor. Er erkennt vollkommen an, daß gewisse Arten von Konsum sogar zu fördern sind, und setzt sich deshalb bis zur Behebung des heutigen Notstands entschieden für die Verbilligung des Wohnens durch niedrig verzinsliche öffentliche Darlehen ein.

Stolpers Vorschläge können auch sicher eine Linderung der abnormen Kapitalknappheit bringen, unter der gerade die deutsche Wirtschaft nun schon seit Jahren leidet. Eine ganz andere Frage aber ist es, ob auf dem Weg der Steuerprämie überhaupt die Kapitalbildung gesichert werden kann, die eine moderne Wirtschaft auf die Dauer braucht, ohne daß die Wirkungen dieser Steuerprämie selbst unerträglich werden müßten. Das läßt sich natürlich nicht mathematisch ausrechnen. Aber die Wirkung der Steuerprämie ruft stets Gegenwirkungen hervor, die sie teilweise wieder aufheben. Belastet man das Bier und den Tabak, so wird der Konsument häufig nicht etwa den Konsum dieser Genußmittel im vollen Maß der Mehrbelastung einschränken, er wird vielmehr oft auf diesen Teil seines Verbrauchs etwas mehr von seinem Einkommen verwenden und nur etwas weniger rauchen oder trinken als bisher. Steigert man die Steuersätze so stark, daß wirklich mit Sicherheit nur mehr ein bedeutend ermäßigter Betrag aus dem Konsumenteneinkommen auf den „entbehrlichen Verbrauch" verwendet wird, dann ist das steuerliche Optimum wesentlich überschritten. Die finanzpolitischen Gesichtspunkte konkurrieren also mit den wirtschaftlichen. Auch wenn der absolute Betrag des Konsumentenaufwands für Tabak und Alkohol nicht so stark herabgedrückt wird, kann freilich die Wirkung für die Kapitalbildung günstig sein.

Denn wenn der einzelne durch seinen „entbehrlichen“ Verbrauch schon seinen ganzen Beitrag an Steuern leistet, so kann sein absolutes Einkommen, soweit es in seiner Verfügung bleibt, größer sein als bisher, weil er ja keine oder nur viel geringere Einkommensteuer zu zahlen hat. (Daß es auch darauf ankommt, was der Staat mit den aus der Alkohol- oder Tabaksteuer gewonnenen Erträgen anfängt, kann hier außer Betracht bleiben, da es den liberalen Wirtschaftspolitikern — mit Recht, denn sonst wäre die zahlenmäßige Bedeutung ihrer Pläne nur gering — auf die Prämienwirkung zugunsten der Spartätigkeit ankommt, nicht entscheidend auf die Kapitalbildung der öffentlichen Hand mit Hilfe von Konsumsteuern.) Es ist also möglich und sogar wahrscheinlich, daß er vom Rest doch noch mehr zurücklegt als vorher, und darauf beruht in der Tat die Hoffnung, daß für die Gegenwart die Stolperschen Pläne die Kapitalnot lindern können. Das Ergebnis wird freilich noch vermindert durch den psychologischen Zusammenhang der Bedürfnisse. Es ist wahrscheinlich, daß verminderter Tabak- oder Biergenuß andere Konsumsbedürfnisse hervortreten läßt, die zwar sozialpädagogisch viel erwünschter sein mögen, aber durch ihre Kosten auch die Kapitalbildung beeinträchtigen. Man müßte schon ein umfassendes System des Drucks auf den Verbrauch verschiedenster Art üben, um die allgemeine Prämiierung des Sparens — vielleicht — zu solcher Wirksamkeit zu steigern, daß sie den Kräften, die progressiv an der Minderung der Kapitalbildung arbeiten, das Gleichgewicht zu halten vermöchten. Eine solche Regulierung des Konsums wäre aber, wenn sie technisch mit Hilfe der pauschalierten Umsatzsteuer überhaupt möglich wäre, jedenfalls ein so schwerer Eingriff in die persönliche Freiheit, daß man nicht mehr recht einsehen könnte, warum dann noch für ein individualistisches Wirtschaftssystem überhaupt gekämpft werden sollte.

B. Planwirtschaftliche Organe in der Verkehrswirtschaft

Die reale Verkehrswirtschaft, jene Wirtschaft also, die in den Ländern des europäisch-amerikanischen Kulturkreises im wesentlichen noch heute besteht, zeigt Entwicklungstendenzen, die in zunehmendem Maß eine Störung ihrer Produktivität bewirken und zum Teil ihr Prinzip aufzuheben drohen. Kann die Produktivität des Wirtschaftsablaufs gesichert werden, indem man in den Körper der Verkehrswirtschaft planwirtschaftliche Organe einbaut, die den Zweck haben, jenen Tendenzen entgegenzuwirken?

I. Läßt sich der Kapitalismus gemeinwirtschaftlich regeln?

Der Gedanke, daß der Kapitalismus gemeinwirtschaftlich zu regeln sei, war in Deutschland 1919 und 1920 weit verbreitet. Die planwirtschaftlichen Ideen Rudolf Wissells, Rathenaus, die Sozialisierungspläne Neuraths gingen darauf aus, den Einzelunternehmer als solchen zunächst oder dauernd zu erhalten, ihn aber unter gemeinwirtschaftliche Kontrolle zu stellen. Man glaubte, daß man auf diese Art wenigstens fürs erste der Aufgabe überhoben sei, die ganze Wirtschaft von unten aufzubauen und doch eine „Vollsozialisierung“, das heißt eine Neuordnung der ganzen Wirtschaft in sozialistischem Sinne, erreichen könne. Das gegenteilige Prinzip: fortschreitende Verstaatlichung einzelner Betriebe, schien entscheidende Bedenken gegen sich zu haben. Zunächst die Langsamkeit des Erfolgs; denn es wäre von vornherein unmöglich gewesen, den ganzen Produktionsapparat auf einmal in staatlichen Besitz zu übernehmen, weil man über keine genügend leistungsfähige Form der öffentlichen Wirtschaft verfügte: Diese Form hätte sich erst im Lauf des Sozialisierungsprozesses herausbilden müssen. Dann war aber auch in ziemlich weiten Kreisen selbst der Sozialisten damals ein starkes Mißtrauen gegen den Staat als unmittelbaren Träger der Wirtschaft vorhanden: Die Verstaatlichung schien vielen wenig verlockend, man suchte nach neuen Formen und glaubte sie in einer staatlichen Regulierung der Wirtschaft zu finden, welche die Freiheit erhalten und die Ordnung verwirklichen, im Rahmen der freien Konkurrenz die Interessen des Ganzen zur Geltung bringen sollte.

Einige wirtschaftspolitische Einrichtungen sind heute noch in Deutschland als Restbestände dieser Ideenwelt geblieben: Von den drei auf Veranlassung Wissells oder doch unter dem Einfluß seiner Ideen geschaffenen Planwirtschaftskörper — Reichskohlenrat, Reichskalirat und Eisenwirtschaftsbund — sind die beiden ersten noch vorhanden. Aber auch manche ganz neuen Maßnahmen, so entgegengesetzt ihre Beweggründe den Erwägungen der Planwirtschaftler von 1919 sein mögen, haben eine Regulierung der kapitalistischen Wirtschaft von außen her zum Ziel. Dazu gehört die Kartellaufsicht, wie sie jetzt in Deutschland gehandhabt wird, und das deutsche Zwangsschiedwesen für Lohnstreitigkeiten. Starke Teile der öffentlichen Meinung verlangen einen Ausbau dieser Einrichtungen. Ihre Befürworter sind freilich in ihren grundsätzlichen Zielen nicht einig: Ein Teil will die Wirtschaftsregulierung im kapitalistischen System ausbauen, um dieses System allmählich zu einem sozialistischen Wirtschaftstyp fortzuentwickeln. Ein anderer Teil sieht gerade in jenen Einrichtungen einen Schutz des kapitalistischen Systems, eine Beseitigung oder Milderung seiner Schwächen, die dazu führen soll, den Sozialismus überflüssig zu machen.

Jeder Versuch, die kapitalistische Wirtschaft zu regulieren, muß zunächst, wenn er nicht antiproduktiv wirken will, eine Grenze beachten: Er darf die Preisgrößen der Verkehrswirtschaft nicht willkürlich ändern. Das hat man nicht immer bedacht. Die Zwangswirtschaft des Krieges, aber zum Teil auch die planwirtschaftlichen Versuche der späteren Zeit haben sich bemüht, im Interesse der Konsumenten den Preis niedrigzuhalten. Man glaubte, das durchführen zu können, wenn nur die Produktionskosten nicht unterschritten würden, wobei man Renten aus dem Besitz der Produktionsmittel, die den Eigentümern zugeflossen waren, natürlich nicht als Produktionskosten rechnete und ihre Entstehung daher zu hindern suchte. Man war sich oft nicht darüber klar, daß jeder Preis, der nicht auf dem Ausgleichspunkt von Angebot und Nachfrage liegt, zu einer Schädigung des Bedarfs führen muß: entweder durch Drosselung der Produktion, wenn diese nicht mehr genügend lohnend ist und deshalb für die Produktionsmittel eine andere Verwendung gesucht wird (Beispiel: einseitige Regulierung des Getreidepreises bewirkt Einschränkung der Getreideproduktion zugunsten des Anbaus anderer Feldfrüchte), oder durch unzweckmäßige Verteilung auf die einzelnen Bedarfsträger (Beispiel: bei zu niedrigem, zwangswirtschaftlich festgehaltenem Kohlenpreis entsteht allgemeine, überhöhte Nachfrage nach Kohlen, damit Knappheit, und es bleibt dem Zufall überlassen, ob die vorhandene Kohle bestmöglich verwendet wird).

Nun braucht eine Wirtschaftsregulierung keineswegs sich an den wirtschaftlich richtigen Preisen zu vergreifen. Ihr Zweck kann sein, im Gegenteil diese Preise zu verwirklichen, indem sie z. B. monopolistische Preiserhöhungen verhindert. Aber in der Regel haben bis jetzt die planwirtschaftlichen Organe nicht die Selbstbescheidung gezeigt, sich nur als Vollstrecker der Wirtschaftsgesetze zu fühlen. Fast stets wollten sie die Preise nach einem von außen her geholten Maßstab gestalten, um bestimmte Ziele des Konsumentenschutzes, der Einkommenspolitik usw. zu verwirklichen.

Das muß nicht notwendig so bleiben. Man wird im Gegenteil, da manche planwirtschaftlichen Regelungen innerhalb der heutigen Verkehrswirtschaft nicht entbehrt werden können, mit allen Mitteln danach trachten müssen, die mit der Regelung betrauten Amtsstellen davon zu überzeugen, daß sie die Preise nicht willkürlich festsetzen können. Aber es ist fast mathematisch sicher, daß dies nur zu einem geringen Teil gelingt. Denn mit den politischen Schwierigkeiten vereinigen sich technische: Die Wirtschaftsgesetze sind nirgends kodifiziert. Sie sind nicht eindeutig in ihrer Anwendung. Diese Anwendung verlangt, wenn sie korrekt erfolgen soll, so eingehende Prüfungsmethoden, daß es kaum schwieriger wäre, die Unternehmertätigkeit in der Preisbildung wirklich auszuüben, als sie sachgemäß zu kontrollieren. Wo aber selbst beim besten Willen zur Sachlichkeit Zweifelsfragen auftauchen, eine im strengen Sinne als richtig erweisbare Antwort vielleicht gar nicht zu finden ist, da setzt an diesen Fehlerquellen des Verfahrens oft die politische Absicht ein. Das, was man wünscht, läßt sich nicht klar widerlegen, daher nimmt man es als richtig an. Daß so verfahren wird, ist selbstverständlich, so lange lebendige Menschen, erfüllt von politischem Wollen und vom Bewußtsein wirtschaftlicher Interessen, die Wirtschaftspolitik machen und die Funktionen ausüben, die der Staat zur Regulierung der Wirtschaft in Anspruch nimmt.

II. Monopolkontrolle

Das Gebiet, auf dem das Ziel staatlicher Wirtschaftsüberwachung am klarsten scheint, ist die Monopolpolitik. Der Staat hat hier einen festen Richtpunkt: Er will in der Regel den Preis erzwingen, der sich ohne Existenz des Monopols einstellen würde, also den Preis der freien Konkurrenz. Das wird nicht immer klar ausgesprochen, erleidet auch hier und dort Einschränkungen. Man will nicht buchstäblich etwa den Preis haben, der vor Abschluß eines Kartells oder vor Zusammenfassung der Produktion in einer Hand auf dem Markt wirklich bestanden hat. Dieser Preis wird häufig für zu niedrig angesehen, man glaubt — mit Recht oder Unrecht —, daß dies ein Schleuderpreis gewesen sei, der bei längerem Bestehen die Produktion zerrüttet und deshalb auch dem Konsumenten nichts genützt hätte. Mit solchen Argumenten verteidigt man oft die Schonung eines Kartells oder einer anderen Monopolstellung und begründet, daß man nur ihren „Mißbrauch" bekämpfen will. Mehr oder minder klar schwebt aber meist der Gedanke vor, es solle dem Monopol nur gestattet werden, die Preisspitzen nach unten abzubrechen, vorübergehende Überfüllung des Marktes verhindern. Die Organisation soll nicht als Preiserhöhungs-, sondern als Preisstabilisierungsmonopol wirken. Wie kann nun eine solche Aufgabe verwirklicht werden?

Seitdem es in Deutschland die Verordnung gegen den Mißbrauch wirtschaftlicher Machtstellung gibt, hat sich eine umfangreiche Rechtsprechung und Verwaltungspraxis herausgebildet, die uns die

Möglichkeiten im großen und ganzen übersehen lassen. Die zuständige Verwaltungsbehörde muß, wie es das deutsche Reichswirtschaftsministerium tatsächlich tut, die Preispolitik der Monopole laufend überwachen. Es muß sich ein Urteil darüber bilden, ob die Preise durch ihre Höhe wirtschaftsschädlich sind, oder ob sie etwa mit Mitteln durchgesetzt werden, die gegen die öffentliche Moral oder den Sinn der Wirtschaftsordnung verstoßen. Diese zweite Frage der Kampfmittel kann zunächst hier aus dem Spiel bleiben. Hat die zuständige Instanz die Preispolitik zu beanstanden, dann gebietet sie je nach der Rechtslage Preisherabsetzung, ergreift Strafmaßnahmen gegen den Monopolträger (Auflösung des Kartells, Verbot bestimmter Maßnahmen, die den Markt beeinflussen sollen, auch Geldstrafen) oder versagt die Bewilligung zu nachgesuchten Preiserhöhungen (bei Kohle). Diese ihre Maßnahmen unterliegen dann richterlicher Nachprüfung (Kartellgericht). Ob Preise zu hoch sind, kann jede Behörde der Welt nur durch eine Selbstkostenprüfung entscheiden. Auch wenn sie anerkennt, daß der Konkurrenzpreis unter Umständen bestimmte Rentenelemente enthält, kann sie diese Renten nur mit irgendwelchen ihr angemessen scheinenden Beträgen den Selbstkosten zuschlagen. In keinem Fall aber kommt sie an der Notwendigkeit vorbei, dem Unternehmer nachzurechnen, wieviel ihn die Einheit Produkt kostet.

Das wäre verhältnismäßig einfach, wenn dabei nur die reinen Betriebskosten in Betracht kämen: Im Jahr werden x Tonnen oder Stücke produziert, es werden y *RM* für Arbeitskräfte und z *RM* für Rohstoffe ausgegeben, also kostet die Produkteinheit $\frac{y+z}{x}$. Aber jeder Produkteinheit muß ihr Anteil an den festen Kosten zugerechnet werden. Wie soll dieser Anteil bemessen werden? Was sind überhaupt feste Kosten, was gehört auf Betriebsrechnung und was auf Anlagenrechnung? Im Kohlenbergbau z. B. — der in Deutschland das beste Beispiel für amtliche Preiskontrolle bildet, weil das Kohlenwirtschaftsgesetz die Zulässigkeit von Preiserhöhungen von der Genehmigung des Reichswirtschaftsministers abhängig macht und deshalb eine laufende Preiskontrolle stattfindet, und weil ferner die Produktionskosten und Rentabilitätsverhältnisse des Steinkohlenbergbaus durch die zweite Schmalenbach-Kommission eingehend untersucht worden sind — werden Stollen vorgetrieben, um Kohle zu gewinnen, andere Stollen dagegen, um die Transportwege unter Tag zu verkürzen. Aber natürlich haut man auch aus dem Transportstollen Kohle heraus, soweit das möglich ist, und die Stollen, die unmittelbar der Gewinnung von Kohle dienen, werden auch zu Transportzwecken benutzt. Soweit ein Stollen lediglich der Verbesserung von Verkehrsmöglichkeiten dient, gehört er auf Anlagerechnung. Denn soweit ist er wirtschaftlich nicht anders anzusehen als irgendeine sonstige Verbesserung des Betriebs, Erweiterung der Maschinenanlage usw., eine werbende Ausgabe, deren Nutzen sich auf die ganze Betriebsdauer des Bergwerks verteilt. Handelt es sich dagegen um einen reinen Betriebsstollen, so gehört die Aufwendung für seine Anlage zu den Kosten des laufenden Betriebs. Dem Beauftragten des Reichswirtschaftsministeriums bleibt gar nichts anderes übrig, als selbst in die Bergwerke einzufahren und sich von der Bedeutung der einzelnen Stollen zu überzeugen. Würde man den Unternehmer vor die Frage stellen, ob er den Stollen nur als Abbaustollen oder nur als Verkehrsstollen angelegt hat, oder wie sich nach seiner Meinung der Gesamtnutzen in Prozentsätzen auf die beiden Arten der Nutzleistung verteilt, so wüßte er wahrscheinlich selbst keine Antwort. Der Kontrollbeamte soll sie finden, er soll Entschlüsse, die der Unternehmer nie als solche gefaßt hat, weil er sich gar nicht vor die Alternative gestellt sah, in hypothesi für den Unternehmer fassen, er soll Kalkulation vornehmen, die der Unternehmer bestenfalls nach dem Gefühl vorgenommen hat, oft aber als für sein praktisches Verhalten unerheblich beiseite ließ. Diese Dinge kommen natürlich in anderer Form in den meisten Produktionszweigen vor, es handelt sich da nicht um Bergwerksstollen, sondern um Betriebsumstellungen, oft kleine technische Verbesserungen, die aber doch in ihrer Gesamtsumme eine erhebliche Rolle spielen können.

Dazu kommt das große Problem der Abschreibung. Wenn man schon weiß, was Anlagekosten und was laufende Kosten sind, dann muß man sich erst noch ein Urteil darüber bilden, mit welchem Anteil an den Anlagekosten das einzelne Betriebsjahr belastet werden soll. Wie lange eine bestimmte Produktionsvorrichtung technisch brauchbar ist, läßt sich im großen und ganzen berechnen.

Wie aber soll es mit der Entwertungsgefahr durch den technischen Fortschritt gehalten werden? Die Möglichkeit, daß in Zukunft Produktionsverbesserungen erfunden werden und man deshalb eine technisch noch nicht abgenutzte Anlage außer Betrieb setzt, muß nicht unter allen Umständen zu verstärkter Abschreibung führen. Ist die alte Anlage abgeschrieben, so bedarf es für die Einführung der verbesserten Anlage überhaupt keines neuen Kapitals. Das ist für den Unternehmer ein höchst erfreulicher, aber keineswegs wirtschaftlich notwendiger Zustand: Ist die raschere Einführung der verbesserten Betriebsweise wirklich lohnend, dann muß sie die Last eines verstärkten Kapitaldienstes tragen können, sonst ist es besser zu warten, bis die alte Anlage ihr natürliches Ende erreicht hat.

Das liegt anders bei einem Unternehmen, daß im Wettbewerb steht. Ein solches Unternehmen wird möglicherweise von der Neueinführung eines technischen Fortschritts überhaupt keinen privatwirtschaftlichen Vorteil gegen den früheren Zustand gewinnen, sondern nur einen Nachteil vermeiden, der sogar seine Existenz gefährden kann. Wenn die Fabrik A eine Maschine einführt, die mit geringeren Betriebskosten arbeitet und ihr damit eine Senkung der Preise ermöglicht, so muß die konkurrierende Fabrik B gleichfalls die Preise senken. Will sie nicht zu Verlustpreisen arbeiten, so muß sie die gleichen Betriebsverbesserungen einführen wie A. Das bedeutet aber, daß sie, wenn nicht entsprechende Rückstellungen vorhanden sind, einen zusätzlichen Kapitalaufwand machen muß, zu dessen Dienst kein zusätzlicher Ertrag zur Verfügung steht. Eine solche Lage muß vermieden werden. Das in Wettbewerb stehende Unternehmen muß also bei seiner Abschreibungspolitik auch das Risiko des technischen Veraltens der Anlage rechnen.

Hat die staatliche Aufsichtsinstanz die Preise eines Syndikats zu kontrollieren, das ein absolutes Monopol besitzt, so braucht die Kalkulation des Veraltungsrisikos nicht zugelassen zu werden. Ein solches Monopol soll eben Verbesserungen nur einführen, wenn sie sich richtig verzinsen, und wenn das der Fall ist, dann braucht nicht die vorangegangene Investitionsperiode mit einem Teil der Einführungskosten des späteren Fortschritts vorbelastet werden. Aber wo gibt es ein absolutes Monopol? In den weitaus meisten Fällen beginnt irgendwo die Konkurrenz. Typisch ist wieder der

Fall des Kohlenbergbaus: Hätte man es nur mit dem deutschen Kohlenbergbau für sich allein zu tun, dann würden die Abschreibungen nach der reinen Abnutzung zu berechnen sein. Aber der deutsche Kohlenbergbau konkurriert mit dem englischen. Wenn die Engländer rationalisieren, werden sie ihre Konkurrenz auf dem deutschen Markt und im Export verschärfen. Wenn dann der deutsche Kohlenbergbau nicht ebenfalls mit den Preisen heruntergeht, verliert er den Gesamtabsatz. Senkt er die Preise, so erhält er ihn, aber einen zusätzlichen Gewinn hat er nicht. Er kann aber nur dann die Preissenkung ohne Verlust vornehmen, wenn er durch technische Verbesserungen die Produktionskosten herabsetzt. Was dazu dient, solche Verbilligungen der Produktion mitzumachen, die auch die ausländische Konkurrenz einführt, schützt nur die bestehende Rentabilität, ohne sie zu mehren[1].

Die staatlichen Kontrollstellen, denen die Preisaufsicht obliegt, haben sich also ein Urteil darüber zu bilden, wie rasch der technische Fortschritt erfolgen wird, welche Erfindungen im Bereich der Wahrscheinlichkeit liegen und mit welchem Maß von Energie- und Kapitalaufwand das In- und Ausland bereit sein wird, solche Fortschritte einzuführen. Hätten die Kontrollbeamten über solche Fragen wirklich ein Urteil, das volle sachliche Geltung beanspruchen dürfte, dann täte man am besten, sie selbst zu Unternehmern zu machen. Denn das sind Dinge, die der Unternehmer aus seinem Empfinden für die Situation heraus, aus seiner Erfahrung, aus seinem Instinkt schließlich entscheiden muß, nur zum geringsten Teil aus lernbarem Wissen, das sich auch der staatliche Funktionär aneignen könnte. Es ist schon schwer genug, solche Entscheidungen

---

[1] Dagegen kann ein technischer Fortschritt auch dann, wenn er für die betreffende Industrie infolge einer durch den ausländischen Wettbewerb erzwungenen Preissenkung privatwirtschaftlich ertraglos bleibt, die volkswirtschaftliche Produktivität steigern. Wenn der deutsche und der englische Kohlenbergbau gleichzeitig eine technische Verbesserung einführen und als Folge davon den Kohlenpreis um 10 % senken, so hat die deutsche Volkswirtschaft als Ganzes den Vorteil, daß sie ihre englische Kohle um 10 % billiger kauft und ihre eigene Kohle billiger produziert. Bei der Abschreibungspolitik, die für einen bestimmten Produktionszweig von amtlichen Aufsichtsinstanzen zugelassen wird, kann aber dieser Gesichtspunkt nicht in Betracht kommen, da die Existenzfähigkeit eben dieses Produktionszweiges erhalten werden muß.

auf eigenes Risiko innerhalb des Aufgabenkreises, den man täglich auszufüllen hat, zu treffen. Daß sie von außen her einem Produktionsleiter aufgenötigt werden sollen, dem es überlassen bleibt, die wirtschaftlichen Folgen zu tragen — soweit er sie nicht an völlig unbeteiligte Dritte, z. B. in Form von Lohndruck an seine Arbeitnehmer weitergeben kann —, das ist für den Träger solcher Zwangsgewalt wie für den Betroffenen im Grund eine unmögliche Zumutung.

Nun ist in Wirklichkeit die Aufgabe nicht ganz so schwer. Es gibt Anhaltspunkte für die Entscheidungen der kontrollierenden Instanzen. Man kann, solange noch auf anderen Gebieten eine freie Unternehmertätigkeit besteht, von dort her Maßstäbe und Grundsätze sich holen und sie mit mehr oder weniger Glück so berichtigen, daß sie auf den bearbeiteten Fall zutreffen.

Aber alle Wirtschaftsleitung von außen her ist nur ein Notbehelf und wäre nur dann etwas Besseres, wenn die Menschen, die sie ausüben müssen, zur Wirtschaftsleitung selbst befähigt wären. Denn es ist nicht leichter, die Wirtschaft zu kontrollieren, als selbst zu wirtschaften. Wären die Funktionäre aber dazu imstande, dann brauchte man diese ganze Konstruktion, bei der die Verantwortung zwischen Unternehmern und wirtschaftspolitischen Aufsichtsorganen zersplittert wird, überhaupt nicht. Es wird in vielen Fällen das kleinere Übel sein, die Tendenz zum Monopol durch eine Wirtschaftsaufsicht zu hemmen, auch wenn deren Gebote und Verbote keineswegs genau das wirtschaftlich Richtige treffen, wie es sicher nötig ist, die Lohnregulierung von staatlichen Organen vornehmen zu lassen, um Arbeitskämpfe zu vermeiden oder doch einzuschränken. Aber ein Prinzip der allgemeinen Lösung ist das nicht, und man kann nur davor warnen, die Verkehrswirtschaft, solange sie besteht, über das unvermeidliche Maß hinaus durch öffentliche Eingriffe regulieren zu wollen.

Eine besondere Gefahr dieser Eingriffe liegt darin, daß häufig das Monopol, durch das sie bekämpft werden sollen, erst wirklich befestigt wird. Die behördliche Aufsicht bedarf eines Angriffspunktes, und sie bedarf überblickbarer, durchsichtiger Organisationsverhältnissse der Industrie. Daher haben die planwirtschaftlichen Versuche unter Wissell damit begonnen, die Kartelle so zu konstituieren, wie dem Gesetzgeber dies für die Zwecke der Staatsaufsicht erwünscht schien; damit haben sich freilich auch Ideen der berufsständischen Selbstverwaltung verknüpft. Außenseiter wurden — und werden — auf Grund dieser Gesetze zwangsweise dem Syndikat angeschlossen, mehrfach wären Kartelle auseinandergefallen, wenn nicht angedrohte Zwangsmaßnahmen dies verhindert hätten: Ohne das Kohlenwirtschaftsgesetz würde mindestens im ostelbischen Braunkohlenbergbau, aber vielleicht auch im Ruhrkohlenbergbau ein Zustand freier Konkurrenz bestehen. Die Organe, die auf Grund von Planwirtschaftsgesetzen geschaffen werden mußten und in denen auch Arbeitnehmervertreter sitzen, sind von den Unternehmern zu Versuchen benutzt worden, die Gewerkschaften für Ausnutzung des Preismonopols durch Lohnversprechungen zu gewinnen. In allen diesen Fällen hat der Versuch, die Wirtschaft von außen her zu regulieren, den Grad des Monopolismus gesteigert und dadurch den Wirtschaftsablauf von der Richtung auf das Optimum weiter abgelenkt. Diese Gefahr mag vermeidbar sein. Immerhin ist es kein Zufall, daß sie bei den bisherigen planwirtschaftlichen Maßnahmen sehr praktisch geworden ist.

III. Staatliche Lohnregulierung

Wir haben in Deutschland der Absicht des Gesetzes nach keine amtliche Lohnregulierung. Die Behörden, die sich mit Lohnstreitigkeiten befassen (Schlichtungsausschüsse, Schlichter, Reichsarbeitsminister), sollten ursprünglich nur den Verbänden der Arbeitgeber und Arbeitnehmer Hilfe leisten zum Abschluß von Kollektivverträgen, also ihre guten Dienste als Vermittler zur Verfügung stellen. Das war in der Tat die Aufgabe der Einigungsämter vor dem Krieg. Die Arbeitgeber und eine sehr einflußreiche Strömung auch unter den Gewerkschaften legen den größten Wert darauf, daß diese Zweckbestimmung der Schlichtungseinrichtungen auch heute noch gilt. Der Grund, aus dem der Staat am Zustandekommen von Kollektivverträgen Interesse nimmt, ist offenbar die Vermeidung der volkswirtschaftlichen Kosten eines jeden Arbeitskampfes; aber hört dieses staatliche Interesse auf, wenn die Parteien sich nicht einigen? Natürlich nicht. Die Gesetzgebung hat deshalb den staatlichen Funktionär in die Lage versetzt, unter Umständen den Parteien seinen Vermittlungsvorschlag (Schiedsspruch) aufzudrängen, wenn er nicht freiwillig angenommen wird: In wichtigen Fällen erklärt die Arbeitsbehörde höherer Instanz den gefällten Schiedsspruch für verbindlich, gegen den Willen einer Partei, manchmal auch gegen den Willen beider.

Das Interesse der Friedensstiftung zwingt also den Staat, die Verantwortung dafür zu übernehmen, daß eine bestimmte Lohnhöhe wirtschaftlich richtig sei. Nur der Form nach, nicht der Sache nach ist das deutsche System etwas anderes als das englische System der Lohnämter, die von Amts wegen zur Festsetzung von Löhnen schreiten.

Auch diese Lohnregulierung ist eine Preisregulierung. Aber die Problematik der Lohnregulierung liegt wesentlich anders als die Problematik der Preisregulierung bei den Waren. Die Indizes, nach denen der Schlichter zu urteilen hat, wenn er die Löhne festsetzt, sind bedeutend zuverlässiger als die Gesichtspunkte, die bei der Bestimmung eines zulässigen Warenpreises durch die Kartellaufsicht oder eine andere Instanz angewandt werden können. Vor allem kann die Monopolorganisation der Arbeit, die Gewerkschaft, nicht das tun, was der Warenmonopolist tut: Sie kann die Menge ihres Angebots nicht in dem Sinn vermindern, daß der Überbestand vom Markt verschwindet. Die Arbeitskräfte, die bei zu hohem Lohn nicht beschäftigt werden können, bleiben sichtbar und zählbar. Sind die Löhne zu hoch, um die erforderliche Kapitalbildung zuzulassen, dann drückt sich das im Zinsfuß aus. Aber natürlich läßt ein bestimmter Stand des Zinsfußes und ein bestimmter Grad der Arbeitslosigkeit noch nicht ohne weiteres erkennen, ob im Tapeziergewerbe in Berlin für die Zeit vom 1. Januar 1931 bis 1. Juni 1932 die Stundenlöhne nur um 3½ Pfennig oder um 6 Pfennig gesenkt werden müssen. Solcherart aber sind die Entscheidungen, die praktisch im einzelnen Fall den Schlichtungsbehörden obliegen.

Die Schlichtungsbehörde kann also die allgemeinen Tendenzen der richtigen Lohnpolitik ermitteln, sie kann aber sehr schwer im einzelnen Fall daraus die Konsequenzen ziehen. Denn wenn die Arbeiter sehen, daß ihre Industrie gut verdient und höhere Löhne zahlen könnte, dann werden sie sich nicht mit einer Ablehnung zufrieden geben, die etwa aus Rücksichten auf den allgemeinen Stand der Kapitalbildung erfolgt.

Aber das wäre noch nicht das Schlimmste, denn die Lage der Industrie steht mit Kapitalbedarf und Arbeitslosigkeit doch in einem ziemlich engen Verhältnis, so daß sich im großen und ganzen auch bei Anwendung dieser Indizes wahrscheinlich auf die Dauer annähernd das Richtige ergeben würde. Wichtiger ist, daß die Schlichtungsbehörde, im großen gesehen, Machtverhältnisse nur konstatieren, aber nicht ändern kann. Sie verfügt nicht über die Produktionsmittel: Sie kann also nichts dagegen unternehmen, daß die Produzenten erklären, sie könnten bei dem höheren Lohn nicht im bisherigen Umfang weiter arbeiten, und ihre Betriebe einschränken oder stillegen. Sie kann aber auch gegen eine Arbeitsverweigerung, die wegen einer niedrigen Lohnfestsetzung geübt wird, schwer ankämpfen. Schon ihre juristischen Mittel sind nicht immer ausreichend. Bei der heutigen Rechtslage steht zwar ein für verbindlich erklärter Schiedsspruch einem Tarifvertrag gleich. Ein Streik, der unter Bruch eines für verbindlich erklärten Schiedsspruchs oder eines Tarifvertrages erfolgt, darf von den Gewerkschaften in keiner Weise gefördert werden. Gewähren sie in einem solchen Fall den Streikenden Unterstützung, ja weigern sie sich auch nur, die Streikenden auszuschließen, so sind sie schadenersatzpflichtig. Das kann unter Umständen zur Beschlagnahme ihrer Verbandskassen auf Grund von zivilrechtlichen Urteilen führen. Aber mit solchen Mitteln wird man die staatliche Lohnpolitik nur so lange durchsetzen können, als nicht eine allgemeine Auflehnung der Arbeiter gegen die Schlichtungspolitik erfolgt. Man hat bisher, weil man sich über die sehr relative Wirksamkeit aller Zwangsmaßnahmen im klaren war, in Deutschland — im Gegensatz etwa zu Australien — auf strafrechtlichen Zwang zur Durchsetzung staatlicher Lohngebote verzichtet. Auch wenn man die Mittel des Strafrechts einsetzen würde, könnte man gegen eine Massenauflehnung gar nichts erreichen, sondern nur einen Guerillakrieg zwischen Arbeit und Kapital an Stelle der offenen Kämpfe hervorrufen. Und mit der Zeit würden sich wohl auch juristisch unantastbare Formen herausbilden, in denen die Arbeiter ein Lohngebot unwirksam machen könnten: Der Verband, dem die Pflicht auferlegt wird, bei einem bestimmten Lohnniveau den Frieden zu wahren, ist ja damit noch nicht zur Lieferung von Arbeit zu diesem Preis verpflichtet.

Es ist ein Aberglaube, daß die Tendenz zur Lohnerhöhung in der Existenz der staatlichen Schlichter begründet sei. Die Löhne haben auf die Dauer die Tendenz, sich noch über die wirtschaftlichen Grenzen nach oben zu entwickeln, weil mit dem Überwiegen des fixen Kapitals es für die Unternehmer immer schwerer und kostspieliger sein wird, sich gegen Gewerkschaftsforderungen zur Wehr zu setzen. Bestünde für die Unternehmer die wirtschaftliche Möglichkeit, die Erfüllung ihrer Unternehmerfunktion einfach eine Zeitlang zu verweigern, die Betriebe ruhen zu lassen, dann wäre es kaum denkbar, daß innerhalb einer Verkehrswirtschaft sich selbst eine rein sozialistische Regierung dagegen durchsetzte. Als zu Beginn des Jahres 1929 die deutsche Eisenindustrie ihre Arbeiter aussperrte, obwohl nach der — später freilich vom Gericht zurückgewiesenen — Auffassung des Reicharbeitsministers ein für verbindlich erklärter Schiedsspruch vorlag, da wurde selbst in sozialistischen Kreisen die Enteignung der Werke, die doch das einzige durchschlagende Abwehrmittel gewesen wäre, kaum ernsthaft erwogen. Aus einem sehr einfachen Grund: Wo die Gesamtwirtschaft eine verkehrswirtschaftliche Verfassung hat, fehlt für den Staat jede Möglichkeit, Unternehmungen, die er nicht ausdrücklich unter dem Gesichtspunkt der Eignung für staatlichen Betrieb ausgewählt hat, von heute auf morgen zu übernehmen und rationell zu betreiben. Er könnte, so lange es sich nur um die eine oder andere Industrie handelt, schließlich den wirtschaftlichen Verlust im Interesse seiner Autorität riskieren und die Enteignung doch versuchen. Aber gegen jede Auflehnung eines größeren Teils der Unternehmerschaft, auch wenn sie nur kurze Zeit dauerte, wäre er ebenso machtlos wie gegen einen großen Streik der Arbeitnehmer.

Die Unternehmer tun also unrecht, für die ihnen unerwünschte Lohnentwicklung das Schlichtungswesen verantwortlich zu machen. Hätten sie die Macht, die Entwicklung in einer von Staatseingriffen freien Wirtschaft in ihrem Sinne zu lenken, dann könnten diese Eingriffe, wenn sie sich gegen sie richten, auf die Dauer sich nicht durchsetzen. Aber noch weniger natürlich ist das Schlichtungswesen ein Instrument, um etwa die Kräfte, die im Sinn einer Lohnerhöhung wirken, irgendwie zu hemmen. Es ist nichts weiter als ein Mittel, die Opfer und Reibungsverluste des Preismechanismus auf dem Gebiet des Arbeitsentgelts zu vermindern. So kann es die große Frage nicht lösen, die der Lohnpolitik durch die Erfordernisse der Produktionstechnik gestellt sind: Wie kann der Wille der Arbeiterschaft, mehr Lohn zu erhalten, mit dem allgemeinen Interesse, das auch wieder ein hervorragendes Arbeiterinteresse ist, dem technischen Fortschritt ausreichendes Kapital zur Verfügung zu stellen, auf die Dauer ins Gleichgewicht gebracht werden?

IV. Die Notenbank als planwirtschaftliches Organ

Die Zentralnotenbank kann bis zu einem gewissen Grad durch frühzeitige Erhöhung des Diskontsatzes eine Konjunkturwelle daran hindern, so lange anzusteigen, bis sie sich überschlagen muß. Die Bank kann durch eine frühzeitige Senkung des Diskonts in einer Periode der Depression die Unternehmungslust und die Investitionstätigkeit unter Umständen erneut anregen, ehe der Tiefpunkt erreicht ist, auf den der Beschäftigungsgrad sonst sinken würde. Sie kann also den Wechsel von Konjunktur und Depression mildern, sie kann dem Bedürfnis der Wirtschaft nach Stabilität entgegenkommen.

Sie kann das alles nur dann, wenn sie Wirtschaftspolitik im vollen Sinne treibt. Wird dies im Rahmen eines verkehrswirtschaftlichen Systems der Zentralnotenbank gestattet, wird die Vorstellung beiseitegelegt daß die Bank sich nur um ihr Deckungsverhältnis zu kümmern habe, dann ist damit das Problem gestellt: Wie wird die Handhabung dieser großen wirtschaftspolitischen Macht kontrolliert? Eine autonome Zentralnotenbank neben einer politischen Regierung, die für die ganze Wirtschaftspolitik verantwortlich bleibt, ist nur so lange ohne große Schwierigkeiten möglich, als sie an feste Gesichtspunkte gebunden bleibt. Auch die unabhängige richterliche Gewalt kann ja neben einer verantwortlichen Regierung nur bestehen, weil sie ausschließlich auf die Anwendung von Vorschriften beschränkt wird, die von der Gesetzgebung aufgestellt sind. Eine autonome Stelle kann nicht für den allgemeinen Nutzen dessen verantwortlich sein, was sie tut, sondern nur dafür, daß ihr Handeln die Konsequenz fest umschriebener Regeln ist. Diese Regeln müssen eindeutige Konsequenzen zulassen.

Stellt man der Zentralnotenbank die Aufgabe, die kommende Konjunkturentwicklung vorauszusehen und durch rechtzeitiges Bremsen oder Lockerlassen den Konjunkturwechsel abzuschwächen, dann stellt man keinen Grundsatz auf, aus dem eindeutige Folgerungen möglich wären. Ob die Leitung der Notenbank einen Eingriff in einem gegebenen Zeitpunkt für möglich und erwünscht hält, wird immer davon abhängen, wie sie die stets vieldeutigen Symptome der Wirtschaftslage auffaßt. Auch über die Wirkung der Mittel, die ihr zu Gebote stehen, sind stets viele Meinungen möglich. Je nach ihrer politischen Einstellung werden die Notenbankleiter geneigt sein, einen Eingriff in der gleichen Lage für nötig und segensreich oder für unnötig und unerwünscht zu halten. Die politische Regierung ist für ihre Meinungen und die Konsequenzen, die sie daraus zieht, dem Parlament verantwortlich. Wem aber soll die Leitung der Notenbank verantwortlich sein? Macht man sie vom Parlament oder der Regierung abhängig, dann wird sie selbst Objekt des Parteienkampfes. Die starke Waffe des Diskonts und die Mittel der zentralen Kreditpolitik überhaupt können dann dazu benutzt werden, um bestimmte, der einen oder der anderen politischen Richtung im Augenblick erwünschte Wirkungen zu erzielen. Jede Regierung wird natürlich geneigt sein, ihren Einfluß auf die Notenbank in dem Sinn zu nutzen, daß sie sich für ihre Regierungsperiode gutes Wirtschaftswetter verschafft, auch wenn damit die nächste Periode vorbelastet wird. Macht man die Zentralnotenbank einer anderen Instanz, etwa einen Verwaltungsrat von Wirtschaftssachverständigen, verantwortlich, so bevorzugt man notwendigerweise bestimmte Interessengruppen, da es unparteiische Sachverständige nicht gibt. Außerdem aber schafft man damit den unerträglichen Zustand, daß die Regierung sich auf die Zentralnotenbank, diese sich auf die Regierung hinausreden kann, und daß für die Wirtschaftspolitik überhaupt niemand mehr verantwortlich ist. Das gleiche tritt ein, und zwar in verschärftem Maß, wenn man die einmal gewählte Notenbankleitung für die Dauer ihrer Amtsperiode überhaupt von Verantwortlichkeit befreit.

Dabei kann solange nur eine leichte Abschwächung der Konjunkturwellen erfolgen, als eine einzelne Zentralnotenbank diese Politik innerhalb der Grenzen ihres Landes durchzuführen sucht. Denn die Erhöhung des Diskonts drosselt nicht nur die inländische Kreditnachfrage, sie bewirkt zugleich ein größeres Kreditangebot vom Ausland und kann leicht dazu führen, daß sich die Notenbank aus dem Kreditverkehr selbst ausschaltet. Daher können stärkere Wirkungen nur durch ein internationales Zusammenwirken der Notenbanken erzielt werden. Für ein solches Zusammenwirken aber fehlen alle Voraussetzungen. Man kann nicht internationale Konjunkturpolitik betreiben, solange die allgemeine Wirtschaftspolitik nur für die einzelne nationale Wirtschaft betrieben wird. Vielleicht läßt sich einmal die längst angestrebte und nie erzielte „internationale Solidarität der Notenbanken" soweit herstellen, daß diese ihre Politik nicht gegenseitig durchkreuzen. Auch das wird schwer genug sein, aber es wird noch keineswegs eine Grundlage für internationale Konjunkturpolitik bedeuten. Die Eingriffe der Notenbank in den Ablauf der Konjunktur können daher bestenfalls nur eine Vermeidung der allertiefsten Täler und der allerhöchsten Spitzen bedeuten.

C. Grundzüge einer sozialistischen Wirtschaftsordnung

I. Mut zur Utopie

Ein planwirtschaftlich regulierter Kapitalismus kann höchstens ein Übergangssystem darstellen, das notwendigerweise wenig befriedigend funktioniert und dessen Brauchbarkeit sich rasch abnützt. Die Frage der Wirtschaftsordnung ist grundsätzlich gestellt. Man kann die Antwort darauf nicht dauernd verweigern. Entweder wird man sich entschließen müssen, den echten Kapitalismus bewußt zu wollen, und wird dann alles einzusetzen haben, um die psychologischen Voraussetzungen zu schaffen, deren er bedarf. Will man das nicht, oder glaubt man, die Menschen nicht so einstellen zu können, daß der Kapitalismus die Aufgaben der Kapitalakkumulation, der Sicherung des Arbeitsfriedens und der Konjunkturregelung befriedigend zu lösen vermag, dann hat man nur zwischen dem Niedergang der Produktivität und dem sozialistischen Umbau der Wirtschaft zu wählen, dann kommt man also an der Frage nicht vorbei, wie Sozialismus geschaffen werden und wie er aussehen könnte.

Der marxistische Sozialismus hat sich von allen solchen Versuchen bewußt ferngehalten. Er hat sie sogar in Verruf getan, denn die Geschichte sollte ja kraft materialistischer Notwendigkeit den Sozialismus schaffen, ohne daß der Plan einer sozialistischen Gesellschaftsordnung in den Köpfen vorhanden zu sein brauchte: Der Wille zu den allgemeinen Grundsätzen des Sozialismus, den der Klassengegensatz unvermeidlich in den Massen erzeugen mußte, war nach dem marxistischen Schema des Geschichtsablaufs ein ausreichender Antrieb zu sozialistischem Handeln. Was auch an der materialistischen Geschichtsauffassung richtig ist — und das ist sicher nicht wenig —, der materialistische Determinismus hat sich jedenfalls nicht bewährt. Die sozialistischen Parteien wurden durch die Revolution vor die Aufgabe gestellt, einen Weg zum Sozialismus zu suchen, und sie fanden keinen. Dafür gibt es zahlreiche geschichtliche Entschuldigungsgründe, aber sie helfen doch nur gegen die Vorwürfe der Gegner, nicht gegen die Tatsache selbst: daß der Sozialismus an der Macht war und diese Macht nicht nutzen konnte.

Nun ist es aber unmöglich, einen Weg zu finden, wenn man das Ziel nicht weiß. Es ist unmöglich, ein Verfahren zum sozialistischen Umbau der Wirtschaft zu entwickeln, wenn man nicht klar sieht, was mit Sozialismus gemeint ist. Dazu genügt nicht das allgemeine Prinzip von der Vergesellschaftung der Produktionsmittel oder der Milderung der Einkommensunterschiede oder der planmäßigen Führung der Wirtschaft. Man muß, wie weit man sich auch von der Verpflichtung zu Detailkonstruktionen entbinden mag, die allgemeine Struktur der sozialistischen Gesellschaft vor Augen haben, und man muß wissen, wie tragfähig die einzelnen Pfeiler sind. Der Mut zur Utopie ist notwendig. Dabei kann man natürlich nur Umrisse zeichnen. Also wird der ganze große Kreis von Tagespolitikern, die nur das praktische Gesicht der Dinge gelten lassen, mit Entrüstung feststellen, daß nur ein „abstraktes" und „lebensfremdes" Bild entsteht. Da sich lange Versäumnisse nicht mit einem Schlag nachholen lassen, so kann ein positiver Versuch einer modernen sozialistischen Utopie eigentlich überhaupt nur ein Arbeitsprogramm schaffen: Man kann einige Grundthesen aufstellen, von denen jede mehr Fragen aufwirft, als sie beantwortet. Der so gesteckte Rahmen wird sich um so leichter ausfüllen lassen, je rascher die Entwicklung der Dinge selbst in der Richtung auf den Sozialismus fortschreitet. Stets aber bleibt es sinnvoll und nötig, mit der theoretischen Überlegung dem Gang der Geschichte vorauszugreifen, um dem wirtschaftspolitischen Handeln Ziele zu stecken.

II. Staatssozialismus und Genossenschaftssozialismus — Staatsbetriebe mit Gewinnbeteiligung

Wie alle moderne Wirtschaft nur als eine Mischung von Zentralisation und Dezentralisation denkbar ist, so ist aller moderne Sozialismus nur denkbar als eine Mischung von Staats- und Genossenschaftssozialismus. Darin stimmt auch von Jaurès bis zu den Gildensozialisten die Mehrzahl der wenigen Autoren überein, die sich seit Marx überhaupt an die Theorie der sozialistischen Gesellschaft herangewagt haben. Das Sonderinteresse der Kapitalisten muß ersetzt werden durch ein Sonderinteresse der Arbeitnehmer an ihrem Betrieb. Aber die Anerkennung dieses Sonderinteresses darf die Bestimmungsgewalt der Allgemeinheit bei allen letzten Entscheidungen nicht aufheben, ihren Einfluß nicht beseitigen, der ja gerade die Fehlerquellen der Verkehrswirtschaft verstopfen soll. Ein Sozialismus, der das Sonderinteresse der Arbeitnehmer jedes Betriebs an diesem Betrieb nicht anerkennen oder die organisatorischen Folgerungen daraus nicht ziehen wollte, müßte wohl dem typischen Fehler jedes Überzentralismus verfallen: daß keine Zentrale allwissend ist, und daß sie, was sie sieht, häufig weder rasch genug sehen noch rasch genug in Entschlüssen auswerten kann. Jeder reine Genossenschaftssozialismus dagegen bessert nichts Entscheidendes an den wirtschaftlichen Mängeln der kapitalistischen Verkehrswirtschaft. Zwischen den einzelnen Produktivgenossenschaften (einmal angenommen, daß solche Genossenschaften nicht von vornherein an Schwierigkeiten ihrer inneren Struktur scheitern würden) würde sich der Verkehr ganz ebenso abspielen wie zwischen den Privatunternehmern im Kapitalismus. Würde man gar, wie manche syndikalistischen Richtungen es wollten, den Arbeitern jedes Produktionszweigs die entsprechenden Produktionsmittel zur eigenen Verwaltung übergeben (den Bergbau den Bergarbeitern, die Bahn den Eisenbahnern), dann würde man nichts anderes erreichen als eine völlig durchmonopolisierte Wirtschaft, deren Monopolverbände sich gegenseitig bekämpfen. Der Einfluß der Gesamtheit gegenüber den Arbeitnehmern der einzelnen

Betriebe muß auf jeden Fall viel größer sein, als heute der Einfluß des Staates gegenüber dem einzelnen Privatkapitalisten ist. Dabei wird man zu bedenken haben, daß es politisch immer leichter ist, mit einzelnen als mit Gruppen, mit wenigen als mit vielen fertig zu werden. Die gleichen juristischen Möglichkeiten des Staates werden also bei einer mehr genossenschaftlichen Form der einzelnen Betriebe praktisch im allgemeinen weniger bedeuten als heute beim privatkapitalistischen System.

Dezentralisation der Wirtschaft heißt (beschränkte) Selbständigkeit der einzelnen Betriebsleitungen. Man kann aber, wenn Betriebe nicht mehr von Eigentümern, sondern von Funktionären geleitet werden, diesen Funktionären keine noch so beschränkte Selbständigkeit lassen, ohne sie für ihre Handlungen — nicht nur für deren Legalität, sondern auch für deren Zweckmäßigkeit — irgendwie verantwortlich zu machen. Alleinige Verantwortlichkeit gegenüber der Gesamtheit würde die Dezentralisation aufheben. Also bleibt eben nur die Annäherung an das genossenschaftliche Prinzip: eine beschränkte Verantwortlichkeit des Betriebsleiters gegenüber den Arbeitnehmern des Betriebes. Der Leiter soll verpflichtet sein, den Betriebsangehörigen über alle Fragen der Betriebsführung Rede und Antwort zu stehen. Er hat festzustellen, wie weit er aus eigenem Entschluß gehandelt hat und wie weit er von der Zentrale zu seinen Handlungen veranlaßt wurde. Der Betriebsleiter darf von dem Vertrauen der Betriebsangehörigen nicht abhängig sein. Bei Meinungsverschiedenheiten spricht die Zentrale das letzte Wort. Aber er soll natürlich alle Möglichkeiten erschöpfen, um das wirtschaftlich Notwendige dem Verständnis der Betriebsangehörigen nahe zu bringen, und es wird immer stark für die Eignung eines Betriebsleiters sprechen, wenn er es versteht, sich das Vertrauen der im Betrieb Tätigen zu erwerben. Auch eine so bedingte Verantwortlichkeit der Leitung gegenüber der Belegschaft würde nach allen Erfahrungen unmöglich sein, und ihre Gefahren für die Betriebsdisziplin wären auch durch den Rückhalt des Betriebsleiters an seiner Verantwortlichkeit gegenüber der Zentrale nicht zu bannen, wenn den Rechten der Betriebsangehörigen nicht ein starkes wirtschaftliches Interesse am Betriebserfolg entspräche. Die Gewinnbeteiligung der Arbeiter in den öffentlichen Betrieben ist daher die andere Seite des genossenschaftlichen Einschlags im System (die eine Seite ist eben das Recht, die Leitung verantwortlich zu machen), sie ist daher ein konstruktives Erfordernis. Es genügt, daß der Arbeiterstamm durch Gewinnbeteiligung am Ergebnis interessiert ist. Ob man anderen Arbeitern, die zur Ergänzung dieses Stamms zeitweise herangezogen werden oder unwichtige Arbeiten verrichten, die Gewinnbeteiligung abgelten will, ist eine Zweckmäßigkeitsfrage. Die oft erörterten Probleme der Gewinnbeteiligung haben gewiß große technische Schwierigkeiten, unlösbar aber sind sie nach aller praktischen Erfahrung nicht. Die politischen Hemmungen, die heute der Gewinnbeteiligung im Kapitalismus entgegenstehen, das nicht immer unberechtigte Mißtrauen der Arbeiter, daß man durch die Gewinnbeteiligung nur den Individualegoismus anstacheln will, um ihn gegen die Klassenbewegung auszuspielen, fallen in einer Wirtschaft fort, deren Produktionsverfassung nur zwei bestimmende Faktoren kennt: die Betriebsbelegschaft und den Staat.

Natürlich ist die Gewinnbeteiligung keine unverbrüchliche Notwendigkeit für alle Betriebe. Es läßt sich kaum vorstellen, daß man vernünftigerweise die Masse der Eisenbahner am Erträgnis ihres Unternehmens beteiligen könnte. Die Form der Gewinnbeteiligung muß von einem Produktionszweig zum anderen sehr verschieden sein. Überall ist es nötig, die leitenden Angestellten am Gewinn zu beteiligen. Der Sozialismus wird nicht auf das Prinzip verzichten können, dem die kapitalistische Wirtschaftsordnung ihre großen Erfolge verdankt: Den einzelnen, und ganz besonders den, der an leitender Stelle steht, für den Erfolg seiner Tätigkeit wirtschaftlich haftbar zu machen, auch soweit Schuld und Verdienst nicht nachweisbar sind. (Natürlich darf das nicht bis zur Existenzgefährdung getrieben werden.) Die Leiter müssen mehr noch am Gewinn interessiert sein als die Ausführenden, weil ihre Maßnahmen für den Betriebserfolg wichtiger, in mancher Hinsicht auch ihre Versuchungen, anderen Interessen als denen des Betriebs zu dienen, größer sind. An der Spitze müssen sich Betriebserfolge stärker belohnen, Mißerfolge stärker bestrafen. Daraus können sich für tüchtige Betriebsleiter Einkommensmehrungen ergeben, die natürlich nicht die kapitalistischen Spitzeneinkommen zu erreichen brauchen, aber den reinen „Verteilungssozialisten“ sehr stören mögen. Dazu ist nur zu sagen: Es ist ein vernünftiges Ziel, wenn der Sozialismus darauf hinsteuert, die Einkommensunterschiede zu verringern, und der Wert von Erfolgen auf diesem Gebiet ließe sich gewiß auch nicht daran messen, was an „Verteilungsquoten“ des Volkseinkommens für die Unterschicht dabei gewonnen wird. Aber er wird sich hüten müssen, dabei zu rasch und zu radikal vorzugehen, wenn er sich nicht von seinen noch wichtigeren Zielen, von der Umgestaltung der Produktionsorganisation entfernen will.

Die Rechte des Staates am einzelnen Betrieb sind nach dem Gesichtspunkt zu bemessen: Welchen Einfluß braucht der Staat, um die Gesamtwirtschaft so zu leiten, daß erstens die typischen Fehler der Verkehrswirtschaft vermieden werden, und daß sich zweitens nicht die typischen Fehler des reinen Genossenschaftssozialismus herausbilden? Alle Rechte, die man dem Staat geben wollte, wären nutzlos, wenn ihm kein bestimmender Einfluß auf die Auswahl der Wirtschaftsleiter zustünde. Der Staat muß das Recht haben, nach Anhörung der Belegschaft, aber auch gegen ihren Widerspruch, den Betriebsleiter zu ernennen oder abzuberufen. Damit schafft sich der Staat zunächst einmal die wichtigste Grundlage für wirtschaftliche Machtausübung: die Verfügung über sachkundiges Personal. Denn da die ganze Stellung der Wirtschaftsleiter vom Staat abhängig ist, so wird ihnen sein Vertrauen wichtiger sein als das der Arbeitnehmer ihres Betriebes. Und das ist auch nötig, welches Maß von Entgegenkommen an die Interessen der Betriebsangehörigen man immer wünschen mag. Denn ein Betriebsleiter, der es nicht darauf ankommen läßt, sich auch einmal unpopulär zu machen, kann unmöglich seinen Betrieb erfolgreich leiten.

Was der Staat im übrigen an Rechten haben muß, dafür gibt es keine allgemeine Formel. Die Ergebnisse der Kritik an der Verkehrswirtschaft müssen hier wiederholt, und in jedem Fall muß die Frage gestellt werden: „Wie ist die sozialistische Wirtschaft einzurichten, damit sie in diesem Punkt Besseres leistet?“ Als ein Teil dieser Antwort muß sich die Abgrenzung zwischen dem Recht des Staats und dem Recht der Betriebsbelegschaften ergeben. Muß das Privatunternehmertum ganz ausgeschaltet bleiben? Darf es keine Betriebe geben, die nicht zwischen Staat und Belegschaft aufgeteilt sind? Das wird von Zeit und Umständen abhängen. Wahrscheinlich wird man es immer überflüssig finden, jeden Friseurladen und jede Gastwirtschaft zu „sozialisieren". Die wesentlichen Aufgaben, die hier der sozialistischen Gesellschaft gestellt sind, vertragen es durchaus, daß sich in den Poren des sozialistischen Wirtschaftsapparats kleinere und größere Privatunternehmungen halten. Lebenswichtig ist nur, daß der sozialistische Staat das wirtschaftliche Geschehen in seinen großen Zügen bestimmen kann.

III. Sozialistische Wirtschaftsrechnung[1]

Auch der Sozialismus muß wie der Kapitalismus in dem Sinn eine Marktwirtschaft sein, daß die Nachfrage der Konsumenten darüber entscheidet, was produziert wird. Es mag festumschriebene Ausnahmen von diesem Gesetz geben: Beschränkung der Alkoholproduktion usw. Aber selbstverständlich sind alle Pläne, die Bedürfnisse der Menschen unabhängig von der betätigten Nachfrage nach Gütern, etwa durch statistische Erhebungen festzustellen, vollkommen undurchführbar. Eine Wirtschaftsverfassung, in der allgemein die Behörde zu bestimmen hätte, was nachgefragt werden darf, wäre nicht zu ertragen[2].

Nicht nur der Markt der Konsumgüter, auch der Markt der Produktionsgüter wird im allgemeinen zu erhalten sein. Die einzelnen Unternehmungen können voneinander kaufen, ganz ebenso, wie kapitalistische Unternehmungen voneinander kaufen. Die gleich noch zu erörternden Maßnahmen, durch die der Staat die Investitionen zu regulieren hat, greifen nicht in das Angebot, sondern nur

---

[1] Wegen der Verschiedenheit der theoretischen Ausgangspunkte ist hier auf die sonst sehr interessante Arbeit von Leichter, „Sozialistische Wirtschaftsrechnung", und auf die Diskussion Marschack-Polanyi (Archiv für Sozialwissenschaft) nicht eingegangen.

[2] Vergleiche dazu den Meinungsstreit zwischen Cassel, der eine solche sozialistische Wirtschaft für grundsätzlich funktionsfähig hält, und Halm, der ihn deshalb mit wenig glücklichen Argumenten angreift (Cassel, „Theoretische Sozialökonomik", Halm, „Die Konkurrenz").

in die Nachfrage nach Produktionsmitteln ein. Wenn es gelingt, eine sozialistische Wirtschaft zu schaffen, so ist die Wahrheit nicht außer Kurs gesetzt, die mit besonderem Nachdruck Adolf Wagner gelehrt hat: daß jedes Wirtschaftssystem immer nur eine Mischung von Prinzipien, nicht ein Prinzip allein verwirkliche. Auch eine sozialistische Ordnung, wie sie hier entworfen wird, würde starke verkehrswirtschaftliche Elemente enthalten. Vor allem bliebe der Wettbewerb der Käufer um die Waren. Was mehr begehrt würde, müßte im Preis steigen, und wie heute würde die minder dringliche Nachfrage durch diese Steigerung der Preise von der dringlichen geschieden.

Obwohl also in der Wirtschaftsordnung, deren Grundriß hier gezeichnet wird, Tauschvorgänge sogar in der Produktionsmittelsphäre sich abspielen würden, die einen echten Preis ergeben müßten, ist es doch zweckmäßig, sich zu überlegen, ob die Möglichkeit einer Wirtschaftsrechnung an die Erscheinungen des Tauschverkehrs gebunden ist. Das haben bekanntlich vor allem Mises und Halm behauptet. Ohne Wirtschaftsrechnung gibt es keine rationelle Wirtschaft. Eine Wirtschaftsrechnung aber gibt es nur dann, wenn den einzelnen Gütern bestimmte Bedeutungsgrößen zugeordnet werden können. Diese Bedeutungsgrößen sind in der kapitalistischen Verkehrswirtschaft die Preise. Sie sind es auch in einer sozialistischen Wirtschaft, die den Tauschverkehr zwischen einzelnen und der Gesellschaft und zwischen Produktivgenossenschaften kennt. Aber einmal angenommen, es würden sich mit der Zeit Tendenzen der Entwicklung ergeben, die eine schärfere Zentralisierung der Wirtschaft erfordern: Würde es dann möglich sein, die Bedeutung einzelner Güter zu ermitteln, oder würde die Wirtschaft mit dieser Aufhebung des Tauschverkehrs steuerlos werden?

Es handelt sich hier im wesentlichen um die Lösbarkeit jener wirtschaftlichen Aufgabe, die in der Theorie unter dem Namen des ökonomischen Zurechnungsproblems bekannt ist. Die Produktion besteht aus einer Fülle von Einzelvorgängen, bei denen jeweils Produktionsmittel verschiedener Art zusammenwirken. Es kommt darauf an, die Bedeutung der einzelnen Güter für den Produktionserfolg so zu ermitteln, daß erst im Rahmen des Einzelvorgangs und dann im Rahmen der Gesamtwirtschaft jedem Teilchen einer

Gütergattung eine Bedeutungsgröße zugeordnet werden kann, die seinem Nutzen im Produktionsprozeß entspricht.

Manche Forscher, die das Zurechnungsproblem für unlösbar halten, haben dabei die Anforderungen offensichtlich überschätzt, die an eine Lösung zu stellen wären. Sie scheinen zu glauben, eine Lösung des Zurechnungsproblems müßte beispielsweise die Zentrale einer sozialistischen Planwirtschaft in die Lage versetzen, am Schreibtisch vom gesamten Produktionserfolg etwa je der gesamten vorhandenen Menge Eisen, Kohle, Eisenbahnerarbeit usw. eine entsprechende Quote zuzurechnen. Diese Art der Zurechnung scheitert an einer sehr einfachen Tatsache: daß man zum Beispiel ohne Kohle nur einen verschwindend kleinen Teil der Produktion durchführen könnte, so daß also der weitaus größte Teil zunächst einmal der Kohle zugerechnet werden müßte. Das gleiche gilt aber für das Eisen, und so würden sich die Quoten derart überschneiden, daß man den gesamten Beitrag des Sozialprodukts gleichzeitig an mehrere Produktionsfaktoren vergeben müßte: das wird mit Recht als ein sinnloses Ergebnis betrachtet. Da aber der Preisbildungsprozeß sich in diesem Netz nicht verfängt, erscheint er gleichsam als ein Wundertäter, dessen Leistung durch keinen anderen ökonomischen Vorgang ersetzt werden kann.

Es ist hier nicht der Ort, eine Theorie der Zurechnung zu geben. An anderer Stelle habe ich mich mit diesem Problem befaßt und darf hier auf jene Veröffentlichungen verweisen[1]. Ganz ähnlich wie der Grenznutzen von Gütern überhaupt, so bestimmt sich auch der Nutzenanteil von Gütern, die in der Produktion zusammenwirken (Komplementärgütern), nicht nur nach der Größe des Produktionsergebnisses, sondern auch nach der Menge des einzelnen Gutes. Diese Menge liefert den Schlüssel für eine Verteilung im Groben. Nur ein kleines Beispiel, wie das ungefähr zu denken ist: Beim Ackerbau bewirkt die letzte Düngergabe, die letzte Arbeitseinheit, die letzte Bodeneinheit einen geringeren Produktzuwachs als die vorletzte usw. Habe ich viel Boden, aber wenig Arbeit, so bedeutet ein

---

1 „Grundprobleme der funktionellen Verteilung des wirtschaftlichen Werts", Jena 1923, ferner: „Der Meinungsstreit zwischen Böhm-Bawerk und Wieser über die Grundsätze der Zurechnungstheorie", Archiv für Sozialwissenschaft und soziale Politik, Bd. 46, Heft 2.

Arbeiter mehr eine sehr viel größere Zunahme des Produkts als ein Hektar Boden mehr; umgekehrt, wenn ich wenig Boden und viel Arbeitskräfte habe. Wie aber der Wert der letzten Einheit einer Gütergattung über den Wert jeder einzelnen Einheit entscheidet, so hängt der Wert jeder einzelnen Einheit, der ja bei Komplementärgütern nichts anderes ist als ihr Wertanteil am gemeinsamen Produkt, von ihrer Menge ab.

Nun führt, wie hier nicht exakt bewiesen werden kann, diese Bestimmung der Zurechnungsquote nach der Menge, in der jede einzelne Güterart vorhanden ist, nicht zu einer vollständigen Aufteilung des Güterwerts. Autoren, die das Zurechnungsproblem für unlösbar erklärten, beriefen sich immer wieder auf das Beispiel vom Pfeil und Bogen: Ein Jäger begegnet im Walde einem wilden Tier. Er hat Pfeil und Bogen in der Hand. Angenommen, der Bogen bräche ihm, so könnte er sich des Tieres nicht erwehren, obwohl er den Pfeil noch hat. Angenommen, er würde den Pfeil verlieren, so wäre ihm der Bogen nutzlos. Sowohl der Bogen wie der Pfeil haben also offenbar den ganzen Wert der Lebenserhaltung, aber jedes Stück nur so lange, als das andere auch noch da ist. Ich kann also weder dem Bogen noch dem Pfeil den ganzen unendlich großen Wert des Schußerfolgs zurechnen, aber offenbar wäre es auch ganz sinnlos, diesen Erfolg irgendwie auf die beiden aufteilen zu wollen, jeder hat eben den ganzen Nutzen oder nichts davon. Dieses Exempel ist wirklich nur alternativ lösbar. Der gegebenen Situation, ob ich nämlich den Bogen noch besitze oder nicht, muß ich die Schätzung für den Pfeil entnehmen und umgekehrt. Solche Schätzungen sind ja in der Wirklichkeit nie platonisch gemeint. Ein Gut schätzen, heißt sich darüber klar sein, wieviel ich im Fall der Gefahr, es zu verlieren, hingeben würde, um es mir zu erhalten. Setze ich aber den Fall der Gefahr, dann muß ich den Tatbestand auch vollständig beschreiben, also angeben, ob das andere Stück noch da ist oder nicht. In jedem praktisch vorkommenden Zurechnungsproblem liegt ein Stück von diesem nur alternativ lösbaren Elementarbeispiel. Die Zurechnungstheorie hat aber gezeigt: Wenn man die Teilmengen der Güter, die zu einer produktiven Kombination zusammengefügt werden, immer kleiner wählt, so nimmt der „unaufteilbare“ Rest noch rascher ab. Wählt man sehr kleine Teilmengen — wobei der Begriff „sehr klein" aus dem Verhältnis der Teilmenge eines Güterwerts zu ihrer in der Wirtschaft vorhandenen Gesamtmenge zu bestimmen ist —, dann wird der „Rest" unendlich klein. Die Zurechnung geht also ohne beachtenswerten Rest auf, wenn es sich beispielsweise um den Nutzen eines Produktionsvorgangs handelt, bei dem einige Tonnen Eisenerz mit einigen Tonnen Kohle und einigen Arbeitstagen wirtschaftlich kombiniert werden. So kommt es, daß fast alle Güter nicht alternativ nach dem Vorhandensein anderer Güter geschätzt werden, der Markt vielmehr eindeutig ihre Preise bestimmt, obwohl ja alle Güter praktisch komplementäre Güter sind, denn kaum eines ist für sich allein verwendbar. Der Markt kann diese eindeutige Bestimmung des Preises nur vollziehen, weil eben bei solchen Gütern — Massengütern im weitesten Sinn — das Zurechnungsproblem mit einer so starken Annäherung an die Eindeutigkeit lösbar ist, daß sie der Eindeutigkeit gleichgesetzt werden kann.

So wenig diese Überlegung unmittelbar praktisch bedeutet, so wichtig ist sie grundsätzlich, denn sie zeigt, daß auch hier nicht der Tauschverkehr ein Ergebnis bewirkt, das planwirtschaftlicher Disposition unmöglich wäre. Tauschverkehr und planwirtschaftliche Überlegung sind zwei Formen, in denen sich wirtschaftliche Rationalität verwirklichen kann. Wo eine Überlegenheit der einen Form über die andere besteht, kann sie nur eine technische Überlegenheit sein. Unmöglich aber ist es, daß der Tauschverkehr wirtschaftliche Aufgaben löst, die eine noch so vollkommene planwirtschaftliche Berechnung nicht lösen konnte. Wer die Überlegung, wie es zur eindeutigen Bestimmung des Preises komplementärer Produktivgüter kommt, nicht mitmachen will, braucht nur folgendes zu bedenken: Im Tauschverkehr bewerben sich die einzelnen Verwendungszwecke der Güter (vertreten teils durch die Konsumenten, teils — gleichsam in deren Auftrag — durch die Händler, teils durch die Zwischenproduzenten, die Rohmaterialien oder Halbfabrikate einkaufen) um die einzelnen Produktivgüter (vertreten durch deren Produzenten) und suchen einander dabei zu überbieten, während die Produktionsmittel selbst sich zur bestmöglichen Verwendung drängen und einander dabei zu unterbieten suchen. Diese Konkurrenz der Gütereinheiten und Bedürfniseinheiten läßt sich grundsätzlich auch auf dem Papier vornehmen, sie hat mit der unlösbaren Aufgabe, den Anteil von Bedürfnisgattungen am Produktionserfolg zu ermitteln, nichts zu tun. Die nur „alternative“ Lösung dieser Aufgabe, die grundsätzlich möglich ist, würde für die Produktionskontrolle nicht genügen. Man schätzt, wieviel Millionen Tonnen Eisen, wieviel Millionen oder Milliarden Arbeitstage, wieviel Millionen Hektar Land jeder Art man für ein bestimmtes Wirtschaftsjahr zur Verfügung hat und sucht dadurch die optimale Disposition zu finden, daß man jedes Gut solange von einer Verwendung in die andere schiebt, bis es die höchste erreichbare Bedeutung wirklich erreicht hat. Als Kontrollziffer ist dabei dem Gut jedesmal eine Größe zuzuordnen, die der erreichten Bedeutung entspricht. Wird ein Gut aus einer zunächst in Rechnung gestellten Kombination herausgenommen und einer anderen Kombination zugeteilt, mit dem Erfolg, daß dadurch der Gesamtnutzen für die Konsumenten wächst, so ist die Bedeutungsgröße des Gutes in der neuen Kombination um ebensoviel höher. (Die Verschiebung hat bei den Grenzeinheiten jeder Güterart zu beginnen. Glaubt man also eine günstige Kombination für Eisen und Kohle in einem Gut A gefunden zu haben, das bisher nur in Kombination mit anderen Gütern genutzt wurde, so wird man zunächst die „letzte“ Tonne Kohle, die „letzte“ Tonne Eisen und die „letzte“ Einheit von A aus den bisherigen Verwendungen nehmen, und nur dann, wenn eine erweiterte Anwendung der neuen Kombination sich als nützlich erweist, auf die vorletzten, drittletzten usw. Gütereinheiten zurückgreifen.) Glücklicherweise braucht keine Planwirtschaft mit der Ermittlung der Bedeutungsgrößen von vorn zu beginnen, sonst wäre auch diese Aufgabe praktisch unlösbar. Die Planwirtschaft kann zunächst einmal die Bedeutungsgrößen der Tauschwirtschaft, die sich in den Preisen ausdrückt, übernehmen, und braucht sie nur den laufenden Veränderungen der Wirtschaft anzupassen. Das gibt gewiß nicht jenen Autoren recht, die der Planwirtschaft vorwerfen, sie müsse ihren Maßstab der Tauschwirtschaft entleihen und verliere daher die Orientierung, sobald es keine Tauschwirtschaft mehr gebe. Es wäre auch für jede Tauschwirtschaft eine unlösbare Aufgabe, die Schätzung der einzelnen Güter von heute auf morgen wieder herzustellen, wenn einmal alle Preise vergessen würden. Jede

Wirtschaft braucht einen „rekurrenten Anschluß". Das in Jahrhunderten errichtete Gebäude der Bedeutungsgrößen (Preise) muß zwar dauernd in Einzelheiten geändert werden, aber es wäre unmöglich, es nach einem Zusammensturz sofort wieder zu errichten. Daß die Gegenwartswirtschaft, die der Zukunftswirtschaft die Tradition der Bedeutungsgrößen übermittelt, gerade eine Tauschwirtschaft ist, das hat hier gar keine Bedeutung.

Es ist eine Frage praktischer Zweckmäßigkeit, ob eine Planwirtschaft den Wettbewerb der Produktivgüter um die Verwendungszwecke bis ins letzte auf dem Papier durchführt. Die Antwort hängt ab von der Sicherheit, mit der sich der Nutzerfolg jeder einzelnen Güterkombination abschätzen läßt. Wie der Tauschverkehr die richtigen Preise nur durch Erproben ermittelt, so kann auch eine strenge Planwirtschaft nach Projektierung im großen für die Einzelbestimmung der Preise einzelne Güterteile von einer Produktion in die andere wirklich verschieben und tastend versuchen, wie sie auf Grund des höheren Nutzens der neuen Kombination die Bedeutungsgröße des betreffenden Gutes erhöhen kann. Bei den gewaltigen Ausmaßen einer modernen Volkswirtschaft werden für die Einzelverbesserung des Produktivplans immer wieder Dezentralisierungsmaßnahmen nötig sein. Der Tauschverkehr bewirkt diese Dezentralisierung von vornherein, weil die beteiligten Wirtschaftspersonen jeweils nur einen bestimmten Tauschakt, also bestimmte Verschiebungen von einer Güterkombination in die andere im Auge haben. Er fördert die Genauigkeit der Erfolgrechnung, indem er einzelne Wirtschaftspersonen für die Richtigkeit ihrer Preisschätzungen, also für die Richtigkeit der Bedeutungsgrößen, die sie den einzelnen Gütern zuordnen, privatwirtschaftlich haften läßt. Diese technischen Vorteile des Tauschverkehrs wird die Planwirtschaft auf diesen wie auf anderen Gebieten durch eigene Einrichtungen auszugleichen haben: durch teilweise Eingliederung von Tauschakten in ihren eigenen Organismus (Tauschbeziehungen der Genossenschaften) und durch gesteigerte Interessierung ihrer Funktionäre am Wirtschaftserfolg, also an der Entdeckung und Durchführung der zweckmäßigsten Güterkombinationen.

IV. Der Konjunkturausgleich im Sozialismus

Neben der Auswahl der Betriebsleiter wird das wichtigste Recht des Staates gegenüber den einzelnen Betrieben das Kreditmonopol sein müssen. Man kann sich die Bankorganisation der sozialistischen Gesellschaft recht verschieden vorstellen. Unter allen Umständen aber muß sie so eingerichtet sein, daß die Entscheidung darüber, wieviel Kredit in Anspruch genommen wird, im großen und ganzen in den Händen des Staates liegt.

Das Kreditmonopol kann kein vollständiges sein. Niemand kann auch im sozialistischen Staat dem einzelnen verwehren, seinen Konsum einzuschränken und die ersparte Summe einem Unternehmen zur Verfügung zu stellen. Vor allem kann man den Arbeitern nicht verwehren, einen Teil des Lohns (oder des verdienten Gewinnanteils) ihrem eigenen Unternehmen zu belassen, wenn sie sich von der dadurch möglichen Investition künftige höhere Gewinne und dadurch eine Verbesserung ihres Einkommens versprechen.

Diese Dinge sind auch nicht sehr problematisch. Sie bedeuten nichts weiter, als daß Ansprüche auf Konsumgüter nicht ausgeübt werden, und daß an ihre Stelle Ansprüche auf Produktionsgüter treten, so daß eine entsprechende Einstellung der Produktion auf die Zukunft erfolgt, und zwar mit Mitteln, die aus dem Vorgang selbst zur Verfügung stehen. Plötzliche Änderungen im Tempo der echten Spartätigkeit sind selten, so daß man diesen Teil des verfügbaren Kapitals bei Aufstellung der Investitionsprogramme ziemlich zuverlässig berechnen kann.

Die Kontrolle des Staates ist dort viel nötiger, wo Kreditschöpfung geübt wird. Kreditschöpfung[1] ist das wichtigste Mittel, um eine Ausdehnung des Produktionsapparats zu bewirken, für die nicht schon durch erfolgten Konsumverzicht die erforderlichen Mittel freigemacht sind. Nur wenn der Staat die Schöpfung von zusätzlichem Kredit beherrscht, hat er die Hand an dem wirksamsten Hebel zur Konjunkturregelung. Die Ausübung des Bankgewerbes — mindestens in seinen großbetrieblichen Formen —

---

[1] Vgl. S. 57 Text und Fußnote.

muß aber dem Staatsbetrieb vorbehalten sein. Ob der Staat dann auf zusätzlichen Kredit nicht überhaupt verzichten soll, mag hier unerörtert bleiben, da diese Frage zu eng mit den technischen Einzelheiten der Bankorganisationen zusammenhält: Jedenfalls muß er andere hindern, nach ihrem Willen zusätzlichen Kredit zu schaffen.

Das Kreditmonopol ist nur die erste, nicht die einzige Voraussetzung für einen planmäßigen Ausgleich der Konjunktur. Würde das staatliche Kreditmonopol allein dazu genügen, so könnte man vielleicht daran denken, es in die Verkehrswirtschaft einzubauen. Die sozialistische Wirtschaftsordnung gibt dem Staat noch ein zweites entscheidendes Mittel in die Hand: Er kann auch die Selbstfinanzierung der Unternehmungen in der Hauptsache kontrollieren. Der Staat ist Eigentümer aller wichtigen Betriebe: Er kann bestimmen, wieviel von den Gewinnen er ausgeschüttet erhalten will. Er ist darin durch nichts anderes beschränkt als durch die Rücksicht auf die notwendigen oder nützlichen Investitionen, die in dem Betrieb zu machen sind, und durch die Erwägung, daß der ausgeschüttete und damit als zweifelsfrei deklarierte Gewinn unter allen Umständen mit den Arbeitnehmern des Betriebes zu teilen ist. Durch seine Gewinnansprüche kann der Staat die Investitionen der Betriebe zum größten Teil regulieren, auch soweit sie nicht vom Kredit abhängen. Der Staat kann somit ein Investitionsprogramm für die gesamte Wirtschaft aufstellen und die Investitionen mit den Kräften der Wirtschaft in Einklang bringen.

Er wird dieses Investitionsprogramm als Finanzierungsplan und Ertragsschätzung der beabsichtigten Produktionserweiterungen aufstellen müssen, also zunächst mit Geldgrößen rechnen müssen. Aber der sozialistische Staat wird daneben — und dazu ist er allein in der Lage, weil er im Gegensatz zur kapitalistischen Wirtschaft die Produktion selbst beherrscht — eine naturalwirtschaftliche Kontrollrechnung aufzustellen haben. Welche zusätzliche Beanspruchung der Eisenproduktion, der Kohleproduktion, welcher Verzicht auf die Erzeugnisse bisher anderweitig beschäftigter Arbeiter, welcher Verzicht auf die anderweitige Verwendung von Maschinen ist für die geplante Investition nötig? Können diese Opfer der Volkswirtschaft zugemutet werden? Wie ist durch Umschulung von Arbeitern, durch verkehrspolitische Maßnahmen und richtige Einstellung des Wohnungsbaus dafür zu sorgen, daß die Arbeiter, die künftig für die neuen Investitionsarbeiten tätig sein sollen, an ihre neue Arbeitsstätte auch gelangen können? So hat die Sowjetunion ihren Fünfjahresplan aufgestellt. Ob sie damit einen Erfolg erzielt, oder ob dies Riesenunternehmen mit einem Bankrott endet, läßt sich heute noch nicht entscheiden. Aber eines ist sicher: Wäre der russische Fünfjahresplan nicht in phantastischer Weise überspannt worden, hätte man, statt in wenigen Jahren an die Spitze der Industrieländer kommen zu wollen, nur eine Wirtschaftsentfaltung angestrebt, für deren Ausmaß und Tempo die erforderlichen Wirtschaftskräfte ohne Massenhunger und Inflation freizumachen waren, dann hätte Sowjetrußland das erste Beispiel geliefert, wie ein solches Wirtschaftswachstum ohne Unterbrechungen durch Krise oder Depression vor sich gehen kann. Denn wo die Wirtschaftsentfaltung im richtigen Verhältnis zu den Wirtschaftskräften steht, wo die Überleitung der Produktivkräfte erst von den Konsumindustrien in die Produktionsmittelindustrien und dann — nach Beendigung der Investitionsperiode — zurück vom Ausbau des Produktionsapparats in die Anwendung der neuen Produktionsmittel zu Konsumzwecken planmäßig besorgt wird, da bleibt für irgendein „endogenes" Moment, das zu allgemeiner Wirtschaftserschütterung führen könnte, kein Raum.

Eine Investitionspolitik, die dafür sorgt, daß niemals mehr Investitionen begonnen werden, als mit den gegebenen Kräften der Wirtschaft durchzuführen sind, müßte theoretisch zum vollen Konjunkturausgleich führen. Man wird nicht erwarten dürfen, daß dieser Erfolg hundertprozentig erreicht wird. Gegen übersteigerte Investitionspläne der Zentralen, die mit den Wirtschaftskräften im rechten Einklang stehen, ist noch eine weitere Sicherung vorzusehen.

Kein Unternehmen soll zu Investitionen gezwungen werden, die es selbst nicht für richtig hält. Gewiß gibt es bei der Abhängigkeit der Betriebsleiter von der Wirtschaftszentrale keinen letzten Schutz dagegen, daß auch einmal gegen diesen Grundsatz gehandelt wird. Aber von solchen Fehlern ist keine Wirtschaftsordnung frei. Man kann nicht mehr tun, als die Kräfte so gegeneinander ins Gleichgewicht bringen, daß keine typischen Mißgriffe entstehen können. Zufällige Mißgriffe sind schon deshalb nicht so schlimm, weil sie sich in ihrer Wirkung in der Regel aufheben dürften.

Immerhin mögen Überinvestitionen vorkommen. Ihre Ursachen können Fehlrechnungen der Zentralen oder Irrtümer der Betriebsleitungen sein. Es kann vorkommen, daß die einzelnen Betriebe auf Grund verfügbaren Sparkapitals mit Investitionen beginnen, für die dann dieses Sparkapital nicht ausreicht.

Für alle Fälle, in denen sich nachträglich das Produktionsprogramm als überspannt erweist, hat der Staat noch ein Mittel an der Hand, um die Konjunkturlage zu entspannen: Jeder Konjunkturumschlag erfolgt deshalb, weil die Kapitaldecke für die Konjunktur zu kurz wird. Er wird also aufgehalten, wenn man aus dem volkswirtschaftlichen Konsumtionsfonds Einkommensteile wegnimmt und sie der Produktion zuwendet, also in Kapital verwandelt. Der sozialistische Staat hat die Aufgabe, Krisengefahren vorauszusehen und ihnen vorzubeugen, indem er — sobald die Gefahr sich zeigt, auch über die vorher geplante Belastung hinaus durch außerordentliche Kürzung der Gewinnanteile, durch Senkung der Grundlöhne oder durch Verbrauchssteuern — das Konsumeinkommen mindert und die Einkommensteile, die er so an sich zieht, den Unternehmungen als Investitionskredit zur Verfügung stellt. Dieses gewaltsame Mittel der Konjunkturregelung braucht um so weniger angewendet zu werden, je zuverlässiger die wirtschaftliche Aktivität auf das Maß jener wirtschaftlichen Kräfte abgestimmt ist, die für die Zukunftsversorgung zur Verfügung stehen. Die nachträgliche Konsumbeschränkung darf nur die Aufgabe haben, unvermeidliche Lücken in der Deckung gewissenhaft kalkulierter Investitionsprogramme auszufüllen. Man darf das nicht mit dem normalen „Zwangssparen“ verwechseln. Daß die Wirtschaftsgesellschaft die Investitionen, die durch freiwilliges Sparen der einzelnen ermöglicht würden, für ungenügend hält und deshalb planmäßig eine stärkere Beschränkung des Konsums erzwingt, indem sie die Gewinne der Unternehmungen nur zum Teil ausschüttet, kann jahrzehntelang in der sozialistischen Wirtschaft vorkommen. Was Ausnahme bleiben sollte, ist nur der nicht von vornherein planmäßig gewollte, sondern nachträglich zur Durchhaltung der Investitionen notwendig werdende gesteigerte Zwang zum Konsumverzicht.

Schon in dieser nachträglichen Beschlagnahme von Einkommensteilen durch den Staat, mit deren Hilfe die Konjunkturbewegung berichtigt werden soll, könnte man vielleicht eine Verwandtschaft entdecken zur produktiven Erwerbslosenfürsorge von heute. Hier wie dort beschäftigt der Staat Arbeitskräfte, die sonst erwerbslos wären, mit Hilfe von Mitteln, die er den einzelnen weggenommen hat. Denn auch der kapitalistische Staat muß die produktive Erwerbslosenfürsorge entweder durch Steuern oder durch Anleihen finanzieren, was immer bedeutet, daß die arbeitenden Glieder der Wirtschaft aus ihrem Einkommen (endgültig oder dauernd) etwas abgeben müssen, damit für Beschäftigung der anderen gesorgt werden kann. Ein wichtiger Unterschied zwischen produktiver Erwerbslosenfürsorge und den sozialistischen Methoden der Konjunkturberichtigung liegt freilich in dem verschiedenen Zeitpunkt des Einsatzes: Die Konsumbeschränkung zur Entspannung der Investitionslage soll erfolgen, sobald die Spannungen sich zeigen, nicht wenn sie sich schon ausgewirkt haben. Also steht nicht der Gedanke im Vordergrund, bereits arbeitslos gewordene Menschen zu beschäftigen, sondern durch vorbeugende Erhöhung der volkswirtschaftlichen (güterwirtschaftlichen) Liquidität den Konjunkturumschlag und damit die Entstehung von Arbeitslosigkeit zu verhüten. Die produktive Erwerbslosenfürsorge dagegen ist überhaupt nicht mehr Konjunkturpolitik, sondern eine — unter Umständen nötige — Symptomkur an den Konjunkturfolgen.

Es läßt sich wohl denken, daß auch in der sozialistischen Wirtschaft der richtige Augenblick für den Einsatz verpaßt wird, daß also zu dem ersten, möglicherweise unvermeidlichen Irrtum im Investitionsprogramm selbst noch ein zweiter, in der Regel vermeidbarer Fehler tritt, daß man die güterwirtschaftliche Deckung des Programms zu spät als unzureichend erkennt. Dann muß auch der Sozialismus sich um die Heilung des Schadens bemühen, dessen Entstehung er nicht zu hindern vermochte. Dann muß auch er Einkommensteile seiner Bürger in Anspruch nehmen, nicht um die Konjunktur zu sanieren, sondern um damit die auf der Straße liegenden Arbeitskräfte zu beschäftigen, wenn er sich nicht darauf beschränken will, sie feiern zu lassen und nur zu unterstützen — über diesen Zustand aber will der Sozialismus doch gerade hinauskommen. Das ist dann echte produktive Erwerbslosenfürsorge. Hat sie in der sozialistischen Wirtschaftsordnung bessere Aussichten als in der kapitalistischen?

Die Problematik der produktiven Erwerbslosenfürsorge im Kapitalismus hat ihren Grund in der Kapitalknappheit. Die Zahl der beschäftigten Arbeiter hängt von der Menge des vorhandenen Kapitals ab. Die Steuern, durch welche dic produktive Erwerbslosenfürsorge finanziert wird, verringern das Kapital der Privatwirtschaft und setzen hier ebensoviel Arbeiter frei, wie in der produktiven Erwerbslosenfürsorge beschäftigt werden, — vorausgesetzt, daß diese Notstandsarbeiten auf den Kopf des Arbeiters ebensoviel Kapital benötigen wie der Durchschnitt der übrigen Betriebe. Nun versucht man freilich besonders arbeitsintensive Produktionszweige als Notstandsarbeiten zu wählen. Aber der Staat der kapitalistischen Wirtschaft hat hier eine zu enge Auswahl. Versucht er, Privatunternehmungen durch Zuschüsse oder Kredite zur Beschäftigung von Arbeitern anzureizen, so wird er fast stets in unerträglicher Weise ausgenützt. Die Sphäre seiner eigenen produktiven Tätigkeit ist klein. Er kann Kanäle bauen lassen, neue Eisenbahnstrecken anlegen usw. Der sozialistische Staat dagegen überblickt die ganze Weite produktiver Möglichkeiten. Er kann unter den zusätzlichen Verwendungen für Arbeit und Kapital die arbeitsintensivsten und dabei relativ lohnendsten wählen. Er kann für Zeiten, in denen aus Gründen unvollkommenen Konjunkturausgleichs vorübergehend ein Überschuß an Arbeitskräften besteht, Betriebe mit einem geringeren Grad der Technisierung bereithalten, die verhältnismäßig viel Arbeit erfordern und daher zu gewöhnlichen Zeiten gar nicht oder nur in geringem Maß benutzt werden, und kann hier die überschüssigen Arbeiter einsetzen. Das ist, wirtschaftlich betrachtet, eine Form der Arbeitslosenunterstützung, sozial betrachtet hätte das System alle Vorzüge der „Arbeitsstreckung". Während aber Arbeitsstreckung im kapitalistischen Staat meist teurer ist als unterstützende Fürsorge, wird die teilweise Verwendung der Arbeit in „untertechnisierten" Betrieben volkswirtschaftlich billiger sein als die Erhaltung der Arbeitslosen ohne Gegenwert, vorausgesetzt eben, daß die Leitung der staatlichen Wirtschaftspolitik aus der ganzen Volkswirtschaft die dafür geeignetsten Betriebe wählen kann und diesen Vorteil zu nutzen versteht.

Aus der Beherrschung der ganzen Volkswirtschaft durch den Staat ergibt sich ein weiteres Moment der Überlegenheit des sozialistischen Staates über den kapitalistischen in der Konjunkturpolitik. Alle konjunkturellen Schwankungen in der Wirtschaft, ja alle Änderungen in ihrem Wachstumstempo und erst recht alle Maßnahmen zur Beeinflussung von Wirtschaftsschwankungen und Wirtschaftswachstum bedingen Umstellungen innerhalb des Produktionsapparats. Arbeit und Betriebskapital muß von den Betrieben einer Art in Betriebe anderer Art übertragen werden. Soweit sich das ohne Eingriff des Staates vollzieht, geschieht es unter dem Anreiz — also durch Vermittlung — entsprechender Preisänderungen. Und auch der Staat wird in der kapitalistischen Wirtschaft seine konjunkturpolitischen Maßnahmen im allgemeinen durch Beeinflussung der Preisgrößen durchführen. Aus dieser „indirekten" Methode ergeben sich sehr große Verluste. Man nehme z. B. an, der Staat habe erkannt, daß eine aufsteigende Konjunktur aus Kapitalmangel zusammenzubrechen drohe und will ihr durch verstärkte Kapitalbildung mit Hilfe von Konsumsteuern — etwa einer Schnapssteuer — zu einer weniger schmerzhaften Abwicklung verhelfen. Das wäre also kapitalistische Konjunkturpolitik von vernünftigstem Typ. Macht nun die Besteuerung des Schnapskonsums, die — geldwirtschaftlich betrachtet — die Mittel zur Gewährung von „Ausbaukrediten" für die Investitionen bringt, wirklich Kapital im güterwirtschaftlichen Sinn, nämlich vorgetane Arbeit frei, die dazu benutzt werden kann, den begonnenen Ausbau des Produktionsmittelapparats — das ist die aufsteigende Konjunktur — zu vollenden? Gewiß erfolgt eine solche Freisetzung vorgetaner Arbeit (neben der Freisetzung gegenwärtiger Arbeit, also vorhandener Arbeitskräfte): Die Schachtanlagen der Kohlenzechen liefern z. B. nicht mehr Kohle für Brennereien und werden damit für andere Lieferungen frei. Vielleicht wird auch ein Teil des Getreide- oder Kartoffelbodens seine Erzeugnisse an die Arbeiter der Investitionsindustrien als Nahrungsmittel zur Verstärkung ihrer Leistungsfähigkeit abgeben können. Aber soweit er das wirtschaftlich nicht kann, wird er bei entsprechend scharfer Drosselung des Schnapskonsums brach liegen bleiben oder in wenig ertragreicher Weise genützt werden. Und ganz sicher ergibt sich keine Nutzungsmöglichkeit für die einmal vorhandenen Brennereien. Der kapitalistische Staat, der nur über wenige Hebel zur Konsumeinschränkung verfügt und die güterwirtschaftlichen Beziehungen noch nicht einmal überblickt, geschweige denn beherrscht, wird im Notfall an diesen Hebeln ziehen müssen, wenn auch der Nutzeffekt gering ist.

Der sozialistische Staat dagegen hat die Konsumeinschränkung von vornherein dort zu bewirken, wo die Ersparnisse an Gütern und Arbeitskräften, die sie erzielt, am leichtesten und mit dem geringsten Verlust den Arbeiten dienstbar zu machen sind, die der Durchführung der Investitionen dienen sollen. Das gilt auch für die ganze Anlage des Investitionsprogramms, das ja immer eine Einschränkung des Konsums voraussetzt. Es gilt aber doppelt bei den nachträglichen Korrekturen, von denen hier die Rede ist, die, weil sie eine Überspannung berichtigen sollen und daher gleichsam überplanmäßig erfolgen, in der Regel gewaltsamer in die Wirtschaft eingreifen werden als der ursprüngliche Plan und daher auch mit mehr Vorsicht vor unerwünschten Nebenwirkungen erfolgen müssen. Auch bei diesen nachträglichen Korrekturen, oder vielmehr hier erst recht, ist also eine naturalwirtschaftliche Kontrollrechnung nötig. Der Staat hat es in der sozialistischen Wirtschaft, die wir hier betrachten, zwar nicht mit voller Sicherheit, aber doch mit einem erheblichen Maß von Erfolgchancen in der Hand, den Ort der Konsumeinschränkung zu bestimmen. Das einfachste Mittel dazu ist die Preiserhöhung für bestimmte Produkte. Sie wird in der Regel, besonders bei den Gütern elastischen Bedarfs, zu einer Einschränkung gerade in diesem Punkt führen. Der Staat könnte also, obwohl ihm vielleicht sonst die Einschränkung des Schnapsgenusses als erwünschteste Form der Konsumbeschränkung erscheint, doch statt dessen die Eintrittspreise in Kinos erhöhen. Das wäre etwa angezeigt, wenn das Kinogewerbe im Augenblick sich in stärkerer Ausdehnung befindet, da Besteuerung dann nur einen Stillstand dieser Ausdehnung bedeutet, nicht ein Leerstehen bereits vorhandener Kinos, das nichts nutzen würde, und wenn die Produktionsmittel und -kräfte der Erzeugung von Kinoapparaten verhältnismäßig leicht für die Abwicklung der bereits begonnenen und in ihrer Vollendung gefährdeten Investitionsprozesse genützt werden können. Der Staat muß aber darüber hinaus auch die Möglichkeit haben — dieses Recht ist ihm in jedem Fall gegenüber den Betriebsgemeinden und gegenüber den Konsumenten zu sichern —, für die Durchführung eines bereits begonnenen, aber sonst nicht glatt zu erledigenden Investitionsprogramms bestimmte Betriebe stillzulegen, auch wenn sie an sich noch rentabel arbeiten, um ihre Produktionsmittel für die Investitionsindustrien frei zu bekommen. Er würde also, wenn er die Erhöhung der Eintrittspreise für Kinos nicht für genügend wirksam hält, in diesem Notfall auch die Herstellung von Kinos den damit befaßten Betrieben untersagen und sie zur Mitarbeit an der Abwicklung des Investitionsprogramms verpflichten können.

So wird der Sozialismus, weil er nicht nur geldwirtschaftlich, sondern auch güterwirtschaftlich zu disponieren vermag, die Überleitung der Produktionsmittel und -kräfte von den Konsumgüterproduktionen in die Produktion von Produktionsmitteln und von dieser wieder zurück in die Konsumgütererzeugung mit weit geringeren Verlusten bewirken als die kapitalistische Wirtschaftsordnung, und zwar sowohl beim „normalen" Wachstum der Wirtschaft wie bei den Korrekturen dieses Wachstums. Er wird dadurch nicht nur die Versorgung der Konsumenten bessern, sondern mit den Verlusten an Realkapital auch die Arbeitslosigkeit der Umstellungsperioden herabdrücken.

Der sozialistische Staat wird also nach menschlicher Voraussicht auch mit den Resten von wirklicher Arbeitslosigkeit aufräumen können, die bei der planmäßigen Konjunkturpolitik, die ihm möglich sein wird, überhaupt noch bleiben würden. Nicht beseitigen läßt sich das Vorkommen von Arbeitspausen überhaupt, die sich allein schon daraus ergeben müssen, daß der Arbeiter aus subjektiven und objektiven Gründen — ohne konjunkturellen Anlaß — zuweilen seine Beschäftigung wechselt, und daß nicht die neue Beschäftigung sofort bereitsteht, wenn die alte aufhört. Auch da wird sich viel durch Arbeitsmarktpolitik erzielen lassen, wenn der Staat Einblicke in die Bedürfnisse aller Unternehmungen hat, aber daß der Staat etwa die Aufgabe übernimmt, die einzelnen Arbeitskräfte als wahre „Arbeitsarmee“ in seinen Dienst zu nehmen und ohne Verantwortlichkeit des einzelnen von einer Verwendung in die andere zu schieben, würde ohne unerträgliche Beschränkung der individuellen Freiheit nicht möglich sein. Durchaus denkbar aber wäre es, daß der Staat eines Tages dem einzelnen ein „Recht auf Arbeit“ gibt, das heißt ein Recht, Beschäftigung zum mindesten als ungelernter Arbeiter zu verlangen. Die Freiheit des Arbeiters, diesen Anspruch als solchen nicht geltend zu machen und sich den Arbeitsplatz selbst zu suchen, bliebe dabei unangetastet. Ob der Staat eine solche Beschäftigungsgarantie übernehmen kann, wird von der Sicherheit abhängen, mit der er die Mittel des Konjunkturausgleichs handhabt, und von der Elastizität seiner „produktiven Erwerbslosenfürsorge“, die dafür zu sorgen hätte, daß eine zufällig auf dem Arbeitsmarkt auftretende Angebotsspitze immer noch untergebracht werden kann.

Monopolverhinderung

Die Gefahr, daß der Markt der Waren monopolisiert werde, ist nicht damit allein gebannt, daß man der Produktion die bisher geschilderte Verfassung gibt. Die Träger der Sonderinteressen an den einzelnen Unternehmungen, Arbeiter wie Leitung, können ganz ebenso wie kapitalistische Unternehmer bestrebt sein, die Preisbildung nach dem „Grenzpreis“ auszuschalten und dem Markt eine Preisbildung nach dem „Gesamtwert“ aufzunötigen. Der Politik des Staates obliegt es, dies zu verhindern. Er hat es in der Hand, das Maß der Konzentration der Unternehmungen zu bestimmen. Nur in ganz wenigen Fällen wird er darin durch technische Rücksichten behindert sein. Im allgemeinen besteht durchaus die Möglichkeit und sogar die Notwendigkeit, eine Reihe technischer Einheiten — also Betriebe — für ein Versorgungsgebiet in Gang zu halten. Der Staat hat also nur jeden dieser Betriebe als Unternehmung zu konstituieren und zu verhindern, daß diese Betriebe untereinander kartellähnliche Abmachungen treffen. Das wird keine unlösbare Aufgabe sein, da der Staat ja erstens über besondere, auch personalpolitische Einflußmöglichkeiten verfügt, und da zweitens alle Erfahrung bewiesen hat, daß Kartelle, hinter denen nicht die Möglichkeit der trustartigen Zusammenfassung steht, selbst im Kapitalismus kaum gehalten werden können, wenn der Staat den Kartellverträgen den rechtlichen Schutz entzieht. Dabei gibt es im Kapitalismus, wenigstens in manchen Produktionszweigen, ein traditionelles Gemeinschaftsgefühl der Unternehmer, das auf Elementen der Klassen- und Berufssolidarität beruht. Im Sozialismus kann sich kaum ähnliches bilden, da die Leitung aus Staatsfunktionären besteht — die freilich gewisse Sonderinteressen haben — und die Möglichkeit und Notwendigkeit eines Austauschs der Leiter von Produktionszweig zu Produktionszweig in weitem Umfang gegeben ist.

Es könnte die Frage auftauchen, ob der sozialistische Staat nicht hier und dort genötigt sein wird, der Kartellbildung zwischen gleichartigen Betrieben selbst Vorschub zu leisten. Von den sogenannten gemeinwirtschaftlichen Versuchen, die in der ersten Zeit nach der Revolution in Deutschland unternommen wurden, ist eine solche Wirkung tatsächlich ausgegangen. Ist die Methode, die Unternehmungen eines Betriebszweigs zu „Planwirtschaftskörpern" zusammenzuschließen, nur ein krasser Irrtum gewesen oder steckt dahinter irgendeine Art von sozialistischer Notwendigkeit? Sicher gibt es Aufgaben, bei denen die Wirtschaftszentrale sich solcher Organisationen mit Vorteil bedienen kann. Es gibt gemeinsame Interessen eines jeden Produktionszweigs: Von der Rohstoffbeschaffung angefangen bis zur Förderung der Erfindertätigkeit. Die Zentrale entlastet sich, wenn sie solche Aufgaben an Selbstverwaltungskörper des betreffenden Produktionszweigs abgeben kann. Aber kaum einer dieser Vorteile kann so groß sein, daß er den Nachteil aufwiegen würde, der sich aus einer Tendenz zur Monopolisierung ergibt. Selbst wenn es gelingen würde, den Erfolg dieser Tendenz zu verhindern, so würde der Kampf gegen sie doch höchstwahrscheinlich mehr Kräfte verbrauchen, als durch die mögliche Dezentralisation bestimmter Aufgaben erspart werden könnte.

Daß eine richtig geleitete sozialistische Wirtschaft jede Art von Monopoltendenz auch dann überwinden kann, wenn sie den einzelnen Unternehmungen bis zu einem hohen Grad Selbstverwaltung gewährt, steht außer Zweifel. Der Sozialismus kann damit eine zweite wichtige Fehlerquelle der kapitalistischen Wirtschaft ausschalten.

Das Lohn- und Akkumulationsproblem in der sozialistischen Wirtschaft

Ob man das Einkommen, das der Arbeiter in der sozialistischen Ordnung bezieht, noch Lohn nennen will, ist eine nicht besonders wichtige Frage terminologischer Zweckmäßigkeit. Natürlich gibt es dort keine „Lohnarbeit" im kapitalistischen Sinn, das heißt keine Arbeit im Dienst eines Privatunternehmers, dessen Einkommen in der Differenz zwischen Löhnen plus übrigen Produktionskosten und Produktpreisen besteht, und der daher an der Niedrighaltung der Löhne ein entscheidendes Interesse hat. Das muß das Wesen des Arbeitsverhältnisses, seine soziologisch-psychologische Seite, stark ändern: Die Bestimmungsgründe des Arbeitseinkommens aber wirken zum großen Teil zwangsläufig und können weder im kapitalistischen System durch die Willkür der Unternehmer, noch im sozialistischen System durch Beschluß öffentlicher Instanzen ausgeschaltet werden. Die wirtschaftlichen Gesichtspunkte für die Gestaltung des Arbeitseinkommens also bleiben zum größten Teil die gleichen, und wenn man das Ungleichartige darüber nicht vergißt, ist die Verwendung des Namens Lohn unbedenklich.

Das Problem, wie hoch der Lohn im konkreten Fall sein darf, teilt sich in der sozialistischen Ordnung, wie sie hier entworfen wurde, in zwei Unterfragen: Wie hoch kann der feste Lohnanteil sein? Wie hoch darf der Prozentsatz des Gewinns sein, auf den der einzelne Arbeiter Anspruch hat? Eine reichliche Bemessung des Gewinnanteils braucht weniger kritisch erwogen werden, weil die absolute Höhe dieses Betrags ja vom Betriebsergebnis abhängt, aber auch der Gewinnanteil darf nur so hoch sein, daß der Kapitalbestand der Gesellschaft noch in genügendem Maß wachsen kann.

Wie im Kapitalismus wird auch hier die wirtschaftlich zulässige Lohnhöhe nicht nur von der Rentabilität, sondern außerdem von der Notwendigkeit der Kapitalbildung begrenzt. Geändert hat sich nur, daß nicht Privatunternehmer das Interesse der Kapitalbildung wahrzunehmen haben: Dies ist jetzt Sache des Staates und durch die Gewinnbeteiligung der Arbeiter an den einzelnen Betrieben auch ein unmittelbares Interesse der Arbeiter selbst geworden. Die Frage, wieviel für die Gegenwart und wieviel für die Zukunft gearbeitet werden soll, ist jetzt nicht mehr durch Klassenkampfvorstellungen verwischt, sondern klar und unausweichlich gestellt. Damit ist ein entscheidender Fortschritt erzielt. Die Wachstumsrate der Wirtschaft, der „Spargrad“, wird von der Gesamtheit zu beschließen sein. Im einzelnen Fall hat dann die Wirtschaftsverwaltung Lohn und Gewinnanteil so zu bemessen, daß ein entsprechender Gewinn in jedem Unternehmen übrigbleibt. Wieviel der Staat sich davon ausschütten läßt, wieviel das Unternehmen zur Selbstfinanzierung behalten darf, unterliegt dann einer weiteren Entscheidung, für die sich allmählich Erfahrungsgrundsätze herausbilden werden. Natürlich muß es den Arbeitern und der Leitung unbenommen bleiben, auf einen Teil ihrer Lohn- oder Gewinnansprüche zu verzichten, um dem Unternehmen stärkere Selbstfinanzierung und dadurch raschere Ausdehnung zu ermöglichen. Der Staat hat nur Kontrolle zu üben, daß die Deckung des Ausdehnungsprogramms genügend sicher ist, damit nicht unerwünschte konjunkturelle Wirkungen sich ergeben. Außerdem hat er darüber zu wachen, daß nicht etwa eine Minderheit, die auf stärkeres Gegenwartseinkommen angewiesen ist, von einer Mehrheit vergewaltigt wird, der vor allem an besseren Zukunftsaussichten liegt. Es wird sich auch empfehlen, jedem Arbeiter innerhalb gewisser Grenzen die Wahl frei zu lassen, ob er mehr festen Lohn oder mehr Gewinnanteil haben will.

In der Literatur des Genossenschaftssozialismus ist das Problem wohl bekannt, wie die verschieden hohen Gewinnaussichten der einzelnen Betriebe so ausgeglichen werden können, daß nicht Arbeiter einzelner Betriebe von vornherein einen wirtschaftlichen Vorteil vor denen anderer Betriebe genießen. Bei rein genossenschaftlicher Wirtschaftsleitung müßten sich z. B. schwere Ungerechtigkeiten ergeben, wenn eine bestimmte Kohlengrube gutgelegene Flöze bester Qualität besitzt und so ihren Arbeitern bei gleichem Kostenaufwand eine viel größere Fördermenge ermöglicht, die pro Einheit einen viel höheren Preis erzielt, als ihn die Arbeiter einer anderen Grube verlangen können, die Kohle schlechterer Qualität aus größeren Tiefen abzubauen haben. Das ist von jeher einer der stärksten Einwände gegen den reinen Genossenschaftssozialismus gewesen. Viele Genossenschaftssozialisten haben dem Staat die Aufgabe zuerkannt, durch Besteuerung oder auf ähnliche Weise die Produktionschancen auszugleichen. Diese Aufgabe besteht auch, nur in quantitativ verringertem Ausmaß, bei der Gewinnbeteiligung. Die Beteiligungsquoten sind so zu bemessen, daß im großen und ganzen jeder die gleiche Möglichkeit hat, durch vermehrte Leistung mehr zu verdienen. Natürlich ist eine mathematisch vollkommene Ausgleichung der Chancen unmöglich. Aber das Entstehen größerer Unterschiede kann verhindert werden.

Die Ausgleichung der Chancen soll nicht soweit gehen, daß jede Verbesserung im Betrieb, die sich als lohnend erweist, sofort den Arbeitern als günstigere Voraussetzung ihrer Tätigkeit angerechnet wird, die eine Herabsetzung der Gewinnprozente zuläßt. Damit würde man den Arbeitern jedes Interesse an der Verbesserung des eigenen Betriebs nehmen. Die Gesamtheit würde dann so handeln wie im Kapitalismus kurzsichtige Unternehmer, die erst Akkordlöhne festsetzen und dann, wenn die Arbeiter sich anstrengen und dadurch gut verdienen, die Akkordsätze wieder herabdrücken. Eine begrenzte Zahl von Jahren soll jede Arbeiterschaft im Genuß der Betriebsverbesserungen bleiben, die sie geschaffen hat. Daraus kann eine Tendenz folgen, sich gegen die Aufnahme neuer Mitarbeiter abzuschließen: Die Arbeiter einer besonders gewinnbringenden Fabrik müßten ja mit jedem neuen Arbeiter, den sie aufnehmen, den Anteil am Sondergewinn teilen. Sie könnten daher versucht sein, bei Bedarf an neuen Arbeitskräften möglichst Arbeiter gegen festen Lohn anzustellen. Die zeitweilige Aufnahme festgelohnter Arbeiter ohne Gewinnbeteiligung kann den Betrieben mit Rücksicht auf den wechselnden Arbeitsbedarf nicht grundsätzlich untersagt werden. Der Staat könnte aber allen Unternehmungen verbieten, für jene Tätigkeiten, die für den Betriebserfolg irgendwie von ausschlaggebendem Einfluß sind, Arbeiter ohne Gewinnanteil länger als eine bestimmte Frist zu beschäftigen. Ob er das tun soll, kann immerhin zweifelhaft sein, denn durch den Zwang, gegebenenfalls doch die Frucht besonderer eigener Leistung mit anderen zu teilen, wird das Interesse am Erfolg abgestumpft. Auch könnte der Wunsch, sich ungeteilt einen Sondergewinn zu sichern, zu einer Art von Monopolpolitik führen: Wenn man neue Mitarbeiter nur mit gleichem Recht auf Gewinnanteil beschäftigen darf, unterläßt man lieber eine — an sich mögliche — Ausdehnung der Produktion. Die Gefahr, daß „Ausbeutungs"-Erscheinungen eintreten, wenn unter besonderen Voraussetzungen beschränkte Beschäftigung von Lohnarbeitern zugelassen würde, ist gering. Auch die begünstigten Unternehmungen müssen, wenn sie neue Arbeitskräfte heranziehen wollen, stets etwas mehr bieten, als in den übrigen zu verdienen ist. Eine arbeitslose Reservearmee gibt es nicht. Wenn dieser Druck nicht durch Konjunkturpolitik und produktive Erwerbslosenfürsorge, auch durch eine rationelle Akkumulationspolitik, von den Massen genommen werden könnte, dann wäre der Sinn des ganzen Systems verfehlt.

Auch im sozialistischen Staat wird es Interessenkonflikte geben: Um die Sätze der festen Löhne, der Gewinnprozente und die Zeitdauer, in der Verbesserungen allein der Arbeiterschaft des Betriebs zugute kommen sollen, kann immer Streit entstehen. Es wird also Instanzen geben müssen, die solchen Streit entscheiden. Es wäre müßig, sich heute den Kopf darüber zu zerbrechen, wie diese Instanzen aussehen sollen. Das hängt ja zum guten Teil von der Umbildung der politischen Formen ab, die sich nur ganz unvollkommen übersehen läßt. Aber jedenfalls wird die Aufgabe dieser Instanzen grundsätzlich lösbar sein: Denn sie haben ziemlich eindeutige Grundsätze auszulegen und im ganzen gute Merkmale dafür, ob ein bestehender Zustand diesen Grundsätzen entspricht oder nicht. Daß sich z. B. bei der Arbeiterschaft eines Betriebs die Tendenz zeigt, sich gegen die Aufnahme neuer Mitglieder abzuschließen, wird als ein starkes Anzeichen dafür gelten müssen, daß in dem betreffenden Betrieb Sondergewinne gemacht werden, die Chancen also nicht ausgeglichen sind.

Es werden aber wohl noch Interessenkonflikte anderer Art vorkommen. Eine Differenzierung der Einkommen ist unerläßlich: Die Aussicht, in Stellungen mit größerem Einkommen aufzusteigen, ist als Antrieb zu wirtschaftlicher Leistung nicht zu entbehren. Es erhebt sich also die Frage, wie die einzelnen Verrichtungen in eine Lohnstaffel eingegliedert werden sollen. Dabei ist es ganz unmöglich, bei den qualifizierten Wirtschaftsfunktionen etwa mit einem starren Gehaltsschema zu arbeiten, wie es für die Beamtenbesoldung gebräuchlich ist. Um die Träger w i r k l i c h qualifizierter Leistung wird sich zwischen den einzelnen Unternehmungen ein Wettbewerb herausbilden. Die Arbeiter selbst sind ja aufs stärkste daran interessiert, gute Leiter zu haben, die ihnen hohe Gewinnaussichten bieten können. Das gilt aber nicht nur für die Spitzenfunktionen: Leitung und Belegschaft sind gemeinsam interessiert, auch die mittleren Funktionen so gut wie möglich zu besetzen. Wenn es dann weiter nach unten geht und die Lohnstaffel zu einem Problem der Massenschichtung wird, läßt sich in der sozialistisch organisierten Gesellschaft so wenig wie in der kapitalistischen ein beschränktes Maß von Schematismus vermeiden. Aber auch hier wird der Konkurrenzgesichtspunkt schließlich regulierend wirken. Wie gut man den Werkmeister bezahlt, wird wesentlich durch die Abwägung zweier sehr einfacher Gesichtspunkte bestimmt sein: daß ein Betrieb, der ihn zu schlecht bezahlen würde, keinen guten Werkmeister fände, so daß er nur Pfuscharbeit leisten könnte und die Arbeiter keinen Gewinnanteil mehr bekämen, weil keine Gewinne erzielt würden — und daß auf der anderen Seite eben für jeden größeren Betrieb eine so große Zahl von Werkmeistern nötig ist, daß man nicht zu hoch gehen kann, wenn man nicht einen zu großen Teil des Gewinns aufzehren lassen will.

Auch für Streitigkeiten über die Mehrentlohnung der qualifizierten Arbeiter (die natürlich auch wieder als Sonderproblem die Frage erhöhter Gewinnanteile einschließt) wird es Schlichtungs- oder Schiedsinstanzen geben müssen. Sie werden vielleicht mit geringeren Zwangsbefugnissen auskommen als heute. Denn ein Streit um die Anerkennung eines bestimmten Qualifikationsgrades und um Zuerkennung eines dementsprechenden Entgelts kann kaum wesentlich den Arbeitsfrieden stören. Die Unternehmungen selbst sind durch ihr Eigeninteresse an guten Führern daran gehindert, einen zu ablehnenden Standpunkt einzunehmen. Die qualifizierten Arbeiter aber sind stets dadurch bedroht, daß aus den Reihen der Ungelernten viele auf ihre besser bezahlten Posten drängen — ein Schwächemoment, das in der kapitalistischen Wirtschaft nicht ganz ohne Schwierigkeit durch die proletarische Solidarität ausgeschaltet wird. Im Sozialismus müßten sich die Qualifizierten schon ganz besonderen staatlichen Schutzes erfreuen, um mit irgendwelcher Aussicht auf Erfolg einen Kampf — etwa einen Streik — wagen zu können, denn mit der sozialen Schichtung des Kapitalismus verschwindet auch der Begriff einer Solidarität aller Arbeitenden. Indem das Arbeitsproblem auf die Gegensätze: Betriebsbelegschaften — Gesamtheit und: qualifizierte — unqualifizierte Arbeiter beschränkt ist, hat es seine entscheidende Schärfe verloren. Ein Klassenkampf im heutigen Sinn ist nicht mehr möglich.

Der sozialistische Staat verfügt über die Gesamtheit des Sozialprodukts, nicht in dem Sinn selbstverständlich, daß er es beliebig für seine eigenen Zwecke gebrauchen dürfte: Es können aber keine Konsumansprüche und keine produktiven Verwendungen realisiert werden, die er nicht anerkennt. Der Staat ist also nicht mehr ein Konsument wie andere, nur größer und mit Gewaltmitteln ausgestattet, durch deren Hilfe er Teile des sozialen Produkts an sich zieht. Er ist in der sozialistischen Ordnung verantwortlich für die Verwendung alles dessen, was die Wirtschaftspersonen durch ihre Arbeit schaffen. Er hat also für die Zwecke, die er für wichtig genug hält, einen viel größeren Teil des Sozialprodukts zur Verfügung als heute. Gilt es, dringliche Wohlfahrtszwecke zu befriedigen, so ist der Staat nicht mehr dadurch gehemmt, daß die Steuerschraube — besonders bei der heutigen Technik, die allerdings verbesserungsfähig ist — nicht mehr richtig funktioniert, sobald man sie überlastet. Auf der anderen Seite kann sich der sozialistische Staat nicht mehr als Mitbewerber um das Sozialprodukt fühlen, den die Art der Verteilung des Kuchens nichts weiter angeht, als daß er selbst für seine Zwecke ein möglichst großes Stück davon erhält. Er hat jetzt ohne jeden Vorbehalt die Verteilung des ganzen zu verantworten. Er hat sich also davor zu hüten, für irgendwelche Zwecke zu viel in Anspruch zu nehmen, nicht nur aus der Erwägung, daß sonst die Steuerkraft versagt, und daß man die Henne nicht schlachten soll, die die goldenen Eier legt. Er hat die Bedeutung sozialpolitischer, machtpolitischer und anderer „staatseigener“ Zwecke an der Wichtigkeit jeder anderen produktiven und konsumptiven Verwendung der gleichen Mittel zu messen, die innerhalb des Gesamtbereichs der Wirtschaft möglich wäre.

Ist es unbegründeter Optimismus zu hoffen, daß dadurch die Politik des Staates wirtschaftlicher wird? Ob das bedeutet, daß der Staat für die öffentlichen Aufgaben im heutigen Sinn mehr oder daß er weniger ausgibt als jetzt, wird sich nach den Tatsachen richten müssen. Aber mit der grundsätzlichen Aufhebung der Grenzlinien zwischen Privatwirtschaft und öffentlicher Wirtschaft wird der Zustand beseitigt, daß durch Macht und nicht durch wirtschaftliche Erwägungen bestimmt wird, wieviel Mittel jedem der beiden Teile zugewiesen werden. Der Staat hat aber nun auch nicht mehr die Möglichkeit, dem einzelnen, dem er selbst die Existenz nicht sichern kann, sozusagen das freie Meer der Privatwirtschaft zu zeigen und ihn darauf zu verweisen, daß er dort sein Glück versuche. Indem der Staat das Ganze in die Hand nimmt, hat er dafür zu sorgen, daß jeder irgendwo Raum finde. Indem er die zentralistische Planmäßigkeit bewußt an die Stelle dezentralistischer Konkurrenz setzt, kann er der Forderung nicht ausweichen, daß er nun dem einzelnen auch ein viel größeres Maß von Sicherheit zu gewährleisten hat. Das bedeutet neue Aufgaben der Sozialpolitik, es bedeutet eine lückenlosere Sozialpolitik als heute.

Der moderne Staat hat den Massen auf vielen Gebieten ein ansehnliches Maß von Existenzsicherung geschaffen, das sie ohne ihn nicht haben würden. Aber er hat im einzelnen Fall doch das Risiko, das er übernahm, von vornherein begrenzt: Nur eine bestimmte Anzahl von Wochen wird der Arbeiter von der Krankenversicherung oder von der Arbeitslosenversicherung unterstützt. Wenn er nicht eine bestimmte Anzahl von Wochen Beiträge zur Invalidenversicherung geleistet hat, erhält er im Fall der Arbeitsunfähigkeit nur eine so geringe Rente, daß sein Existenzminimum nicht gedeckt wird. Wer keinem versicherten Beruf angehört, hat überhaupt keinen eigentlichen Rechtsanspruch auf Unterstützung, auch wenn er in das tiefste Elend gerät. Dieses System hat freilich heute schon sich an vielen Stellen als undurchführbar erwiesen. Denn das tatsächlich empfundene und politisch wirksame Bedürfnis nach Existenzsicherung für die Massen war so groß, daß die Leistungen der Wohlfahrtspflege — die überall dort eintreten sollen, wo andere Leistungen fehlen oder nicht ausreichen, ohne daß aber der Bedürftige diese Unterstützung mit Rechtsmitteln erzwingen kann — bis auf ein Maß gebracht werden mußten, das die Unterstufen der Unterstützungen auf Grund der Versicherungsgesetze überstieg. Das hat zu allerhand praktischen Schwierigkeiten geführt, die viele

Spezialisten der Sozialpolitik stark beschäftigen. Eine verfeinerte Technik der Sozialversicherung mag es gestatten, die Grenzen der versicherten Risiken dort zu erweitern, wo es sozialpolitisch unbedingt nötig ist. Die umfassende Existenzsicherung wird der kapitalistische Staat nicht schaffen können, weil er immer nur über einen Ausschnitt aus dem Sozialprodukt verfügt.

Der sozialistische Staat kann sich diese Aufgabe einer allgemeinen Fürsorge für die Hilfsbedürftigen schon sehr bedeutend erleichtern, wenn er durch zweckmäßige Konjunkturpolitik die Arbeitslosigkeit verringert. Er wird sich die Aufgabe noch von einer anderen Seite her erleichtern können, wenn es ihm gelingt, die Lebensformen der einzelnen Volksschichten einander zu nähern und wenigstens für die Deckung der Existenzbedürfnisse einen Standard zu entwickeln, der allen Schichten gemeinsam ist. Dafür darf eine Verringerung der Einkommensunterschiede, die sich auch in der Hauptsache auf das Kappen der obersten Spitzen beschränken muß, weil sie sonst der wirtschaftlichen Aktivität gefährlich würde, nur ein kleiner erster Schritt sein. Auf dem Gebiet der Gesundheitspflege ist schon heute sehr viel geschehen. Auch der Arbeiter kann jetzt, wenn er es nötig hat, sich mit Röntgenstrahlen behandeln lassen, er findet bei einigem Glück auch im städtischen Krankenhaus einen Professor, der für seinen Fall Spezialist ist, die Kasse schickt ihn ins Sanatorium. Fast alle diese Dinge sind für den Proletarier noch immer in viel weniger vollkommenen Formen und mit geringerer Sicherheit zu haben als für die Reichen, aber sie sind ihm nicht mehr verschlossen. Vorstellungen über gesundheitliche Notwendigkeiten sind in ungeahnt raschem Tempo in die Bedürfnisskala der Massen eingegangen. Kann sich das gleiche nicht morgen auf vielen anderen Gebieten vollziehen? Auf dem Gebiet der Volkshygiene hat man so Großes erreicht, weil es sich ergab, daß die Anwendung von Heileinrichtungen im Einzelfall wenig kostspielig ist, wenn diese Einrichtungen für eine sehr große Masse bereitgestellt werden und die Frequenz daher eine sehr hohe ist. Gilt nicht die gleiche Regel auch auf vielen anderen Gebieten? Wir sehen schon Ansätze: Es kann in Wohnblocks ohne wesentliche Mieterhöhung Rasenspielplätze und Planschbecken für Kinder geben, wie sie sonst nur in den Gärten von Luxusvillen vorhanden waren, Aufenthaltsräume und Hausbibliotheken, wie sie sonst nur der schwerreiche Mann sich leisten konnte. Natürlich, das alles ist, vom Standpunkt des Individuums aus gesehen, mit dem Mangel behaftet, daß viele sich darein teilen müssen. Aber je mehr die Qualität dessen, was zur Kollektivbenutzung geboten wird, durch Ausnutzung der besonderen wirtschaftlichen Möglichkeiten die Qualität der individuellen Genüsse übertrifft, die sich der einzelne für sich allein schaffen kann, um so mehr wird auch ein beschränkter Verzicht auf Individualisierung des Konsums als erträglich empfunden werden. Damit wird der Weg frei für eine Angleichung der Lebensgewohnheiten. In Amerika hat man das für eine breite Schicht vom qualifizierten Arbeiter bis zum gehobenen Mittelstand zu einem guten Teil erreicht: Die Mehreinkommen werden für Sondergenüsse ausgegeben, für „Luxus" im engeren Sinne des Worts, der Stil des täglichen Lebens aber unterscheidet sich längst nicht mehr so von Grund auf wie früher. Nun mag vieles an dieser amerikanischen Form der Zivilisation für uns unerträglich sein. Aber es ist auch keine Rede davon, daß in der Differenzierung unserer heutigen äußeren Lebensgewohnheiten ein unersetzlicher Wert läge. Man kann ganz ebensoviel Sinn für geistige Dinge haben, man kann ebensoweit davon entfernt sein, seine Interessen auf das Auto und das Fußballspiel zu beschränken, wenn man seine Ruhestunden in dem gemeinsamen Erholungsraum eines Wohnblocks verbringt, oder wenn man mit seiner Familie in dem gemeinsamen Speisesaal eines Boardinghauses aus gemeinsamer Küche ißt, als wenn man nur in seinen eigenen vier Wänden sitzt. Die Vorstellung, daß das Massenprodukt notwendig schlechter sei als das individualisierte Erzeugnis, sollte uns ja schon der Kapitalismus gründlich abgewöhnt haben. Die Angleichung der Konsumgewohnheiten ist nichts spezifisch Sozialistisches. Sie erleichtert jede Wirtschaft, aber sie erleichtert freilich eine sozialistische Wirtschaft besonders. Denn wo die täglichen Lebensbedürfnisse sich aneinander angeglichen haben, da kann der Staat mit viel geringerer Schwierigkeit die Aufgabe übernehmen, diese täglichen Bedürfnisse, soweit sie wirklich als unabweisbar empfunden werden, mit Sicherheit zu befriedigen.

V. Zur Soziologie des Sozialismus

a) Sozialismus und persönliche Freiheit

Jede Wirtschaftsordnung hat sich nicht nur an ihren Leistungen in der Produktion zu bewähren, sondern auch an dem Verhältnis, das sie zwischen den Menschen schafft. Der Kapitalismus erzeugt Feindschaft durch Konkurrenz. Der Sozialismus mildert die Konkurrenz und damit die Feindschaft. Aber sind seine Wirkungen auf das Verhältnis von Mensch zu Mensch überall von solcher Art, daß man sie bejahen kann? Seitdem es Sozialismus als Forderung gibt, ist das von seinen Gegnern immer mit Leidenschaft bestritten worden. Würde der Sozialismus, so hieß es, selbst ein besseres System der Produktionsorganisation darstellen als die Verkehrswirtschaft, so müßte er doch verworfen werden, weil es im Sozialismus keine Freiheit geben könne[1]. Da man im Sozialismus nicht

---

[1] Besonders nachdrücklich noch in jüngster Zeit Stolper, „Die wirtschaftlich-soziale Weltanschauung der Demokratie", Berlin 1929, S. 38/39: „Demokratie erfordert als Bedingung und Grundlage ihrer Existenz Privateigentum, ohne das es keine Freiheit des Individuums geben kann. Wir wollen uns über die Tragweite dieses Punktes volle Rechenschaft ablegen. Wenn sich die sozialdemokratischen Massen darüber einer Täuschung hingeben, indem sie Sozialismus und persönliche Freiheit für vereinbar halten, so erklärt sich das nur damit, daß sie sich von jeder möglichen sozialistischen Gesellschaft keine oder eine unzulängliche Vorstellung machen. Man organisiere den Sozialismus, wie man will, man verzichte auf die Zwangsdiktatur einer privilegierten Minderheit, wie sie der Bolschewismus hat, und baue den Sozialismus selbst auf Mehrheitsbeschlüsse — auch dann wird er ein System der individuellen Unfreiheit, denn auch dann wird der millionenfach differenzierte Wille der Individuen in den Zwang der Organisation gespannt, selbst dann verschwinden die letzten Reste der Selbsthilfe, die der ärmste Arbeiter heute besitzt, weil es heute eine staatliche Instanz gibt, die über der Wirtschaft steht, während der Sozialismus Staat und Wirtschaft einander gleichsetzt, den Beklagten zum Richter in eigener Sache macht." In diese Sätze sind zwei verschiedene Argumente gedrängt: Das eine, hier nur angedeutete: Daß das Individuum Privateigentum brauche, um gegen den Staat geschützt zu sein. Dieses Argument hat in beschränktem Maße recht, oben im Text ist näher davon die Rede. Aber das Privateigentum kann nur denen Freiheit geben, die Eigentum besitzen, und zwar so viel Eigentum, daß sie davon leben können. Es kann zwar auch für die Masse nützlich sein, daß es Menschen gibt, die in diesem Maße frei sind, aber unmittelbar hat die Masse

durch erfolgreiche Selbstbehauptung gegen eine anonyme Konkurrenz, sondern durch Beförderung vorwärtskomme, die von vorgesetzten Stellen abhänge, so sei selbst der beste Sozialismus nur

---

nie an dieser Freiheit Anteil. Der zweite Gedanke Stolpers ist umgekehrt darauf gerichtet, daß das Individuum den Staat als Schützer brauche, um nicht von der Wirtschaft vergewaltigt zu werden, und daß der Staat für diese Schützerrolle untauglich sei, sobald er selbst nicht nur ausnahmsweise, sondern regelmäßig und im ganzen Bereich der Produktion Eigenwirtschaft treibe. Das ist aber doch nur eine Frage der inneren Dezentralisation der Staatsgewalt. Soweit es sich um gerichtlichen Schutz des Einzelnen gegen Übergriffe der staatlichen Wirtschaftsmacht handelt, ist sie im sozialistischen Staat ebensogut möglich wie im Kapitalismus der Rechtsschutz gegen den Staat als Fiskus und als Hoheitsträger. Und auch soweit der gerichtliche Schutz nicht in Betracht kommt, ist durchaus nicht einzusehen, warum „die letzten Reste von Selbsthilfe" verschwinden sollen. Jeder nichtbolschewistische Sozialismus wird die Gewerkschaften als unabhängige Organe aufrechterhalten, er wird ihnen im Parlament und in der freien öffentlichen Meinung die Möglichkeit sichern, gegen Mißstände in den Betrieben, wenn es nötig ist, die Allgemeinheit aufzurufen und mit demokratischen Mitteln die Abstellung dieser Mißstände zu erzwingen. Der Interessenausgleich, der Schutz der Minderheiten vor Vergewaltigung, gehört überdies zu den Aufgaben der Zentralverwaltung gegenüber den Betriebsgemeinden. Dabei werden Interessengegensätze im Sozialismus zwischen der „Wirtschaft" und dem Einzelnen, für die der Staat als Schiedsrichter in Betracht kommt, weit weniger häufig sein als heute. Denn die Wirtschaft ist eben dann eine Kooperation, in der die wirklichen Interessengegensätze vermindert und der Schein, der ihre Zahl vergrößerte und ihre Schärfe übersteigerte, zerflossen ist. Aber vergessen wir einen Augenblick dies alles: Unterstellen wir, der Staat sei als Schiedsrichter ebenso nötig, aber nicht so unparteiisch wie im Kapitalismus (die Unparteilichkeit des heutigen Staates gegenüber der kapitalistischen Wirtschaft hängt natürlich sehr stark von dem wechselnden Einfluß der einzelnen Gruppen auf seine Willensbildung ab). Dann ist immer noch die Frage unbeantwortet, wo der Einzelne bei einem Konflikt seiner materiellen und immateriellen Interessen mit irgendwelchen fremden Wirtschaftsinteressen besser geschützt ist. Denn im Kapitalismus, auch im sozialen Kapitalismus, den Stolper will, hat ja der Staat viel zu wenig Macht über die Wirtschaft, um sein Schiedsrichteramt in der Regel wirksam auszuüben. Nur selten kann er den Schwachen gegen den Starken schützen. Denn er ist machtlos gegen die Drohung irgendwelcher Unternehmergruppe, ihre Betriebe zu schließen oder einzuschränken, da er keinen Apparat hat, um sie in ihrer gesellschaftlichen Funktion zu ersetzen. Nur wo der Verletzte selbst über gute Waffen der Abwehr verfügt, also bei einem Kampf zwischen zwei Starken, kann auch in einer kapitalistischen Wirtschaftsordnung der Staat als Vertreter der öffentlichen Meinung und manchmal auch als Träger der Gesetzgebung den Ausschlag geben.

erträglich für Menschen, die sich in einem Beamtensystem wohlfühlen können. Das seien aber gerade nicht die stärksten Individualitäten. Diese fänden eben im Sozialismus auch keinen ihnen gemäßen Raum.

Es ist von vornherein sehr unwahrscheinlich, daß es irgendeine Organisationsform der Wirtschaft gibt, die nicht für das Verhältnis von Mensch zu Mensch ihre typischen Fehlerquellen hätte. Wenn man aber prüfen will, wo die „außerwirtschaftlichen" Fehlerquellen des Sozialismus liegen, wird man sich zunächst erinnern müssen, womit man ihn vergleicht. Auch in der Verkehrswirtschaft, sobald sie über die Stufe der vorwiegend bäuerlich-handwerklichen Produktion hinausgewachsen ist, hat sich der größte Teil der Menschen nicht unmittelbar vor der anonymen Konkurrenz, sondern — als Arbeitnehmer — zunächst vor dem Urteil von Vorgesetzten zu bewähren. Daß diese Vorgesetzten mittelbar oder unmittelbar, das heißt als leitende Angestellte, die einem Unternehmer dienen, oder als Unternehmer selbst der Konkurrenz ausgesetzt sind, kann für die Arbeitnehmer eine Freiheitsgarantie sein: Je mehr der Unternehmer unter dem Druck der Konkurrenz steht — und gegebenenfalls diesen Druck an den angestellten Betriebsleiter und dergleichen weitergibt —, um so weniger ist er in der Lage, seine Untergebenen nach anderen Gesichtspunkten zu wählen oder zu befördern als nach dem der Leistung, um so mehr vertritt er also dem Arbeitnehmer gegenüber einfach den Mechanismus der Konkurrenz. Je weniger er dagegen den Druck der Konkurrenz empfindet, um so mehr kann er es sich leisten, andere Auswahlgrundsätze der persönlichen Vorliebe, der politischen oder religiösen Gesinnung, der Unterwürfigkeit usw. anzuwenden, also das persönliche Schicksal des Untergebenen „willkürlich" zu bestimmen. Solcher Spielraum für willkürliche Entscheidungen war praktisch immer da. Der Druck der Konkurrenz, das Interesse des Unternehmers an der Auslese der besten Arbeiter hat nicht gehindert, daß jahrzehntelang sozialistische oder auch nur gewerkschaftlich organisierte Arbeiter in großen Teilen der deutschen Industrie keinen Platz finden konnten, in anderen mindestens nicht in Vertrauensstellungen kamen, wenn ihre politische Gesinnung oder Organisationszugehörigkeit bekannt wurde. Aber auch abseits jeder Politik ist es immer so gewesen, daß Protektion und die verschiedenen Methoden, Protektion zu erlangen, von erheblichem Einfluß auf die Erfreulichkeit des Arbeitsverhältnisses für den Arbeitnehmer waren. Der Spielraum war, vor allem gegenüber dem Arbeitnehmer mit besonderer Qualifikation, bald enger und bald weiter. Er hat, wie früher gezeigt wurde, im Hochkapitalismus die Tendenz, sich zu erweitern, weil mit der Konzentration und Durchorganisierung der Wirtschaft der Druck der Konkurrenz auch auf die leitenden Persönlichkeiten sich mindert: Selbst das einzelne Unternehmen ist durch Kartelle und Trustmonopole häufig gegen unmittelbaren Druck der Konkurrenz geschützt und kann die Folgen „unwirtschaftlicher" Auslese auf den Konsumenten abwälzen. Für die Großunternehmungen in Gesellschaftsform kommt noch etwas anderes hinzu. Auch wenn das Unternehmen den Konkurrenzdruck voll empfindet, so empfindet ihn doch der angestellte Direktor, der letzten Endes die Personalfragen zu entscheiden hat, nur sehr gemildert. Er kann sich ohne großes Risiko den Luxus gestatten, Personalpolitik nach „außerwirtschaftlichen Gesichtspunkten" zu treiben.

Ein Sozialismus der hier geschilderten Art trägt größere Freiheitsgarantien in sich als eine durchmonopolisierte Verkehrswirtschaft: Die einzelnen Unternehmungen, die miteinander in Wettbewerb stehen, haben das größte Interesse daran, ihr ganzes leitendes und ausführendes Personal nach dem Gesichtspunkt des wirtschaftlichen Erfolgs auszuwählen. Bürge der Sachlichkeit ist hier das G e w i n n i n t e r e s s e d e r e i n z e l n e n B e l e g s c h a f t e n. Diese Bürgschaft wird für den Alltag sicher genug sein: In Ausnahmefällen hat der Staat den Einzelnen gegen Vergewaltigung durch seine Gruppe zu schützen. Gerade in der Personalpolitik müssen ja die Befugnisse der Zentrale stark sein.

Nun mag sich die Sorge vor unsachlicher Personalpolitik und daraus folgenden unbilligen Beschränkungen der Meinungsfreiheit und der gesellschaftlichen Bewegungsfreiheit überhaupt eben gegen die Staatsaufsicht richten. Die Zentrale handelt als „vorgesetzte Behörde". Ihr Urteil ist allen Mängeln ausgesetzt, die in das Verhältnis von Vorgesetzten und Untergebenen sich überhaupt einschleichen können. Man kann auch nicht sagen, daß Freiheitsbeschränkung durch den Staat immer etwas ganz anderes ist als Freiheitsbeschränkung durch Private. Die privaten Monopolisten mögen sich häufig in ihren politischen und sozialpolitischen Neigungen und Abneigungen einig sein, sie haben immerhin nicht einen Willen, sondern viele, nach Richtung und Stärke verschiedene. Der Staat aber ist das Machtinstrument eines Willens — oder kann es wenigstens sein. Im Kapitalismus mag dem einen Wirtschaftsführer mißfallen, was dem anderen gefällt, und wer bei dem einen unbeliebt ist, kann bei den anderen beliebt sein. In der Staatswirtschaft bestehen solche Möglichkeiten des Ausgleichs nicht, da bestimmt, soweit keine Sicherungen gegen Willkür bestehen, der Wille des Herrschers oder der herrschenden Parteigruppe. Je mehr der Staat an wirtschaftlichen Unternehmungen besitzt, um so mehr kann die Beherrschung des Staats mißbraucht werden zur politischen Pfründenjägerei. Gewiß werden im Kapitalismus die leitenden Wirtschaftsposten nicht rein nach Verdienst und Fähigkeiten besetzt. Aber so schlimm auch die Bevorzugung aus persönlichen Gründen, die verwandtschaftliche oder freundschaftliche Protektion durch übergeordnete Persönlichkeiten oder bisherige Stelleninhaber sich manchmal auswirken mag, sie ist ungefährlicher und weniger korrumpierend für das öffentliche Leben als die systematische Bevorzugung von Mitgliedern bestimmter Parteien. Denn man kann nicht aus Spekulation auf bessere Karriere der Sohn oder der der Neffe eines Generaldirektors oder Aufsichtsratsvorsitzenden werden (auch der Schwiegersohn nur in Ausnahmefällen), aber man kann aus solcher Berechnung sehr wohl ein Parteibuch erwerben. Und in der Wirtschaft rächt sich politische Ämterpatronage noch stärker als in der öffentlichen Verwaltung, wo sie sich nicht vollständig vermeiden läßt und innerhalb gewisser Grenzen schon deshalb nützlich wirkt, weil die Verantwortung der regierenden Parteien stärker betont ist, wenn sie auch eine Anzahl nachgeordneter Posten besetzt. (Freilich erzeugt die größere Gefahr der Protektion in der Wirtschaft — das Risiko der errechenbaren Mißerfolge in Produktion und Güterverteilung — auch stärkere korrigierende Kräfte.)

Da der Sozialismus die wirtschaftlichen Kräfte zusammenfaßt und da diese Zusammenfassung notwendigerweise einzelnen ein außergewöhnliches Maß von Macht gibt, wie sehr man auch dezentralisierende Elemente in die sozialistische Wirtschaftsordnung einfügen mag, so ist die Demokratie im Sozialismus notwendiger als in jeder anderen Form der wirtschaftlichen Ordnung. Demokratie darf dabei nicht als reiner Mehrheitsabsolutismus verstanden werden. Eine demokratische Verfassung besteht nur dort, wo der Wille der Mehrheit entscheidet, wo aber auch keine Minderheit durch äußere Gewalt daran gehindert ist, zur Mehrheit zu werden, indem sie Anhänger wirbt. Das schließt die Freiheit der Werbung, also die Freiheit der öffentlichen Meinung ein. Diese Freiheit der öffentlichen Meinung ist die einzige Garantie für dauernde Verwaltungskontrolle, die es überhaupt gibt.

Das widerspricht nur scheinbar dem Anerkenntnis, daß Massen leidenschaftlich und unsachlich sein können. Eine Masse von Gleichgesinnten freilich handelt in der Regel mit geringerem Verantwortungsbewußtsein nach außen als der einzelne, weil das Gefühl, nur ein Teil der vielköpfigen Menge zu sein, und daher auch nur einen Teil der Verantwortung zu tragen, jeden aus der Masse hemmungsloser macht. Aber die Öffentlichkeit als Ganzes ist nicht in dem Sinn Masse, wie eine Versammlung oder ein kleinerer Kreis es sein kann. In ihr gibt es nicht lauter Gleichgesinnte. Wo öffentliche Verantwortung besteht, da besteht auch die Gewähr, daß Gegenkräfte mobil gemacht werden können, und daß sich jede Ansicht, die durchdringen oder ihre Herrschaft behaupten will, verteidigen muß. Ein offenkundiger Mißbrauch kann von einer Masse von Gleichgesinnten, die unter sich sind, durchaus gedeckt werden. Etwas ganz anderes aber ist es, wenn man einen Mißbrauch in der Öffentlichkeit zu verteidigen hat und dabei Gefahr läuft, an eine Gruppe von Andersgesinnten Anhänger zu verlieren. Nicht das ist das Gefährliche an der Diktatur, daß sie zeitweise den Willen der Mehrheit außer Kraft setzt, sie ist kaum weniger gefährlich, wenn sie mit dem Willen der Mehrheit zunächst in Einklang steht. Ihre schlimmste Wirkung ist, daß sie die öffentliche Kritik verhindert. Alle Macht, auch die eines Diktators, ist geistige Macht, weil ein Mensch allein mit seinen Händen, auch wenn er sie mit allen Mitteln der Zerstörung bewaffnet, seine Herrschaft nicht sichern kann:

Er vermag nur durch die Hände anderer zu regieren und braucht daher die Köpfe anderer für sich. Darum muß jeder Herrscher und erst recht jeder Diktator darauf achten, wie man über ihn denkt. Und da auf die Dauer — anders als in einzelnen Augenblicken der Erregung — auch keine Parteitruppe von der öffentlichen Meinung unberührt bleibt, so gibt es für niemand, der regiert, eine Unabhängigkeit von der öffentlichen Meinung. Wenn die Willkür sich Spielraum schaffen will, kann sie nichts anderes tun, als die Opposition von dem Einfluß auf die öffentliche Meinung fernhalten. Wenn man Willkür verhindern will, muß man Gewähr dafür schaffen, daß in der Öffentlichkeit jeder zu Worte kommt. Wo aber einer bestimmten Richtung unabhängig vom Wechsel der öffentlichen Meinung die Herrschaft garantiert ist, da muß diese Richtung notwendig die öffentliche Kritik hindern: Denn sonst müßte sie erfahren, daß ihr Recht auf Herrschaft brüchig wird, weil sie es gegen ein anders gerichtetes öffentliches Bewußtsein auf die Dauer nicht behaupten kann. Nur ein System, das grundsätzlich einen Wechsel der herrschenden Richtung zuläßt, verträgt öffentliche Kritik. Wer öffentliche Kritik will, muß daher ein solches System, ein in vollem Sinne demokratisches System wollen. Da der Sozialismus mehr als die heutige Verkehrswirtschaft Kritik braucht, muß jeder Sozialist die Demokratie wollen. Der demokratische Sozialismus wird aber auch die Gefahren bannen können, die der Freiheit der Meinung aus der Zentralisation von wirtschaftlicher und politischer Gewalt entstehen mögen.

b) Parteien im Sozialismus? Berufsständische Verfassung?

Die Sicherheit der freien Meinung ist besonders gewährleistet, wenn es echte Opposition nicht nur geben darf, sondern wirklich gibt. Echte Opposition gibt es nur in einem Parteisystem. Schon deshalb ist es eine wichtige Frage, ob im Sozialismus Parteien vorhanden sein werden.

Ist das Parteiwesen nicht nur das politische Spiegelbild des Klassenkampfs? Wird es also nicht mit dem Klassenkampf aufhören, wird dann nicht die Zeit beginnen, in der nicht mehr „Menschen regiert“, sondern nur mehr „Sachen verwaltet“ werden müssen, so daß alle politischen Gegensätze sinnlos würden? Man braucht durchaus nicht die materialistische Geschichtsauffassung in ihrer strengen Form für richtig zu halten, wenn man zugibt, daß in der Tat in allen Epochen der Geschichte der Teil der Ideologie, der aus der Eigenart der wirtschaftlichen Tätigkeit hervorgeht, in der Vorstellungswelt der Menschen einen ganz breiten Raum einnimmt. Auch wenn also in einer klassenlosen Gesellschaft die rein individuellen Unterschiede zwischen den Weltanschauungen nicht verschwinden würden, so könnte man doch fragen, ob sie noch parteibildende Kraft besitzen können. Würde man diese Frage verneinen und daraus schließen, daß es im Sozialismus überhaupt keine Parteien mehr geben wird, so käme man zu dem Ergebnis, daß die sozialistische Wirtschaftsordnung ein parlamentarisches System im heutigen Sinne überflüssig machte. Es würde dann naheliegen, für den sozialistischen Staat die politische Form einer berufsständischen Verfassung zu wählen, wie sie etwa das Sowjetsystem verkörpern würde, wenn hier nicht die berufsständischen Einrichtungen nur Verkleidung des Systems der Parteidiktatur wären.

Das berufsständische System, das es ja in einer auch nur einigermaßen reinen Form nur als Idee, nicht als Realität gibt, unterscheidet sich von dem parlamentarisch-demokratischen System mit seiner Gliederung der Wählerschaft in Parteien wie der Föderalismus vom Unitarismus. Wie die territorialen Glieder eines Föderativstaates, so sind die sozialen Gruppen im berufsständischen System im Genuß grundsätzlicher Souveränität, ein staatlicher Gesamtwille kann sich also im Prinzip nur durch Übereinstimmung, nicht durch Mehrheitsbeschluß bilden. Gewiß kann für minder wichtige Entscheidungen sehr wohl Mehrheitsbeschluß der leitenden Körperschaften zugelassen oder vorgeschrieben sein. Aber für die entscheidenden Fragen wäre eine Verfassung, die gegenseitige Überstimmung vorsieht, als staatsrechtliche Beziehung zwischen berufsständischen Gruppen aus dem gleichen Grund unmöglich, der die Anwendung des Mehrheitssystems auf das Verhältnis nationaler oder religiöser Mehrheiten und Minderheiten ausschließt: Nur solche Gruppen sind bereit, sich überstimmen zu lassen, die einmal Aussicht haben, Mehrheit zu werden. Diese Aussicht besteht aber nur dann, wenn der Bestand der Gruppen durch Werbung geändert werden kann, wenn es also möglich ist, von einer Gruppe zur anderen hinüberzuwechseln. Nun kann man zwar von einer Partei zur anderen übergehen, weil man seine Gesinnung geändert hat, aber nicht von einem Berufsstand zum anderen. Nur wo es mehr als zwei Hauptgruppen von Berufsständen gibt, mag das Mehrheitssystem innerhalb einer berufsständischen Verfassung eine Zeitlang erträglich sein. Wenn z. B. das Wirtschaftsparlament aus Arbeitern, Industrieunternehmern und selbständigen Landwirten zusammengesetzt ist, mögen Arbeiter wie Industrieunternehmer gelegentlich in der Lage sein, mit den Landwirten zusammen eine Mehrheit zu bilden. Viel häufiger aber wird es vorkommen, daß der Minderheitsgruppe ein ziemlich geschlossener Block der anderen Gruppen gegenübersteht, weil diese ein für allemal entdeckt haben, daß ihre Interessengegensätze untereinander geringer sind als zwischen jeder von ihnen und der dritten Gruppe. Die Minderheit hat dann nur die Wahl, sich zu fügen oder Revolution zu machen. Das Mehrheitssystem läuft für sie auf völlige Entrechtung hinaus.

Das ist überdies die größte Schwierigkeit, die in der heutigen Demokratie das Eindringen klassenmäßiger Solidaritätsvorstellungen in die Parteien schafft. Aber solange es sich um Parteien handelt, und seien sie auch noch so stark auf den Klassenkampfgedanken festgelegt, bleiben doch die Grenzen zwischen ihnen flüssig. Jede von ihnen ist darauf eingestellt, der anderen Anhänger wegzunehmen, keine verzichtet auf die Behauptung, daß sie die Interessen der überwältigenden Mehrheit des Volkes vertrete, und daß es nur darauf ankomme, diese Mehrheit davon zu überzeugen. Daher wirbt jede Partei in allen Volksschichten, in denen Massen zu werben sind: Selbst die Kommunisten haben sich niemals nur an das Industrieproletariat gewandt. Das heißt aber nichts anderes, als daß jede Partei den Zwang auf sich nimmt, sich für ihre Taten nicht nur vor einer einzelnen Berufsschicht, sondern vor dem ganzen Volk zu verantworten. Das tut eine berufsständische Vertretung nicht: Hier ist jeder Vertreter nur seinem Berufsstand verantwortlich. Heute müssen die Parteien, so groß die berufsständischen Einflüsse auf sie auch sind, doch schon in sich einen Interessenausgleich vornehmen: Mit allzu einseitigen Forderungen, die einen

Berufsstand vor den anderen offenkundig begünstigen, können sie nicht vor die Wählerschaft treten. Für die Organisation des Berufsstands aber ist bewußte, äußerste Einseitigkeit das Lebensprinzip. Wer das bezweifelt, werfe doch nur einen Blick auf die Tätigkeit und das Wesen unserer wirtschaftlichen Interessentenverbände. Der Geist, den die Reden und Schriften der Syndizi spiegeln, wenn sie die Belange der organisierten Turngerätefabrikanten oder Wirkmaschinenerzeuger wahrnehmen, ist nicht gerade erfüllt von jener Rücksicht auf das Ganze, den die Romantiker des Ständewesens den Zünften nachrühmen und durch einen falschen Analogieschluß auch bei modernen Wirtschaftsorganisationen finden wollen. Der reine Interessenanwalt kann es sich gar nicht leisten, seinen Stand als Teil des Ganzen zu sehen. Denn dann müßte er zugeben, daß sein Stand für das Ganze aus eigenem Interesse Opfer zu bringen habe. Seine Aufgabe aber ist es, dafür zu sorgen, daß die Opfer von den anderen zu bringen sind. Seine Verhandlungserfolge und damit sein Ansehen vor seinen Verbandsangehörigen beruht darauf, daß er es versteht, sich mit möglichster Überzeugungskraft an allen Dingen, die etwas kosten, für unbeteiligt zu erklären. Er muß in den Verhandlungspartnern den Glauben erwecken, daß er gegebenenfalls auch die ärgste Schädigung der Gesamtinteressen riskieren werde, um die Sonderinteressen, die er zu vertreten hat, gegen andere Gruppen zu wahren, wenn diese nicht zu den gewünschten Zugeständnissen bereit seien. Es gibt für einen Organisationsanwalt gar kein schlimmeres handicap, als wenn er zu weitblickend ist und das Gemeinwohl über den Sonderinteressen nicht vergessen kann. Dabei ist das nicht etwa der Fehler der Syndizi, sondern die Syndizi müssen so sein, weil die Masse der Interessenten, die die Verbände füllen, es verlangt und nach der Mechanik beruflicher Interessenwahrung verlangen muß. Man kann also das Problem nicht etwa dadurch lösen, daß man das berufsmäßige Organisationsbeamtentum — wenn das überhaupt technisch möglich wäre — abschafft. Man darf auch nicht etwa annehmen, daß dieser Geist nur solange lebendig wäre, als es einen Kapitalismus gibt. Dieser Geist wird so lange da sein, als es wirtschaftliche Sonderinteressen gibt. Wohl findet sich heute in den Gewerkschaften im großen und ganzen nicht die gleiche Enge wie in den Interessenverbänden der Unternehmer. Aber soweit die Rücksicht auf Staat und Gesamtinteresse bei ihnen größer ist, kommt das nur von ihrer starken geistigen Beeinflussung durch die Parteien und bei der wichtigsten Gruppe, den Freien Gewerkschaften, von den Wirkungen des vielgeschmähten Klassenprinzips: Dem freigewerkschaftlich organisierten Eisendreher oder Dachdecker ist eben immer wieder eingeprägt worden, daß seine Sonderinteressen als Eisendreher oder Dachdecker zurückzutreten haben vor den großen Interessen der Arbeiterschaft überhaupt. Die Gesamtinteressen der Arbeiterschaft als Ganzes stehen den Allgemeininteressen schon recht nahe, aber die Konsequenzen des Klassenprinzips führen zuweilen noch weiter: Um eine sozialistische Regierung im Amt zu halten, um ihre Arbeit, die notwendigerweise auch auf die Interessen anderer Schichten Rücksicht nehmen muß, nicht zu vereiteln, kann eine Freie Gewerkschaft sich entschließen, selbst ein Sonderinteresse zurückzustellen, das mit den Interessen anderer Arbeiterschichten nicht in Konflikt geraten würde. Da aber in der sozialistischen Gesellschaft der Klassenkampf und mit ihm das Prinzip der Klassensolidarität aufhört, kann man nicht annehmen, daß in einer sozialistischen Gesellschaft die berufsständischen Organisationen auch nur die relative Weite des Gesichtskreises hätten, den man heute häufig bei den Gewerkschaften findet: Sie würden genau so kleinlich, genau so hartnäckig auf ihr Sonderinteresse bedacht sein wie der typische Unternehmerverband. Wer den Staat berufsständisch organisiert, ersetzt den Parteigeist überall durch den Geist des Syndikus[1]. Das gilt für den Sozialismus fast noch mehr als für den Kapitalismus.

---

[1] Es widerlegt diese These nicht, sondern bekräftigt sie, daß entgegen einer weit verbreiteten Meinung der berufsmäßige Organisationsanwalt — Gewerkschaftssekretär wie Unternehmersyndikus — sehr häufig die Gesamtinteressen viel besser würdigt als seine Verbandsmitglieder und einen oft heroischen Kampf gegen die Selbstschädigung durch jenen übersteigerten Berufsegoismus führt, zu dem die berufsmäßig organisierten Wirtschaftspersonen — besonders auf der Unternehmerseite — neigen. Unter den Syndizi findet man viele persönlich vortreffliche Männer, denen es oft genug widerlich sein mag, zu den wichtigsten öffentlichen Fragen vom Sonderstandpunkt ihrer kleinen Berufsgruppe aus kategorische Forderungen aufzustellen, deren Verwirklichung heilsamen Entscheidungen entgegenstände. Die Unsachlichkeit der Verbandskämpfe ist nicht die

Zwischen Berufsständen, die ja einander nicht in der Exekutive ablösen können, kann sich das Verhältnis von kontrollierender Opposition zu verantwortlicher Regierung nicht herausbilden, das für die moralische Gesundheit jedes Regierungssystems lebenswichtig ist. Das parlamentarische System ist bei allen seinen häufigen Funktionsstörungen staatspolitisch unendlich vollkommener als die von so vielen ersehnte Föderation der Berufsstände. Aber ist das parlamentarische System im Sozialismus überhaupt möglich? Sind im sozialistischen Staat genug parteibildende Kräfte vorhanden? Läßt sich in einer modernen Wirtschaft das proletarische Klassenprinzip als Schiboleth der politischen Parteien ersetzen?

Da der Staat Generalunternehmer ist, fällt das Lohnproblem im bisherigen Sinn weg. Es bleibt aber die Frage, wie die einzelnen Arbeitsverrichtungen gewertet werden sollen, vor allem ist das Wertverhältnis zwischen qualifizierter und unqualifizierter, leitender und ausführender Arbeit zu bestimmen. Man kann als sicher annehmen, daß es in einem sozialistischen Staat eine Partei geben wird, die eine möglichst radikale Ausgleichung aller Einkommensunterschiede anstrebt und sich dabei hauptsächlich auf die Massen der unqualifizierten Arbeiter stützt; mit ihr kämpfend eine andere Partei, die den Wert der Arbeitsqualifikation betont und natürlich vor alem aus den Trägern qualifizierter Funktionen bestehen wird. Beide Gruppen werden ihre Ideologie entwickeln, beide werden mit allen Mitteln der Werbung die Stimmen der Zwischenschichten zu gewinnen suchen. Der Gegensatz wird nicht so scharf sein, daß er, wie im Kapitalismus der Kampf zwischen Proletariat und Bürgertum, die Fundamente der Gesellschaft zu sprengen droht. Aber er wird für beide Gruppen wichtig genug sein, um dem Kampf parlamentarischer Parteien eine Grundlage zu geben.

Es ist unwahrscheinlich, daß mit diesem Gegensatz zwischen qualifizierter und unqualifizierter Arbeit die Parteigegensätze im Sozialismus sich erschöpfen würden. Denn so viel ist eben doch an

Schuld von Personen, sondern die Schuld des Organisationsprinzips, und muß erduldet werden, weil man die Organisationen nicht beseitigen kann (obwohl sie sich vermindern ließen). Aber vor einem Staat, dessen Willensbildung auf diesen Geist eingestellt wäre, würde es wohl auch den heutigen Verfechtern der berufsständischen Ideologie grausen.

der materialistischen Geschichtsauffassung nicht richtig, daß etwa nur Ideologien auf der Grundlage wirtschaftlicher Gegensätze zu Parteibildungen führen können. Der Gegensatz der Klassen im Kapitalismus und die weltanschaulichen Auswirkungen dieses Gegensatzes haben oft alle anderen Gegensätze überdeckt. Verschwindet der Kapitalismus und mit ihm der Klassencharakter der wirtschaftlichen Gegensätze und damit wieder ihre heutige Intensität, so können sehr wohl die Verschiedenheiten der Lebenstimmung dazu führen, daß gleichgestimmte einzelne sich zu Kampfgemeinschaften zusammenschließen, um die Konsequenzen der Lebensauffassung im Aufbau und Handeln des Staates zur Geltung zu bringen. Auch diese Gemeinschaften werden im Parlament des sozialistischen Staates als Parteien erscheinen.

Der Staat des Sozialismus wird also ein Parteistaat sein müssen und können. Wie der heutige Staat kann er, wenn er demokratisch regiert werden soll, nur parlamentarisch regiert werden. Er kann sich die Vorzüge des Parlamentarismus zunutze machen und wird seine Problematik zu ertragen haben.

c) Demokratie und Wirtschaft im Sozialismus

Der Sozialismus befreit die Demokratie von einer Reihe von Hemmungen. Ein kapitalistischer Staat mit demokratischer Verfassung leidet unter dem Auseinanderfallen von wirtschaftlicher und politischer Macht. Die politische Macht liegt bei den Massen, die Wirtschaftsleitung ist wenigen anvertraut, nicht als ein Amt, das sie letzten Endes nach dem Willen der Massen zu führen hätten, sondern als ein Führeranspruch aus eigenem Recht. Das führt immer wieder dazu, daß die wirtschaftliche Macht mißbraucht wird, um politische Macht zu erwerben oder zu stärken, und daß schon zur Abwehr die politische Macht in die Wirtschaftsleitung eingreift, ohne wirtschaftliche Verantwortung zu tragen. Damit räumt der Sozialismus auf. Aber wenn bestimmte Gefahren für die Existenz und das Funktionieren einer echten Demokratie in der sozialistischen Wirtschaftsordnung beseitigt sind, so sind andere dafür geschaffen.

Der Staat des Sozialismus muß die Oberleitung der Wirtschaft an sich nehmen. Der demokratisch bestimmte Volkswille soll also entscheiden, was wirtschaftlich geschieht. Zur demokratischen Entscheidung geeignet sind aber nur einfache, klare Fragen. Zwar sind alle grundsätzlichen Fragen einfach. Aber im täglichen Leben kommt es nicht auf grundsätzliche Lösungen, sondern auf die Beantwortung von Einzelfragen an. Wohl würde es durchaus genügen, wenn die Massen selbst die Richtung anzugeben hätten und die Bestimmung der einzelnen Schritte den Technikern der Wirtschaft überließen. Aber auch das setzt voraus, daß sich gewissenhafte politische Vertrauensleute mit vollkommener Kenntnis der Wirtschaftstechnik finden, die ohne Verschiebung und Verzerrung den letzten Sinn der wirtschaftlichen Entscheidungen vor die Massen stellen. Werden diese zuverlässigen Vertrauensleute immer vorhanden sein? Werden sie den Massen klarmachen können, wo ihre wirklichen Interessen liegen, und wo die Versuchungen, die sie meiden müssen?

Wer die Wirtschaft leiten will, der muß viele Dinge tun, die Gruppenwünsche und Massenwünsche enttäuschen. Schon in der kapitalistischen Wirtschaft fällt es schwer, solche Dinge durchzusetzen. Die Stillegung öffentlicher Betriebe, die in bestimmten Gegenden Arbeitslosigkeit schafft, mag noch so sehr wirtschaftlich geboten sein, sie ist politisch oft unmöglich. Was für den Privaten in der kapitalistischen Wirtschaft ohne weiteres als erlaubt gilt, die Beseitigung zahlreicher selbständiger Existenzen durch Konzentration der Unternehmungen, wird als eine Untat bekämpft, wenn der Staat sie unternimmt. Aus diesem Grunde pflegt man z. B. mit der Errichtung von Staatsmonopolen, deren Rentabilität eine Konzentration von Produktions- und Handelsunternehmungen voraussetzt, zweckmäßigerweise solange zu warten, bis der Konzentrationsprozeß durch die überlegene Konkurrenz einzelner privater Unternehmungen in der Hauptsache beendet ist und nur noch die „Expropriateure zu expropriieren“ sind. Der Staat muß dann zwar nach den geltenden Entschädigungsgrundsätzen gewöhnlich viel größere Summen aufwenden, um diese nun sehr rentablen Riesen-Unternehmungen abzufinden, er fährt aber dennoch besser als bei früherem Eingriff, denn der Privatkapitalismus hat ihm eine Arbeit abgenommen, die er selbst nicht leisten könnte. Die Schwierigkeit, unpopuläre Dinge durchzuführen, wird auf wirtschaftlichem Gebiet natürlich um so öfter auftreten, je mehr der Staat wirtschaftlich bedeutet; sie würden also, wenn sonst sich nichts ändert, im Sozialismus häufiger sein als in der kapitalistischen Wirtschaftspolitik. Der Sozialismus braucht deshalb einen besonderen Schutz des wirtschaftlich Vernünftigen gegen die öffentliche Meinung, wenn diese der Versuchung unterliegt, gegenwärtige Opfer auf Kosten des künftigen Wohlstands zu vermeiden. Dabei versteht es sich von selbst, daß der Sozialismus ganz anders als die heutige kapitalistische Wirtschaft dafür wird sorgen müssen, daß die Opfer wirtschaftlicher Umstellungen, die der Allgemeinheit zugute kommen, auch von der Allgemeinheit getragen werden, so daß die Rationalisierung des einzelnen Betriebs oder seine Stillegung im Interesse der Gesamtproduktion nicht für die bisher darin Tätigen Hunger und Elend bedeutet. In jedem Fall aber werden solche Maßnahmen wirtschaftlich und politisch unbequem sein, und auch vielen anderen wirtschaftlichen Notwendigkeiten wird nicht ohne Opfer genügt werden können.

Wie die geschichtliche Erfahrung der kapitalistischen Periode gezeigt hat, ist es keineswegs ein hoffnungsloses Beginnen, bestimmte Grundsätze gesunder Wirtschaftsführung so stabilisieren zu wollen, daß sie vom Wechsel der regierenden Parteien im parlamentarischen System unberührt bleiben. Die Wissenschaft und in der Folge die öffentliche Meinung haben manche wirtschaftlichen Sünden so gebrandmarkt, daß für eine Partei schlechthin kein Vorteil darin liegen kann, sich auch nur dem Verdacht einer solchen Sünde auszusetzen. Dazu gehört z. B. eine inflationistische Währungspolitik. Dadurch sind, wie jedermann weiß, die Inflationen nicht etwa ein für allemal verhindert worden. Aber keine Partei hat es noch gewagt, eine Inflation gegen den Widerspruch einer anderen Partei durchzuführen. Wo es zur Inflation kam, da war die öffentliche Meinung einig, zwar nicht im Willen zur Inflation, aber im Willen zur Beschreitung solcher Wege, die zur Inflation führen mußten. Gegen eine Einigkeit im Irrtum oder in der Willensschwäche aber gibt es natürlich keine verfassungspolitischen Sicherheiten, solche Fälle sind unter jeder Verfassung möglich. Das Äußerste, was eine Verfassung leisten kann, ist erreicht, wenn der Vorwurf einer ungesunden Wirtschaftspolitik im Mund der Opposition so stark wirkt, daß er die Regierungsparteien entweder dazu zwingt, den Vorwurf zu widerlegen oder von ihren Maßnahmen abzustehen. Soweit der Schutz des Währungssystems vor Inflation in Betracht kommt, ist das im großen und ganzen erreicht.

Es gibt auch heute schon andere Grundsätze vernünftiger Wirtschaftspolitik, die außerhalb des Streites der Parteien stehen und von jeder Partei, wenn sie am Ruder ist, respektiert werden. Dazu gehören besonders in England die finanzpolitischen Grundsätze, die eine ungerechtfertigte Vorbelastung der künftigen Staatshaushalte zugunsten der Gegenwart verhindern sollen. In Ländern ohne solche alte finanzpolitische Kultur, wie England sie besitzt, sind diese Grundsätze weniger gut stabilisiert und werden öfter durchbrochen. Aber die Möglichkeit, hier eine starke Tradition zu schaffen, ist praktisch erwiesen.

Diese Erfahrung der parlamentarischen Demokratie muß sich der Sozialismus zunutze machen. Er braucht eine Tradition für seine Staatswirtschaft. Man müßte also klare eindeutige Grundsätze gesunder Wirtschaftsführung herausarbeiten und diese bei Wissenschaft und Praxis zur Anerkennung bringen. Die Schwierigkeit liegt nicht so sehr darin, solche Grundsätze überhaupt aufzustellen, sondern sie klar abzugrenzen gegen die Sphäre, die der politischen Entscheidung unterworfen bleiben soll. Denn der Sinn des sozialistischen Systems ist es ja gerade, daß das Volk über die Führung der Wirtschaft, soweit sie eine Angelegenheit der Willensentscheidung ist, ebenso bestimmen soll wie über Fragen des Verfassungslebens oder etwa der auswärtigen Politik.

Hier erwächst der Wirtschaftswissenschaft eine große Aufgabe. Sie muß Ernst machen mit der Trennung von Werturteil und Seinsurteil, also mit der Vermischung von Forschung und Politik. Wo beide nicht klar geschieden sind — was nicht die sinnlose Forderung bedeutet, daß politische und wissenschaftliche Elemente nicht in der gleichen Schrift oder im gleichen Kolleg vorkommen dürfen —, solange steht jeder Vertreter der Wissenschaft im Verdacht, seine Forschungsziele mit seinen Wünschen gewaltsam in Übereinstimmung zu bringen. Das wissenschaftliche Urteil kann, solange sich das nicht ändert, nur bei denen Autorität haben, die sich politisch mit dem Urheber dieses Urteils einig wissen. Die

Wissenschaft in ihrem heutigen Zustand könnte also den Führern der Wirtschaft im Sozialismus nicht dadurch helfen, daß sie es möglich macht, sich auf unangreifbare Wahrheiten wirkungsvoll zu berufen. Aber man darf hoffen, daß sie über ihren heutigen Zustand hinauskommt, daß sie fähig wird zu der Leistung, die Grenze zwischen der Willensentscheidung des souveränen Volkes und den sachlichen Notwendigkeiten aufzuzeigen, die von jedem Willensstandpunkt aus respektiert werden müssen.

Um diese Grenze für jeden Einzelfall sichtbar zu machen, wird der Sozialismus eine besondere Technik der Sachverständigenkommissionen entwickeln müssen. Auch dieser Einrichtung hat sich der Parlamentarismus kapitalistischer Länder oft mit großem Erfolg bedient. In dem Stab fachkundigen Personals, den der Sozialismus aus der Verwaltung des Betriebs zur Verfügung hat, wird ein Reservoir wertvoller Kräfte für solche Ausschüsse vorhanden sein.

Die natürliche Autorität dessen, was unparteiische Sachverständige und wissenschaftliche Forscher als richtig erkannt haben, und die aus Bewährung und Vertrauen erwachsene Autorität politischer Führer werden sich gegenseitig stützen müssen. Daß starke Führerautorität aus der Demokratie erwachsen kann, beweist gerade die Geschichte der Arbeiterbewegung mit größter Eindringlichkeit. Die gewerkschaftlichen und politischen Führer der Arbeiter sind längst gewöhnt, den Massen auch unangenehme Wahrheiten zu sagen, und die Massen sind gewohnt, sie sich von den Männern ihres Vertrauens sagen zu lassen. Wenn das heute nicht mehr mit gleichem Erfolg geschieht wie früher, so trägt daran einen Teil der Schuld, daß die Führer nicht mehr als Interpreten grundsätzlicher Erkenntnisse auftreten können, die den Massen als unangreifbare Wahrheit erscheinen, wie es zur Blütezeit des Marxismus der Fall war. Aber es ist im Kapitalismus überhaupt unmöglich, das Kernobjekt der wirtschaftlichen Entscheidungen den Massen zu Bewußtsein zu bringen, und damit fehlt hier die Möglichkeit wirtschaftlicher Aufklärung im tiefsten Sinn.

Mit bloßen Sicherungen läßt sich die Aufgabe, dem Volkswillen die Souveränität über die Wirtschaft zu schaffen und dabei die Sachlichkeit der Entscheidung zu sichern, überhaupt nicht meistern. Man wird vor allem an die großen positiven Kräfte appellieren müssen, die aus dem demokratischen Entscheidungsrecht über die Wirtschaft herauswachsen können. Erst der Sozialismus nimmt von der Demokratie den Fluch, daß in ihr die verantwortliche politische Gewalt auf dem Lebensgebiet, das den Massen das wichtigste ist, nur Teilentscheidungen zu treffen hat. Sie bestimmt heute wirtschaftsrechtliche Vorschriften, sie setzt Löhne oder andere einzelne Faktoren der Preise fest, der Ausgleich des Ganzen aber, die Anpassung des Produktionsumfangs an die Gesamtkosten und die Bestimmung der Produktionsrichtung bleibt samt der Macht, die aus dieser großen Funktion erwächst, dem Privatunternehmertum überlassen. Das heißt nichts anderes, als daß die Demokratie überhaupt darauf verzichten muß, die letzten Wirkungen ihres wirtschaftspolitischen Handelns zu beherrschen, und das wiederum führt notwendig dazu, daß sie vor ihnen die Augen verschließt, weil sonst der politische Kampf von seinem Sinn zu viel verlieren würde. Wer die Dinge sieht wie sie sind, der kann in der kapitalistischen Demokratie den wirtschaftspolitischen Kampf um die Einzelfragen nur selten mehr im vollen Sinne ernst nehmen. Die liberalen Wirtschaftspolitiker haben ja recht, wenn sie sagen, daß der Kampf um den Lohn zum geringsten Teil ein Kampf zwischen Arbeiterinteressen und Unternehmerinteressen ist, daß er weit mehr einen Kampf bedeutet zwischen dem Arbeiterinteresse an hohem Gegenwartseinkommen und dem anderen Arbeiterinteresse an starker Kapitalbildung, also an starker Ausrüstung der Arbeitskraft mit Produktionsbehelfen, also an hohem Zukunftseinkommen. Die Staatsmacht, die die Löhne erhöht, ist nur in ganz geringem Umfang in der Lage, dem Unternehmer wirklich etwas wegzunehmen und es den Arbeitern zu geben. Sie ist in der Hauptsache nur in der Lage, dem Arbeiter in der Gegenwart etwas zu geben auf Kosten seiner eigenen Zukunft. Nicht viel anders steht es bei den Zöllen: Die Wirkung einer Zollerhöhung tatsächlich zu bestimmen, das heißt festzustellen, wo in der Wirtschaft die Wirkung im einzelnen Fall wirklich endet, ist selbst für den geschulten Wirtschaftspolitiker ganz unmöglich. Der Staat hat nur das erste in der Hand. Sobald er durch seinen Eingriff eine bestimmte Preisgröße verändert hat, hört seine Macht auf, und das weitere verliert sich in den unentwirrbaren Beziehungen der Privatwirtschaften. Das gilt schon von der einzelnen Position, erst recht gilt es von einem ganzen System. Welcher gewissenhafte Wirtschaftspolitiker kann behaupten, daß er wisse, ob die Mehrzahl der mittleren Bauern unter den heutigen Verhältnissen bei allgemeinem Freihandel oder bei dem System eines gemäßigten Zollschutzes besser fahre? Man kann eindeutig Unsinniges für unsinnig erklären, z. B. die deutsche Zollpolitik seit 1929. Aber eine exakte Feststellung des Richtigen ist selbst einem Sachkenner meist unmöglich: Wie kann man abschätzen, welche Fortschritte der Butter- und Fleischkonsum in Deutschland machen würde, wenn die Zollbelastung durch Getreide- und Industriezölle wegfiele? Also kann man auch nicht sagen, ob die Absatzsteigerung für bestimmte Produkte dem Landwirt mehr Nutzen brächte, als er durch den Wegfall des Zollschutzes für diese und für andere Produkte verlieren würde. Daß die Abwälzung der meisten Steuern völlig unübersehbar ist, das ist schon beinahe zum Gemeinplatz geworden — was nicht verhindert hat, daß man in der politischen Praxis noch immer etwa die Lohnsteuer als eine Steuer des Arbeiters, die ganz gleichgeartete Lohnsummensteuer vieler preußischer Gemeinden aber als eine Steuer des Unternehmers ansieht.

Die heutige Politik steht vor der Wahl, entweder dem Staatsbürger klar zu machen, daß sie für das, was ihm das Wichtigste ist, nur Tatsachen schaffen kann, ohne ihre Folgen zu überblicken — und dann würden neun Zehntel aller Menschen die Politik überhaupt nicht mehr ernst nehmen, denn von den reinen Weltanschauungsfragen fühlen sie sich nicht genug ergriffen —, oder sie muß sich so verhalten, als wüßte sie nicht, daß die nächsten Wirkungen nicht die endgültigen sind, sie muß den einzelnen aufrufen, Maßnahmen für Zwecke zu fordern, die diese Maßnahmen nur auf erster Stufe, aber nicht endgültig erreichen können. Sie muß also den Massen vorspiegeln, daß die Dinge einfach seien, während sie in Wirklichkeit kompliziert sind. Es handelt sich hier nicht um eine Weglassung unwesentlicher Einzelheiten, die durchaus zulässig und unschädlich wäre und wohl in der einen oder anderen Weise immer notwendig sein wird, sondern um eine Verzerrung des Bildes. Das ist die eigentliche Korruption der modernen Politik, viel wichtiger und viel schlimmer als dieser oder jener Finanzskandal, als die eine oder andere Form der Parteischiebung: daß der Politiker die Wirtschaft nicht so sehen darf wie sie ist, weil er sonst unter den Bedingungen, die heute staatlichem Wirken gestellt sind, zu sehr darin gehemmt wäre, Massen zu wirtschaftspolitischem Wollen aufzurufen. Es ist die Stärke der Parteien, die das Weltanschauliche betonen, daß sie jenseits dieser Sphäre der Unwahrheit einen Haltepunkt haben, der freilich in einem stets lockerer werdenden Boden liegt. Es ist die Stärke der sozialistischen Parteien, daß sie jenseits dieser in sich sinnlosen wirtschaftlichen Tagespolitik eine neue Wirtschaftsform schaffen wollen, in der diese Unwahrheit nicht mehr vorhanden ist.

Wie es mit der Wirtschaftspolitik heute wirklich bestellt ist, darüber wissen die Politiker selbst nur unvollkommen Bescheid. Kein Wissen, aber eine starke Ahnung davon ist in die Massen, ist besonders in die Jugend gedrungen. Was bedeutet das Gefühl, daß es sich bei dem Kampf der Parteien um künstlich überspitzte Parolen, um Dinge handle, die nicht wirklich wichtig sind, was bedeutet das Ausbiegen vor diesen Losungen in mystisch begründeten Radikalismus oder in bewußte Interessenpolitik denn anderes als die mehr oder minder klare Vorstellung, daß den Forderungen der Parteien der Lebenswert fehlt? Er kann ihnen aber nur fehlen, weil das, was ihre Programme als Folge der gewollten Maßnahmen verheißen, gar nicht wirklich deren Folge ist. Und es kann ihre Folge nicht sein, weil die meisten staatlichen Maßnahmen im kapitalistischen System nur die erste Stufe der wirtschaftlichen Vorgänge setzen, mit der das Ende noch in keiner Weise gesetzt ist.

Ist das alles unabwendbar bedingt durch die Komplikation des modernen Wirtschaftsbetriebs? Sind wir dazu verurteilt, als Gesamtheit Willensentscheidungen über die Wirtschaft, die wirklich Entscheidungen sind, überhaupt nicht mehr treffen zu können? Das wäre nicht nur ein Todesurteil für die Demokratie, sondern ein Todesurteil für den Staatsgedanken überhaupt. Das Staatsgefühl kann nicht leben, wenn das tägliche Dasein des einzelnen unabhängig ist von den Handlungen des Staats oder doch von deren beherrschbaren Wirkungen. Darum brauchten Justiz, Polizei, öffentliche Verkehrsfürsorge usw. noch nicht aufzuhören. Aber der Staat würde aufhören, weil zu seiner Existenz mehr gehört als das

Weiterbestehen einiger gemeinsamer Einrichtungen, deren mechanisches Funktionieren gesichert ist. Nur so lange gibt es einen Staat, als es organisiertes Wollen der Menschen gibt. Es ist ein trauriges Geschäft, den Menschen zu zeigen, daß ihre politischen Ideale Scheinideale sind. Könnte man nichts weiter sagen, als daß es sinnlos ist, im heutigen Kampf um Lohnerhöhungen, soziale Fürsorge, Zollpolitik einen wirklichen Zusammenstoß entgegengesetzter Willensrichtungen und nicht nur eine mechanische Reibung kurzsichtiger Interessen zu sehen, dann hätte man bewiesen, daß es überhaupt keine innerlich wahre Wirtschaftspolitik, also überhaupt keine lebensnahe und dabei wahre Politik geben kann. Wer aber einmal begriffen hat, was alles Politik ist, der weiß auch, daß das nicht viel weniger bedeuten würde als die Ausrottung jedes Weltbildes, in dem andere Dinge wichtiger sind als der Schutz der eigenen Person vor den Unannehmlichkeiten des Daseins. Das vor allem haben wir vom Sozialismus zu hoffen: daß er uns das Recht zurückgibt, wirtschaftspolitische Dinge im vollen Sinn ernst zu nehmen, wirtschaftspolitische Kämpfe und damit politische Kämpfe überhaupt nicht mehr als Scheinkämpfe zu empfinden. Das vermag er, weil die Sinnlosigkeit der meisten wirtschaftspolitischen Gegensätze nur so lange besteht, als das wirtschaftspolitische Handeln nicht auf den Endzweck, sondern nur auf vorläufige Ziele abgestellt werden kann. Für die Wirtschaftspolitik des Sozialismus, die wirklich für das ganze wirtschaftliche Geschehen verantwortlich ist, steht das Endergebnis selbst zur Entscheidung: Es handelt sich wirklich darum, ob mehr für die Gegenwart oder mehr für die Zukunft gearbeitet werden soll, wie groß der Teil des Arbeitsprodukts sein soll, der der Versorgung der nicht mehr Arbeitsfähigen zu dienen hat, welche Reserven die Wirtschaft als Ganzes auf Kosten des laufenden Verbrauchs zurückstellen soll, um gegen Verengung des Lebensspielraums durch wirtschaftliche Unglücksfälle Vorsorge zu treffen. Die Zentralisation der großen wirtschaftlichen Entscheidungen, die durch das Selbstverwaltungsrecht der Gruppen im einzelnen nicht aufgehoben zu werden braucht, schafft eine Durchsichtigkeit der Wirtschaftspolitik, an der die Demokratie gesunden kann.

Auch im Sozialismus wird der Zusammenhang zwischen Zweck und Mittel nicht von vornherein für die Masse kontrollierbar sein. Der Zusammenhang wird angegriffen werden, er wird umstritten sein, er wird auch nicht selten dort, wo er wirklich vorhanden ist, von eigensüchtigen Interessen geleugnet werden. Aber das alles soll und kann im politischen Kampf ausgetragen werden. Es wird nicht mehr der Zustand da sein, daß ein Mittel zu einem Zweck fast stets nur durch eine Fiktion, durch eine Unwahrheit in Beziehung gebracht werden kann. Die Wirkungen der wirtschaftlichen Maßnahmen werden grundsätzlich übersehbar. Daß sie nicht von vornherein allen verständlich sind, wird sich mit der Zeit beheben lassen. Die einzelnen werden, wenn nicht von vornherein berechnen, so doch hinterher erproben können, ob die Wirkungen eintreten, die von den Befürwortern der einen oder anderen Maßnahme verheißen worden sind. Es werden nicht mehr zahllose, durch keine Erkenntnis aufzulösende Abwälzungsvorgänge diese Wirkungen verschleiern. Nur der Sozialismus kann die Einheit der Verantwortung für die Wirtschaft herstellen, die, wie die Einheit der Verantwortung überhaupt, die unentbehrliche Grundlage allen modernen Staatslebens ist.

VI. Gefahren für die europäische Industriewirtschaft?

Die Aufgabe, die der Sozialismus sich zu stellen hat, hängt zu einem wesentlichen Teil von der Lebensmöglichkeit des europäisch-amerikanischen Industrialismus ab. Wäre es so, wie manche Wirtschaftspolitiker und Wirtschaftstheoretiker meinen, daß die Industriewirtschaft der alten Kulturländer einschrumpfen müsse, weil allmählich die kolonialen und halbkolonialen Gebiete Asiens, Südamerikas, Afrikas und Australiens die Aufnahme europäischer Waren verweigern oder ihre Aufnahmefähigkeit einbüßen, dann hätte die sozialistische Planwirtschaft vor allem die Aufgabe, diesen Einschrumpfungsprozeß möglichst schonend durchzuführen. Dann wäre aber zu fragen, ob es eben einer Sozialisierung überhaupt bedarf. Die Einwände, die im ersten Teil gegen die kapitalistische Wirtschaftsordnung erhoben wurden, laufen in dem Gedanken zusammen, daß der Kapitalismus nicht mehr eine geeignete Form sei, um ein Wachstum der Industriewirtschaft zu sichern, das den Lebensspielraum der Massen entsprechend dem Maß des technischen Fortschritts erweitert. Wenn aber ein solches Wachstum überhaupt unmöglich ist, dann sind diese Zweifel überflüssig. Dann wäre es nicht schlecht, sondern gut, daß der Kapitalismus infolge des Vordringens der Monopole und infolge der soziologischen Hemmungen der Kapitalakkumulation nur eine stark beschränkte Ausdehnung der Industrieproduktion zuläßt, und die Konjunkturschwankungen wären dann wahrscheinlich ein Übel von abnehmender Bedeutung. Denn wenn es ohnehin das Schicksal Europas und Nordamerikas ist, die Industrie allmählich verkümmern zu sehen und die Nahrung wieder in zunehmendem Maß aus dem eigenen Boden ziehen zu müssen, dann würde wohl auch mit einer abnehmenden Bedeutung der periodischen Industriekrisen für die Volkswirtschaft dieser Länder zu rechnen sein.

Was vor dem Krieg vor allem von konservativer Seite als Argument gegen die dauernde Lebensfähigkeit der europäischen Industriewirtschaft angeführt wurde, ist in allen wesentlichen Punkten durch den Gang der Ereignisse überholt. In den außereuropäischen Agrar- und Rohstoffländern werde sich, so lauteten damals die Prophezeiungen, immer mehr das Gesetz vom abnehmenden Bodenertrag fühlbar machen. Diese Länder würden also allmählich mit einer Erschöpfung ihrer billigen Produktionsmöglichkeiten zu rechnen haben. Da sie gleichzeitig dazu übergingen, sich selbst Industrien zu schaffen, so werde es Europa immer weniger möglich sein, im Austausch gegen seine industriellen Fertigfabrikate billige Rohstoffe und Nahrungsmittel zu erwerben. Nun haben sich im Krieg und in der Nachkriegszeit die außereuropäischen Länder in einem Tempo industrialisiert, das die höchsten Erwartungen der Vorkriegszeit bei weitem übertraf. Aber die Produktion von Rohstoffen und Agrarerzeugnissen hielt nicht nur mit dieser Ausdehnung der industriellen Produktion Schritt, sondern übertraf sie noch. Es zeigte sich, daß alle industriellen Fortschritte vorerst noch dazu führen, die Urproduktion in ungeheurem Maß zu steigern. Das Auto, der Traktor, der Mähbinder, die verbesserten Methoden der Schwerindustrie, die dem Eisenbahnbau und Verkehr zugute kamen, das laufende Band in den Industriebetrieben, das die Herstellung aller Geräte und Maschinen verbilligte — diese Neuerungen in der europäisch-amerikanischen Industrie haben in den Vereinigten Staaten selbst, in Argentinien, in Brasilien, in Kanada, in Australien ungeheure neue Flächen einer verhältnismäßig intensiven Bearbeitung erschlossen, neue Rohstofflager dem Abbau zugeführt. Noch ist kein Ende dieser Entwicklung abzusehen. In Übersee sind riesige Gebiete von großem Bodenreichtum heute unerschlossen, aber morgen sicher erschließbar, und eben beginnt der Prozeß der Technisierung der Landwirtschaft in Rußland.

Die Industrieländer Europas und Nordamerikas sind in der Nachkriegszeit von schlimmen Wirtschaftskrisen heimgesucht worden. Aber die Wirtschaftserschütterungen, die sie erleben mußten, sind weniger schwer gewesen als die furchtbaren Verluste der Agrar- und Rohstoffgebiete. Diese haben mit wenigen Ausnahmen fast dauernd seit 1920 unter einer Depression gestanden, die zeitweise zu völligen Zusammenbrüchen des Preisniveaus ihrer Produkte führte. Wenn die Industrieländer Schwierigkeit hatten, ihren Produkten Absatz zu verschaffen, so war daran nicht etwa eine geringe Kaufkraft der Fertigwaren gegenüber den Rohstoffen schuld, ganz im Gegenteil: unvergleichlich größer war die Sorge der Rohstoff- und Lebensmittelproduzenten, in der verarbeitenden Industrie und der Bevölkerung der Wirtschaftsländer alter Kultur für ihre Erzeugnisse Abnehmer zu finden.

Will man die Zukunftsaussichten abschätzen, so muß man noch auf sehr weite Sicht mit gewaltigen Ausdehnungsmöglichkeiten der Agrarproduktion rechnen. Die mineralischen Rohstoffe sind natürlich nicht vermehrbar, und irgendwann einmal muß sich ihre zunehmende Seltenheit geltend machen. Aber bei der großen Ergiebigkeit der noch unerschlossenen Gebiete liegt auch dieser Zeitpunkt noch in unabsehbarer Ferne.

Dazu kommt das Abstoppen der Bevölkerungszunahme, das auch das Wachstum der Nachfrage vor allem nach Lebensmitteln, aber in erheblichem Umfang auch nach Industrierohstoffen verlangsamt. Willkürliche Beschränkung der Geburten hat trotz des Abnehmens der Sterblichkeit die meisten modernen Kulturländer dem Zustand einer stagnierenden Bevölkerungszahl bereits nahegebracht, und es ist höchst unwahrscheinlich, daß diese Tendenz vor irgendwelchen politischen oder Raumgrenzen haltmacht.

Die Bevölkerung der Erde hat allem Anschein nach nicht mehr die Tendenz, dauernd gegen die Grenzen des Nahrungsspielraums zu drücken. Das Gesetz vom abnehmenden Bodenertrag in der Landwirtschaft scheint seinen Schrecken verloren zu haben. Die Nachfrage einer an Zahl nicht mehr wachsenden Bevölkerung, die ihre technische Ausrüstung dauernd verbessert, wird aber natürlich auch wachsen, nur wird sie sich in zunehmendem Maß auf verfeinerte Produkte richten, also auf solche Güter, die im allgemeinen weniger Rohstoffe und agrarische Bodennutzung, aber mehr Arbeit pro Einheit des Produktwerts enthalten.

So beliebt heute auch ökonomisch begründete Untergangsprophezeiungen für die abendländische Zivilisation sind, so lohnt es doch nicht, sich mit den meisten dieser Schriften auseinanderzusetzen. Zu den wenigen Prognosen, die über den Hinweis auf augenscheinliche Tatsachen hinaus eine Widerlegung verlangen, gehört die These einer marxistischen Gruppe, daß aus gesellschaftlichen, nicht aus natürlichen Gründen innerhalb des Kapitalismus die industrielle Produktion schließlich auf unübersteigbare Schranken stoße. Dies ist die Theorie des Imperialismus, wie sie von Rosa Luxemburg[1] und Fritz Sternberg[2] vertreten worden ist. Ihre allgemeinen Vorstellungen finden sich auch in der bolschewistischen Lehre. Die These behauptet, daß der Kapitalismus zu seiner Existenz Gebiete brauche, in denen noch nicht kapitalistisch produziert werde. Fehle dieser „kapitallose Raum", so sei bald ein Teil der mächtig anschwellenden kapitalistischen Produktion nicht mehr abzusetzen. Dies wird erläutert an Hand eines Produktionsschemas, das von Marx selbst aufgestellt worden ist. Marx teilt die Gesamtproduktion ein in eine Produktion von Produktionsmitteln (Abteilung I) und eine Produktion von Konsumgütern (Abteilung II). Er zeigt nun, daß zwischen der Entwicklung beider Zweige eine wechselseitige Abhängigkeit besteht. Der Überschuß der Produktionsgüterindustrien besteht in Produktionsmitteln, der Überschuß der Konsumgüterproduktion in Konsumgütern. Der

---

[1] Die Akkumulation des Kapitals, Leipzig 1912.

[2] Der Imperialismus, Berlin 1926.

Überschuß der Produktionsgüterindustrien kann nur soweit Absatz finden, als diese Industrien sich selbst ausdehnen wollen und zu diesem Zweck neue Produktionsmittel benötigen, oder soweit die Konsumgüterindustrien sich ausdehnen wollen und zu diesem Zweck gleichfalls Produktionsgüter benötigen. Der Überschuß der Konsumgüterindustrie kann nur an die Unternehmer und die Arbeiter der Produktionsmittelindustrien abgesetzt werden. Die Ausdehnung der Produktionsmittelindustrien selbst ist wieder beschränkt durch die Möglichkeit, mehr Konsumgüter für die Arbeiter zu erhalten, und umgekehrt ist die Konsumgüterindustrie natürlich nur soweit ausdehnungsfähig, als die Produktionsmittelindustrie dafür die nötigen Produktivgüter liefern kann.

Wächst ein Produktionszweig rascher oder langsamer, als mit diesen inneren Abhängigkeiten verträglich ist, dann kann es zu Störungen kommen, und diese Störungen werden sich darin äußern, daß entweder die Abteilung I oder die Abteilung II ihr Produkt nicht gegen Erzeugnisse der anderen Produktionsgruppe vertauschen kann. Nimmt man an, daß die Tendenz auf „Akkumulation", das heißt zur Zurückstellung eines Teils des reinen Ertrags für Zwecke der Produktionserweiterung, in beiden Produktionsgruppen die gleiche ist, dann werden solche Störungen nicht ausbleiben. Denn die fortschreitende Wirtschaft benötigt im Verhältnis immer mehr Produktionsmittel. Der akkumulierte Teil des Erzeugnisses der Konsumgüterproduktion wird also allmählich nicht mehr absetzbar. Zu diesem Ergebnis kann man auch durch folgende Überlegung kommen: Sparen ist im volkswirtschaftlichen Sinn nur möglich durch Ausbau des Produktionsapparats. Wenn die Unternehmer der Produktionsmittel- und die Unternehmer der Konsumgüterproduktion den gleichen Teil ihres Unternehmergewinns zu sparen wünschen und dieses Sparen dadurch betätigen, daß sie ihre eigene Produktion ausdehnen, dann wird offenbar diese privatwirtschaftliche Spartätigkeit nicht den volkswirtschaftlichen Sinn des Sparens erfüllen, weil ja keine Verstärkung der Produktivgüterproduktion auf Kosten der Konsumgüterproduktion erfolgt. Da aber das letzte privatwirtschaftliche Ziel des Sparens sich ohne Erfüllung seines volkswirtschaftlichen Sinns gar nicht erreichen läßt, so sind offenbar Schwierigkeiten unvermeidlich. Die Steigerung der

Konsumgüterproduktion in einem Zeitraum, in dem eine Steigerung der Produktivgüterproduktion angebracht gewesen wäre, muß zu Absatzschwierigkeiten für die Konsumgüter führen. Sternberg ergänzt diesen Gedankengang noch durch den Hinweis auf das Wesen der Produktionsgüter: Sie seien im Grunde doch latente Konsumgüter, denn ihr Zweck könne allein darin bestehen, die künftige Konsumgüterproduktion zu erweitern. Es handle sich lediglich um eine Zeitspanne, in der die Produktionsmittel zu Konsumtionsmitteln würden und damit den Überschuß an Konsumgütern verstärken müßten.

Der Sinn der Schemata bei Marx ist nicht vollkommen klar zu erkennen, da gerade dieser Teil seines großen Werks unvollendet geblieben ist. Er wollte jedenfalls damit zeigen, daß der Abzug des Mehrwerts vom Arbeitsprodukt, der die Akkumulation in ihren kapitalistischen Formen ermöglicht, zu immer erneuten Krisen im wirtschaftlichen Mechanismus führen müsse. Ob er geglaubt hat, daß diese Krise sich bis zum Zusammenbruch des Kapitalismus steigern müßte, ist ungewiß. Rosa Luxemburg und Sternberg kommen zu dem Ergebnis, daß der Kapitalismus sich vorläufig am Leben erhalte, indem er die überschüssigen Konsumgüter in nichtkapitalistische Länder exportiere. Sobald es keinen kapitallosen Raum mehr gebe, müsse der Kapitalismus in dem Übermaß der Konsumgüter ersticken.

Von Otto Bauer, Helene Bauer, Hilferding, Tugan Baranowski und Neißer ist zur Widerlegung dieser Theorie eine Fülle von Gedankenmaterial beigebracht worden. Dabei gehen die Kritiker durchaus nicht alle von der gleichen Grundlage aus und würden auch wechselseitig ihre Argumente keineswegs immer annehmen. Hier ist nicht eine Bibliographie dieser Diskussion zu geben, es genügt, die wichtigsten Gegenargumente zu kennzeichnen.

1. Die Gesamtheit der Produktion ist nicht ein für allemal starr in die beiden Abteilungen gegliedert. Der in einer Abteilung gewonnene Mehrwert kann sehr wohl in der anderen Abteilung angelegt werden.
2. Die Annahme einer fortgesetzten Akkumulation ist unzulässig, wenn man nicht mit einer fortschreitenden Technik rechnet,

sei es mit neuen Erfindungen oder mindestens mit neuer Einbürgerung früherer Erfindungen. Solche technischen Fortschritte müssen aber alle Daten der Rechnung ändern, und zwar in einer Art, die sich durch ein theoretisches Schema überhaupt nicht von vornherein erfassen läßt. Besonders bedingt der Fortschritt der Technik eine Senkung der Kosten für den Ausbau des Produktionsapparats, also eine gesteigerte Wirksamkeit der Akkumulation und eine Senkung der Kosten für die Erhaltung der Arbeitskraft, also entweder steigende Unternehmergewinne — wenn nämlich die Nominallöhne dem sinkenden Existenzminimum folgen — oder gesteigerte Kaufkraft der Arbeiter — wenn die Nominallöhne gleichbleiben (oder sich gar noch erhöhen) — und dadurch die Spanne zwischen ihnen oder dem Existenzminimum größer wird. Dies aber bedeutet vermehrte Kaufkraft.

3. Es gibt nicht eine ein für allemal feststehende Akkumulationsrate, zu der die Unternehmungen gezwungen wären. In dem Maß, wie das Akkumulieren nicht mehr rentieren würde, wäre für die Unternehmer Anlaß gegeben, die Akkumulation zu vermindern und auf ihre Kosten den Verbrauch zu vergrößern.

4. Es ist durchaus denkbar, daß die Erweiterung des Produktivgüterapparats immer wieder dazu benutzt wird, nicht mehr Konsumgüter herzustellen, sondern den Apparat selbst weiter auszubauen, so daß die Produktionsmittel eben nicht zu Konsumgütern würden. Sobald die Produktion von Konsumgütern wegen der Überfüllung der Konsumgütermärkte unrentabel, die Produktion von Produktivgütern dagegen wegen der relativen Knappheit an solchen Gütern rentabel sei, werde diese Umstellung der Produktion durch den kapitalistischen Mechanismus von selbst bewirkt. Das Ergebnis, daß der Produktionsapparat fortwährend weiter ausgebaut werde, ohne daß die Menschen in den Genuß dieser Erweiterung kommen, was ja nur durch vermehrte Herstellung von Konsumgütern möglich wäre, ist zwar sinnlos, aber nicht unmöglich.

Alle diese Argumente gründen sich also darauf, daß die scheinbare Starrheit der Marxschen Schemata vielleicht nicht einmal dem

Sinn, den Marx in sie legen wollte, jedenfalls aber nicht den Tatsachen entspreche. Diese Starrheit aber wird von der neomarxistischen Richtung als technisch begründet angesehen, und mit dieser Behauptung hat sich die Kritik noch nicht eingehend genug befaßt. „Die Kapitalisten des Marxschen Schemas... sind bei ihrem Geschäft der Kapitalisierung von vornherein an die Sachgestalt ihres Mehrwerts gebunden..."[1] Die technische Gestaltung der erweiterten Reproduktion ist hier den Kapitalisten im voraus streng vorgezeichnet durch die Sachgestalt des Mehrprodukts. „Stearinkerzen sind nicht als Maschinen zu verwenden."[2]

Wäre es unmöglich, Gewinne aus Konsumindustrien an Produktionsmittelindustrien zu übertragen, dann würde allerdings die Zwangläufigkeit der Entwicklung zu verhängnisvollen Disproportionalitäten führen.

Ist das aber wirklich unmöglich? Man darf sich natürlich nicht damit helfen, daß man darauf hinweist, der einzelne Unternehmer könne doch den Gelderlös seiner Produkte, soweit er Reingewinn darstellt, sehr wohl anderwo anlegen. Bloße Geldübertragungen können nur dazu führen, daß der Kurs der Anteile oder der Preis der Produktionsmittel jener Industrie in die Höhe geht, der sich das Geld zuwendet. Würden alle Brauer ihre Geldgewinne in der Eisenindustrie anlegen wollen und hätte das keine Bewegung der realen Substanz, des Güteräquivalents der Gewinne, zur Folge, dann würden eben nur die Hüttenaktien steigen, sonst bliebe alles beim alten. Wollte sich jeder Schreiner aus seinen Gewinnen eine Schlosserwerkstatt anschaffen, weil er in der Schlosserei sein Geld noch besser verwerten kann als im eigenen Betrieb, und hätte dies keine Umstellungen in der Güterwirtschaft zur Folge, so würden die Metalldrehbänke und die Schlosserfeilen teurer. Eine solche Übertragung des Geldkapitals von der einen zur anderen Industrie kann sich aber gar nicht vollziehen, ohne entsprechende Veränderungen in der Güterwirtschaft hervorzurufen. Gewiß, Stearinkerzen lassen sich nicht als Maschinen verwenden, aber Stearinkerzen wie Maschinen bestehen letzten Endes wirtschaftlich aus den gleichen Elementen in verschiedener Zusammensetzung:

---

[1] Rosa Luxemburg, a. a. O. S. 309.

[2] Fritz Sternberg, a. a. O. S. 100.

Boden und Arbeit. Nicht aller Boden und alle Arbeit sind qualitativ gleich, es können sich also auch nicht alle Arten gegenseitig ersetzen. Aber die spezifische Bindung einzelner Arten von Boden und Arbeit an bestimmte Produktionszwecke spielt im ganzen eine geringe Rolle. Denn nicht nur Boden und Arbeit, sondern auch die nächsten Produkte von Boden und Arbeit lassen sich zu den verschiedensten Zwecken verwenden. Getreide, das der Ackerboden erzeugt, kann als Futtergetreide oder als Nahrungsmittel verwendet werden. Als Nahrungsmittel kann es der Ernährung von Arbeitern der verschiedensten Produktionszweige dienen, als Futtergetreide kann es zur Mästung von Fleischtieren, zur Ernährung von Milchtieren und solchen Tieren verwendet werden, die — wie z. B. Wollschafe — hauptsächlich als „Halbfabrikate" zur Gewinnung industrieller Rohstoffe gehalten werden. Der Waldboden kann das Holz ebensogut der Möbelindustrie wie dem Grubenbau liefern. Das Eisenbergwerk liefert sein Erz dem Hochofen. Der Hochofenarbeiter und die in der Stahlproduktion, in den Walzwerken usw. Beschäftigten können ihr Produkt ebensogut an die Produzenten von Haushaltgerät wie an die Maschinenindustrie absetzen. Die Drehbank, die von den Arbeitern der Maschinenindustrie hergestellt ist, kann ebensogut in einer Spielwarenfabrik wie in einer Fabrik von Dynamomaschinen aufgestellt werden. Der ungelernte Arbeiter kann ebensogut bei einer landwirtschaftlichen Melioration wie bei einem Tiefbau Verwendung finden, der einen industriellen Betrieb erweitern soll.

Wenn ein Unternehmer einer Stearinkerzenfabrik seinen Gewinn, der zunächst natürlich die Realform von Stearinkerzen hat, an die Maschinenindustrie übertragen will, dann muß er die Stearinkerzen zunächst verkaufen. Das kann, wenn die Konjunktur in der Stearinkerzenindustrie schlecht ist, vielleicht eine erhebliche Zeit dauern. Hat er sie aber verkauft und legt er nun sein Geld wirklich in der Maschinenindustrie an, so wird die Maschinenindustrie ihre Nachfrage nach Produktionsmitteln steigern. In der Stearinkerzenindustrie wird eine entsprechende Nachfrage nach Produktionsmitteln dieser Industrie unterbleiben. Da aber die Produktionsmittel aller Industrien aus fast den gleichen Elementen bestehen, wird eine Umleitung der elementaren Produktionsmittel und -kräfte, der Rohstoffe, der gegenwärtigen wie der vorgetanen Arbeit von der Stearinkerzenindustrie in die Maschinenindustrie bewirkt. So wird z. B. die Arbeit und das Material des Baugewerbes, das sonst der Erweiterung von Stearinkerzenfabriken gedient hätte, nun der Erweiterung von Maschinenfabriken dienen, der Neuzugang an Arbeitskräften wird in die Maschinenindustrie statt in die Stearinkerzenindustrie geleitet, der Talg, der in der Stearinkerzenindustrie verwendet wurde, wird nun irgendwelchen technischen Zwecken zugewendet, die mittelbar oder unmittelbar der Maschinenindustrie dienen können usw.

Gewiß kann diese Umdisposition immer erst nachträglich erfolgen, da die einmal hergestellten Produkte in der Tat erst abgesetzt werden müssen, damit man das Geld und unter dem Kommando des Geldes auch die Produktionsmittel von der einen Industrie in die andere übertragen kann. Dabei mögen sich für die einzelnen Abnehmer oft Verluste ergeben. Aber es ist vollkommen ausgeschlossen, daß eine Industrie sich nun unausweichlich in eine dauernde Überproduktion verstricken müßte, während die gleiche Entwicklung, die ihre Existenzgrundlagen zusammenschrumpfen oder mindestens relativ zurückbleiben läßt, einer anderen Industrie zugute kommt. Der Mechanismus von Preis und Zins kann die relative Entwicklung der Konsumgüterindustrie und der Produktivgüterindustrie im allgemeinen im Gleichgewicht halten, weil sie eben beide aus den gleichen Quellen der Güterwirtschaft schöpfen. Wäre jeder Produktionszweig durch die Sachgestalt des Produkts unter ein starres Entwicklungsgesetz gestellt, ohne die Möglichkeit, seine eigene Entwicklung mit der anderer Industrien im Einklang zu halten, dann würde es nicht nur zwischen Produktivgüterindustrien und Konsumgüterindustrien zu scharfen Unstimmigkeiten kommen. Denn was für das Verhältnis von Stearinkerzen zur Maschine gilt, das müßte auch im Verhältnis der Kochtöpfe zum Rindfleisch oder im Verhältnis von Kleidern und Möbeln gelten. Wäre die Produktion so starr, wie Rosa Luxemburg und Sternberg unterstellen, dann wäre der Kapitalismus jeder Änderung der Bedürfnisse, nicht nur dem Fortschritt der Technik und der Zunahme des fixen Kapitals gegenüber hilflos. Dann wäre aber auch nicht recht zu sehen, wie der Sozialismus die notwendigen technischen

Umstellungen vornehmen könnte. Denn es sind ja nicht die erhöhten Konsumansprüche der Kapitalisten, die nach den Zusammenbruchstheoretikern die Krise immer wieder herbeiführen, sondern die Höhe der Akkumulationsrate. Unter dem Gesetz der Akkumulation steht auch der Sozialismus, wenn er nicht auf die Nutzung des technischen Fortschritts verzichten will.

D. Der Weg zum Sozialismus

I. Die Ausgangsprobleme

a) Macht und Erkenntnis

Gibt die rohe Skizze, die man allein von der sozialistischen Wirtschaftsordnung heute entwerfen kann, ein genügend klares Bild von den Notwendigkeiten sozialistischen Handelns in der Gegenwart? Das Funktionieren der geschichtlichen Dialektik gibt jedenfalls nicht so, wie früher die Marxisten glaubten, unabhängig von einer weitergerichteten Zielstrebigkeit dem politischen Handeln der Sozialisten in der Gegenwart seinen geschichtlichen Sinn, wenn sie sich nur am Kompaß des Klasseninteresses orientieren. Man muß den Sozialismus bewußt schaffen. Aber man kann ihn nicht schaffen, wie man ein Haus baut, indem man den Plan entwirft und die Last und Tragfähigkeit jeder Wand und jedes Trägers berechnet. Wir kennen die Wände und die Pfeiler im einzelnen nicht, wir haben nur eine Vorstellung, wie das Haus werden soll, und müssen schon froh sein, wenn wir seine Konstruktion aus allgemeinen Erwägungen in groben Umrissen entwerfen können.

Das ist nicht die einzige große Schwierigkeit. Es handelt sich nicht um eine rein sachliche Aufgabe wirtschaftlicher Konstruktion, es handelt sich auch um eine Kampfaufgabe. Eine sozialistische Partei, die heute die absolute Mehrheit im Parlament eines demokratisch regierten Staates gewinnen würde, hätte keine beneidenswerte Stellung, wenn sie sich nicht mehr darauf berufen könnte, daß ihre Herrschaft — ohne Rücksicht auf wirtschaftliche Fernziele — nötig sei, um eine friedliche Außenpolitik oder das Selbstbestimmungsrecht des Volkes im Innern zu sichern. Würde der militaristische oder antidemokratische Gegner fehlen, dann wäre eine regierende sozialistische Partei auf die Verwirklichung ihres eigenen, sozialistischen Programms angewiesen. Sie wäre dann verpflichtet, sofort Sozialismus zu schaffen, und das könnte sie nicht, weil die Fragen der Konstruktion einer sozialistischen Wirtschaftsordnung und des Übergangs zu ihr sich nicht durch politische Erfolge allein lösen lassen.

Diesen Zustand, der von den klügeren Gegnern des Sozialismus heute schon erkannt und bespöttelt wird, gilt es so rasch wie möglich zu überwinden. Es gilt für die Sozialisten, zu wissen, wie man Sozialismus schafft. Umgekehrt: Könnte heute ein klares Programm sozialistischer Aktion gezeigt werden, ein Programm, das den Augenblicksforderungen einen Sinn gäbe, der über den Augenblick hinausführt, dann würde das einen gewaltigen und wahrscheinlich entscheidenden Zuwachs an politischem Einfluß für die sozialistischen Parteien in allen Kulturländern bedeuten. Die Machtfrage ist also im Augenblick eine Frage zweiten Ranges, viel unwichtiger als das Problem, wie sozialistische Wirtschaftspolitik überhaupt aussehen kann. Aber immerhin ist auch die Machtfrage noch da, und sie kann aus einer Angelegenheit, die vor allem den parlamentarischen Praktiker und den Organisator interessiert, wieder zu einer Sache von grundsätzlicher Bedeutung werden. Wenn heute die Macht größer ist als das Maß der Erkenntnis, das zu ihrer Ausnutzung nötig wäre, so kann man vielleicht morgen mit aller Erkenntnis nichts anfangen, weil man die Macht dazu nicht besitzt. Alle sozialistische Wirtschaftspolitik muß darauf Rücksicht nehmen, daß sie Politik im eigentlichen Sinn, das heißt Teil eines Machtkampfes sein muß, daß die Baumeister nicht in Ruhe Mörtel und Steine werden aufeinanderlegen können, sondern gleichzeitig fechten müssen.

Das aber bedeutet: Die sozialistische Politik der Übergangszeit muß gemeinverständlich sein, ehe die Wirtschaft noch jene Durchsichtigkeit hat, die eine gemeinverständliche Wirtschaftspolitik eigentlich erst ermöglicht. Daß man hier nur mit Kompromissen durchkommt, ist selbstverständlich.

b) „Stabilisierung des Kapitalismus?"

Aber stellt der Kampfcharakter der sozialistischen Bewegung nicht noch ein viel tieferes Problem? Wenn man, aus wirtschaftlichen und aus außerwirtschaftlichen Gründen, die kapitalistische Wirtschaftsordnung beseitigen will, darf man dann irgend etwas tun, um ihre Schwierigkeiten zu mildern, muß man dann nicht darauf ausgehen, im Gegenteil ihre Krisen zu verschärfen, ihr die Mittel vorübergehender Aushilfe, die sie etwa noch anwenden könnte, wegzunehmen, muß man sich dann also nicht zu dem Programm bekennen, den Zusammenbruch zu beschleunigen, weil der Übergang um so schmerzhafter ist, je länger er dauert? Diese Frage: „Wirtschaftsreform oder Wirtschaftsrevolution?" muß mit allem Ernst gestellt werden. Der Vorwurf der Kommunisten gegen die Sozialdemokraten, daß sie durch ihre Anerkennung von „Staatsnotwendigkeiten" im heutigen Zustand von Staat und Wirtschaft den Kapitalismus festigen, ist nur eine Wiederaufnahme der Thesen aus einer früheren Zeit der sozialistischen Bewegung: eine Erneuerung der Vorstellungen, die in der Sozialdemokratie vorhanden waren, als sie z. B. die ersten Sozialversicherungsgesetze ablehnte. Für den Marxismus, der dem dialektischen Umschlag von der These in die Antithese entgegensah, für den aus der „Entfaltung der inneren Widersprüche der kapitalistischen Wirtschaft" durch einen plötzlichen „Kladderadatsch" der Sozialismus hervorgehen sollte, war der Gedanke durchaus konsequent, daß es gerade gelte, diese Widersprüche so rasch wie möglich zur Entfaltung zu bringen. Um das Heranreifen der sozialistischen Bewegung brauchten sich die Marxisten, so wie sie die Geschichte sahen, nicht zu kümmern. Der Kapitalismus mußte wie nach einem Naturgesetz seinen Gegner nicht nur erzeugen, sondern auch nähren. Die Sozialisten selbst hatten sich auf „Geburtshelferdienste" zu beschränken.

Man braucht aber gar nicht Marxist zu sein, um die Möglichkeit anzuerkennen, daß wirklich einmal der Einzelfortschritt ein Feind des Gesamtfortschritts sein kann. Man muß zuweilen den Mut haben, die Folgen eines schädlichen Zustands ungelindert zu lassen, da man durch eine Linderung die Kraft schwächen würde, die vielleicht gegen die Schäden selbst etwas auszurichten vermag. So töricht es ist, überall durchaus revolutionär sein zu wollen, so wenig hätte ein grundsätzlicher Reformismus recht, der auch zu dem kleinsten Fortschritt stets und unter allen Umständen ja sagen und die Gefahr, daß der Wille zur Neugestaltung verzettelt wird, überhaupt nicht sehen wollte. Aber die revolutionäre Methode ist nur dort anwendbar, wo neue Möglichkeiten so reif sind, daß es nur eines Rechtsaktes bedarf, sie in Kraft zu setzen, oder wo alte Formen schon so weit abgestorben sind, daß man sie beseitigen kann, ohne den Körper der Gesellschaft wesentlich zu schädigen. Man kann den kleinen Fortschritt zugunsten des großen nur dort verleugnen, wo der große organisationstechnisch schon möglich wäre und nur an politischen Widerständen scheitert. Man kann es unter Umständen für geboten halten, den Großgrundbesitz entschädigungslos zu enteignen und aufzuteilen. Ob das wirklich geschichtlich richtig ist, hängt von vielen Voraussetzungen ab, jedenfalls aber von der einen: daß leistungsfähige bäuerliche Betriebe das Land sofort übernehmen können. Von allen revolutionären Akten auf wirtschaftlichem Gebiet ist immer am leichtesten die Schuldabschüttelung durchzuführen, weil sie in ihren unmittelbaren Wirkungen nur die Besitzverhältnisse verschiebt, ohne irgendwelche neuen Produktionsformen nötig zu machen.

Eine Wirtschaftsrevolution gegen den Kapitalismus wäre also nur möglich, wenn man eine sozialistische Wirtschaftsorganisation so ausgearbeitet hätte, daß man sie „am Tage nach der sozialen Revolution" durch ein System von Gesetzen und Verwaltungsmaßnahmen in Kraft setzen könnte. Ein solches System fehlt aber nicht nur heute, es wird immer fehlen. Die sozialistische Wirtschaft wird sich niemals auf dem Papier so fertig machen lassen, daß ein sozialistischer Diktator sie von morgen auf übermorgen „einführen" könnte. Es wird also nie der Augenblick da sein, in dem es nur gelten würde, kapitalistischen Schutt wegzuräumen, um die sozialistische Wirtschaft zu schaffen. Also würde der Augenblick des kapitalistischen Zusammenbruchs niemals zugleich auch der Augenblick einer sozialistischen Auferstehung sein. Nicht ein gesellschaftliches Naturgesetz verurteilt ein für allemal den wirtschaftlichen Revolutionarismus, aber die Besonderheit der Aufgabe schließt ihn für den Übergang vom kapitalistischen zum sozialistischen Wirtschaftssystem aus. Wäre das nicht so, dann bliebe es immer noch eine Frage des politischen Entschlusses, ob man die Revolution der Reform vorzieht. Die wirtschaftlichen Tatsachen entheben uns aber dieses Entschlusses[1].

Nicht das ist die Gefahr, daß der Kapitalismus zu lange am Leben erhalten wird. Viel eher ist zu fürchten, daß der Kapitalismus zwar nicht zusammenbricht, aber von seiner produktiven Leistungsfähigkeit allzuviel verliert, ehe der Sozialismus reif ist. Seit dem Krieg — und durch seine politischen und psychologischen Wirkungen wesentlich verschärft — breiten sich die Lähmungserscheinungen im Bereich der kapitalistischen Wirtschaft stark aus. Wie lange wird noch eine einigermaßen ausreichende Kapitalbildung in der ganzen kapitalistischen Welt möglich sein? Wie lange wird die ständig verfeinerte Monopoltechnik noch die bis jetzt übriggebliebenen Gebiete einigermaßen freien Wettbewerbs verschonen? Natürlich gibt es auch einige günstige Tendenzen: der Rückgang des Bevölkerungszuwachses, der die auf den einzelnen Arbeiter entfallende Kapitalquote erhöhen kann, selbst wenn die Kapitalneubildung abnimmt, das Fortschreiten der Technik, das die antiproduktiven Wirkungen einer veraltenden Wirtschaftsordnung auszugleichen vermag. Aber auch der Erfolg der Technik wird gefährdet durch die Mißerfolge der kapitalistischen Konjunkturpolitik. Die kreditwirtschaftlichen Methoden, die „Manipulierung"

---

[1] Eduard Heimann („Soziale Theorie des Kapitalismus") sieht in jedem sozialen Fortschritt eine Anpassungserscheinung des Kapitalismus, aber zugleich seinen stufenweisen Abbau, da jeder soziale Fortschritt die Entwicklung über sich selbst hinaustreibe und so die Notwendigkeit neuer Anpassung schaffe. Diese Doppelnatur, zugleich Anpassungserscheinung des Bestehenden und seine teilweise Selbstvernichtung zu sein, ist sicher jedem Einzelfortschritt eigen. Heimann hat diese wichtige Erkenntnis glänzend begründet und formuliert. Aber er hat sie mit seiner These in Verbindung gebracht, daß fortschreitende Sozialpolitik eine Methode, ja die Methode der Sozialisierung sei. So verlockend es wäre, auf diese Art die Gegenwartsaktion der Arbeiterbewegung mit aus ihrem Endziel zu begründen, so läßt sich eben doch nicht erkennen, wie aus der Vernichtung kapitalistischer Rentabilität durch fortschreitenden Arbeiterschutz usw. der Sozialismus entstehen soll, der etwas anderes sein muß als noch so soziale Ausgestaltung kapitalistischer Betriebe.

der Diskontsätze und der Goldbewegung, die heute von den einzelnen Ländern angewendet werden, um sich unerwünschten Konsequenzen des Goldwährungssystems zu entziehen, sind sehr geeignet, den Wechsel von Hochkonjunktur und Depression noch schroffer zu gestalten, das stets wachsende Bedürfnis der Produktion nach Stabilität noch weniger zur Befriedigung kommen zu lassen, als das schon im Wesen der kapitalistischen Wirtschaft liegt.

Aber auch der „Spätkapitalismus“ von heute oder von morgen und übermorgen erhält die Existenz der Massen, die zugrunde gingen, wenn man an Stelle des bestehenden Wirtschaftssystems einen völlig unreifen Sozialismus setzen wollte, der den heutigen vulgären Vorstellungen entspricht. Mit allgemeinen Konstruktionsprinzipien allein, mit den vernünftigsten aller heute möglichen Erwägungen über Genossenschafts- und Staatssozialismus kann man nicht lebendige Menschen satt machen. Der Sozialismus muß in seinen allgemeinen Grundsätzen vorgezeichnet werden; aber als funktionsfähige Wirklichkeit kann man ihn nicht wie eine Maschine erfinden: Die einzelnen Teile des sozialistischen Wirtschaftsapparats können sich erst im Leben selbst ihren Funktionen anpassen und werden dabei zweifellos auch noch Formänderungen erfahren. Die Aufgabe ist also gegeben: den Kapitalismus durch Reformen noch funktionsfähig zu halten, so daß für jenes Wachsen Zeit bleibt, und den Fortschritt so zu lenken, daß die sozialistischen Formen sich erproben und reifen können.

c) Klassenkampf

Die Erhaltung des Bestandes der Wirtschaft, die Vermeidung eines Zustands, in dem die eine Wirtschaftsform zerstört und die andere noch nicht reif ist, liegt im Lebensinteresse aller Klassen. Der Kampf um die Macht zwischen den Klassen und gerade auch der Kampf um die neue Wirtschaftsform kann so geführt werden, daß dieses Lebensinteresse gefährdet wird. Wahllosigkeit der Kampfmittel, Putsch, Revolte und rücksichtslose Anwendung der Streikwaffe zu politischen Zwecken, Sabotage der Produktion können die Existenzfähigkeit jeder Wirtschaft vernichten. Um diese Gefahr abzuwenden, bedarf es eines Vertrags zwischen den Klassen, der die Wahl der Kampfmittel beschränkt. Die Notwendigkeit dieses Vertrages ist nicht erst durch das Auftreten der modernen Klassengegensätze erkannt worden. Aber seit diese Gegensätze aufgetreten sind, ist seine Notwendigkeit besonders dringend. Die staatliche Entwicklung hat dazu geführt, daß der Inhalt eines Vertragssystems, das die gewalttätige Austragung des sozialen Kampfes verhindern soll, bis in Einzelheiten entwickelt wurde. Dieses Vertragssystem heißt Demokratie. Es steht in geschichtlichem Zusammenhang mit den Forderungen, die eine Kontrolle der Regierenden durch die Regierten bezwecken. Denn eine solche Kontrolle war ja erst möglich, als man gelernt hatte, den Willen der Regierten zusammenzufassen und ihn dem Willen der Regierenden gegenüberzustellen. Die Zusammenfassung aber verlangte ein System des inneren Ausgleichs in der regierten Masse selbst, und das konnte eben nur ein Vertrag über die Voraussetzungen sein, unter denen ein bestimmter Teilwille — der Mehrheitswille — als Gesamtwille zu gelten habe, und über die Sicherungen, die der Minderheit zustehen sollten, damit sie die Geltung des Mehrheitswillens als Gesamtwillen dulde. Wie die Demokratie als das allein mögliche System der Regierungskontrolle für den reifen Sozialismus nötig ist, so ist die Demokratie als Vertragssystem in der Zwischenperiode nötig, weil dieses System allein den Bürgerkrieg und die Wirtschaftszerstörung zu hindern vermag. Innerhalb der Grenzen, die dieser Vertrag setzt, wird der Kampf um den Sozialismus, im großen gesehen, von der Arbeiterklasse geführt werden müssen. Er wird ein Kampf zwischen den Klassen sein. Es kommt dabei gar nicht darauf an, ob man in der Geschichte überhaupt nur eine „Geschichte von Klassenkämpfen" sieht oder nicht. Die Frage der Wirtschaftsverfassung ist, solange man sie „objektiv" betrachtet, eine Frage der verbesserten Konstruktion des gesellschaftlichen Apparats der Gütererzeugung, und der einzelne mag sich mit Erfolg bemühen, diese Frage geistig ebenso zu behandeln wie ein technisches Konstruktionsproblem. Eine bessere Wirtschaftsordnung ist nicht nur für eine bestimmte Klasse besser, sondern für die überwältigende Mehrzahl aller Menschen, und eine schlechte Wirtschaftsordnung drückt nicht nur den Lebensspielraum einer einzelnen Schicht, sondern den Spielraum der ganzen Masse zusammen. Es können zahlenmäßig nur ganz kleine Gruppen sein, die von dem allgemein Schädlichen Vorteil oder von dem allgemein Vorteilhaften Schaden haben. Aber soweit es in der Frage der sozialen Neukonstruktion auf Massenentscheidungen ankommt, wird über die Antwort nach Vorstellungen entschieden, die nicht die Berechnung, sondern die Kette der Erlebnisse geschaffen hat. Das ist die Wahrheit in dem Hegel-Marxschen Satz, daß das Sein das Bewußtsein, nicht das Bewußtsein das Sein bestimmt. Und über diesen Kern sollte man wirklich nicht zu streiten brauchen. Das Erlebnis ist zum großen Teil die Erfahrung des eigenen Interesses, aber es erschöpft sich nicht darin. Der kapitalistische Unternehmer weigert sich nicht nur deshalb, an den Sozialismus zu glauben, weil er davon eine Verringerung seines Einkommens fürchtet. Auch wenn man ihm eine Abfindungsrente verspricht, die sein heutiges Einkommen erreicht, würde der echte Unternehmer noch nicht zum Bejaher des Sozialismus werden. Ein Unternehmer, der an seine Funktion glaubt, der den Erfolg als abhängig von seiner Initiative, von seiner Tüchtigkeit, von seiner richtigen Abwägung des Risikos erlebt hat, wird niemals zugeben, daß das uneingeschränkte Eigeninteresse als Motor der Wirtschaftsleitung an der Spitze irgendwie ersetzt werden könne, daß es irgendeinen Vorteil irgendeiner denkbaren Wirtschaftsordnung gebe, der eine Verengerung des Spielraums für dieses Eigeninteresse lohnend machen könnte. Und umgekehrt bedarf der moderne Industrieproletarier keiner komplizierten Überlegung, um an das Funktionieren der sozialistischen Wirtschaftsordnung zu glauben. Ihm, der morgens in seine Fabrik geht, sich dort als ein kleines unscheinbares Glied in einem großen arbeitsteiligen Mechanismus empfindet, der nicht durch dezentralisierte Interessen, sondern durch zentralistische Befehlsgewalt gelenkt wird, erscheint das Bild einer künftigen Wirtschaftsordnung, die wie ein moderner Industriebetrieb funktioniert, ganz von selbst als lebendig und möglich. Mit diesen „Vorurteilen“ treten die Klassen auf das Feld des geistig-politischen Kampfes, und es bedarf der gegenseitigen Abschleifung ihrer Argumente, um aus diesen Ideologien der sozialen Funktion, die zunächst mit der wirtschaftlichen Wahrheit wenig zu tun haben, einen vertretbaren politischen Standpunkt werden zu lassen. (Gewiß entstehen die Berufsideologien nicht ohne Mithilfe der Theorien, deren Träger oft „klassenfremd" sind. Sie sind also meist intellektuellen Ursprungs, aber in ihrer Form vom Klasseninstinkt geprägt.)

Dieser Tatbestand ist, so sollte man denken, so ziemlich unbestreitbar. Wer ihn bestreiten wollte, der müßte es für einen geschichtlichen Zufall erklären, daß der Sozialismus in der Industriearbeiterschaft aufkam, und daß er seine entschiedensten und unversöhnlichsten Gegner in den Volksschichten findet, die ihre soziale Funktion am stärksten auf individuelle Leistung verweist. Daß neben der schichtenmäßig bedingten Ideologie auch das unmittelbare Interesse der sozialen Schicht in der politischen Willensbildung eine entscheidende Rolle spielt, läßt sich schließlich auch nicht übersehen, so lange nicht, als es in der Hauptsache die Landwirte sind, die für Agrarzölle, und die Hausbesitzer, die für Erhöhung oder Aufhebung der gesetzlichen Mietgrenzen eintreten, solange gerade die Arbeitgeber Lohnsenkungen und gerade die Arbeiter Lohnerhöhungen verlangen.

Dies allein aber ist der Inhalt des Klassenkampfprinzips. Und obwohl das so klar und einfach ist, hat man doch über kaum eine andere Grundfrage der Politik soviel aneinander vorbeigeredet. Man hat dauernd das Prinzip des Klassenkampfs und das Prinzip des uneingeschränkten Klassenkampfs, des Klassenkriegs, miteinander verwechselt. Man hat immer wieder die These, daß unter den vorhandenen politischen Gegensätzen das Klasseninteresse und die Klassenideologie eine entscheidende oder die entscheidende Rolle spiele, mit der anderen These durcheinandergeworfen, daß es zwischen den Klassen überhaupt nur Gegensätze und keine Gemeinschaft der Interessen gebe. So wenig Sombarts Buch über den proletarischen Sozialismus sonst dazu beigetragen hat, die Anschauungen zu klären — es ist im ganzen ein haßerfülltes Buch, nicht das Urteil eines Richters, sondern das Plädoyer eines Anklägers, dem gründlichste Sachkunde nicht zur gerechten Würdigung des Objekts, sondern zur Schärfung der Spitzen dient —, so kommt ihm doch das große Verdienst zu, zwischen dem Klassenkampfgedanken selbst und seiner Verabsolutierung unterschieden zu haben.

Die Durchsetzung des Sozialismus ist nicht von der Einsicht der

Unternehmer, sondern nur vom Egoismus der Arbeiter zu erwarten, die allein an ihn glauben und allein für ihn kämpfen werden — in dem Sinn allein, daß nirgendwo sonst sich eine sozialistisch gesinnte Masse bilden kann. Ist also der Sozialismus die Wirtschaftsordnung, die gewollt werden muß, dann ist die Macht der Arbeiterschaft zu stärken, wenn man die wirtschaftliche Entwicklung dem erwünschten Ziel näherbringen will.

Nach diesen Wahrheiten hat der Politiker sich zu richten. Er kann sie natürlich auch nicht als ein Geheimnis bewahren, sondern muß sie den Massen zu Bewußtsein bringen, auch auf die Gefahr hin, daß dieser oder jener Teil der Masse sie, indem er sie aufnimmt, überspitzt oder übertreibt. Gewiß besteht immer die Gefahr, daß in der praktischen Politik die Begriffe Kampf und Krieg verwechselt werden, obwohl es nicht eine theoretische Feinheit, sondern eine grundlegende Tatsache des menschlichen Zusammenlebens ist, daß nicht jeder Kampf mit unbeschränkter Wahl der Waffen geführt werden darf. Aber man kann Wahrheiten nicht verschweigen, weil sie gefährlich werden können, wenn das Gefühl und die Leidenschaft ihre Grenzen verwischen. Man kann nicht mehr tun, als mit der Wahrheit eben auch diese ihre Grenzen aufzeigen.

Wie man in dem Satz, daß der Klassenkampf, aber nicht der Klassenkrieg unvermeidlich ist, die Betonung verteilen will, ist ein Problem der politischen Pädagogik und nur nach dem geistigen Zustand der Masse zu entscheiden, auf die der Appell trifft. Der Klassenkampfgedanke hat für die Arbeiterbewegung außerordentlich wichtige psychologische Funktionen. Der Arbeiter ist in seinem Alltagsleben der Autorität von Menschen anderer sozialer Schichten unterworfen. Der Unternehmer oder der Ingenieur oder der Betriebsleiter kommandiert ihn im Produktionsprozeß. Aber diese Autorität ist nicht die am stärksten wirkende. Wo er in seinem Privatleben ohne formelles Unterordnungsverhältnis mit Menschen einer sozial höheren Schicht zusammenkommt, fühlt er sich unterlegen, weil er wenig formale Bildung besitzt. Der Arzt, der in die Arbeiterfamilie kommt, der Arbeitgeber, der einmal ein freundliches Wort mit dem Arbeiter wechselt, sie alle haben von vornherein ein Maß von Autorität, das gar nicht in ihrer Wirkung als individuelle Persönlichkeit begründet zu sein braucht, denn der Arbeiter überwertet das, was ihm fehlt: die Beherrschung der Technik von Gedanken und Ausdruck. Es war eine ungeheure Schwierigkeit, einer Schicht von Menschen in solcher Lage überhaupt politische Eigenbewegung zu geben. Das gelang nur, weil ihnen gesagt wurde: „Euch ist als Arbeitern, als Proletariern, wenn ihr euch nur eurer Stellung in der Gesellschaft und eurer Bedeutung bewußt seid, eine Einsicht eröffnet, die den anderen trotz ihrer Schulkenntnisse fehlt: Ihr könnt das Ziel der gesellschaftlichen Entwicklung und ihre Triebkräfte sehen, während die anderen dafür blind sind." Darum hat Lassalle den Arbeitern die „Idee des Arbeiterstandes" gepredigt, darum hat Marx ihnen nicht nur zugerufen: „Die Befreiung der Arbeiter kann nur das Werk der Arbeiterklasse selbst sein", sondern ihnen auch verkündet, daß sie mit ihrer eigenen Befreiung den Sinn der Geschichte erfüllten. Was wir heute an Arbeiterkultur haben, wäre nie geschaffen worden, wenn nicht diese Überzeugung von der Mission des Proletariats vorhanden gewesen wäre, die den Klassenkampfgedanken voraussetzt. Der Sondercharakter und die Eigenleistung dieser Arbeiterkultur sind gewiß hier und dort überschätzt worden. Ihre Kritiker haben darin recht, daß sie im wesentlichen doch in den Bahnen des bürgerlichen Denkens geblieben ist, daß es keine proletarische Kunst, keine proletarische Philosophie gibt, denn dazu gehört mehr als eine Neigung für bestimmte Ausdrucksformen oder Gedankenrichtungen, die sich vorzugsweise im Proletariat finden. Wahr ist auch, daß die Lebensanschauung des Arbeiters die Eindeutigkeit intellektueller Forschungsergebnisse überschätzt und die Enge ihrer Grenzen unterschätzt. Wahr ist schließlich, daß alle hervorragenden geistigen Leistungen, die aus der Arbeiterschaft hervorgegangen sind, offenbar eben Leistungen begabter oder genialer Individuen waren, denen ihre Klassenzugehörigkeit nicht mehr geboten hat als Stoff, Anregung oder Anlaß ihres Werkes. Aber was beweist das alles? Doch nur, daß auch die moderne Menschheit nicht bis in den Grund ihres geistigen Wesens nach Klassen gespalten ist, daß die Klassenlage wohl die Einstellung zu Welt und Leben um Grad verschiebt, aber nicht von Grund auf verändert, daß wohl diese oder jene Wahrheit von der einen Klasse viel leichter gesehen, dieser oder jener Irrtum von ihr viel leichter begangen wird als von der anderen, daß aber deshalb noch nicht die Art des Denkens und Fühlens nach den Kategorien „proletarisch“ und „bürgerlich“ grundsätzlich geschieden ist. Wer sich über den Mangel an Eigenleistung der Arbeiterklasse beklagt, der sollte nicht vergessen, welche Tiefe der Klassenscheidung er damit voraussetzt — und ihr Fehlen eigentlich bedauert. In jedem Fall ist die volkserzieherische Leistung der Arbeiterbewegung, auch wenn sie das Geistesgut bürgerlicher Wissenschaft im wesentlichen übernahm, ungeheuer groß. Sie hat dem Menschen der Unterschicht als Individuum einen Anteil am geistigen Geschehen gegeben, der ohne Beispiel in früheren Geschichtsepochen ist. Und wenn auch die technischen Hilfsmittel der Bildungsverbreitung das erleichtert haben, so hat doch die Eigenart des modernen Produktionsprozesses mit seiner tödlichen, lähmenden Langeweile für die Mehrzahl der Arbeiter das so erschwert, daß jeder, der die Dinge kennt, den Erfolg nur tief bewundern kann. Selbst außerhalb des immerhin weiten Kreises, der aktiv an der politischen Erörterung teilnimmt, ist auf dem Weg über die Politik die Auseinandersetzung um geistige Dinge ganz tief in die Arbeiterschaft eingedrungen. Man braucht das oft krampfhafte Bemühen, an den Dingen der Zeitkultur Anteil zu haben, das sich in den zahllosen Arbeitervereinen vom Freidenkerbund bis zum Radioklub äußert, durchaus nicht zu überschätzen, wenn man in diesem Bemühen, dessen Irrtümer oft ergreifender sind als seine Erfolge, einen ganz großen Wert sieht, eine Möglichkeit für die ökonomische Unterschicht, ihrem geistigen Dasein einen Entfaltungsraum zu schaffen, der von der Not des Tages nicht zusammengedrückt wird.

Zu alledem wäre es niemals gekommen, wenn es keinen Klassenkampfgedanken gegeben hätte. Das Bewußtsein des Gegensatzes zum Bürgertum war die Grundlage für den Glauben an eine eigene Mission und dieser wieder eine starke Triebfeder des Willens, selbst geistig etwas zu sein. Es ist ja nicht nur im Verhältnis der Klassen zueinander so, daß das Bewußtsein eines Gegensatzes, das Gefühl, im Kampf zu stehen, Menschen Entbehrungen ertragen läßt, zu denen sie sich sonst nie bereitfinden würden. Und die Entbehrungen, die der Arbeiter sich zumuten mußte, um seine Organisationen zu erhalten, um sich die Mittel zum geistigen Weiterkommen zu schaffen, waren sehr schwer und sind es heute noch.

Das hat eine große Bedeutung auch für die unmittelbare Praxis der Wirtschaftspolitik. Mit der Ideologie vom Klassenkrieg, der den Kämpfer zur härtesten Entbehrung zwingt, ihn aber auch mit dem herrlichsten Sieg belohnt, hat der Bolschewismus den russischen Arbeitern heroische Anstrengungen für den wirtschaftlichen Wiederaufbau abgewonnen. Die Schwere dieser Anstrengungen und Entbehrungen, die den Arbeitern zugemutet werden mußten, war bedingt durch den Radikalismus, mit dem der Bruch mit der politischen und ebenso scharf auch mit der wirtschaftlichen Vergangenheit vollzogen wurde. Aber in jedem Übergang gibt es, wenn nicht Rückschläge, so doch Verzögerungen des Fortschritts, wenn nicht Katastrophen, so doch mindestens Enttäuschungen. Das Ringen um den Sozialismus wird viele Jahrzehnte dauern, nicht weil der Widerstand anderer Klassen erst in einer so langen Zeitspanne besiegt werden könnte, sondern weil die Organisation der sozialistischen Wirtschaft nicht rasch möglich ist. Auch der demokratische Sozialismus wird sich also um die seelische Stoßkraft der Arbeiter kümmern müssen, die in dieser langen Übergangsperiode die Kraft des Fortschritts bedeutet. Auch ihm wird der Klassenkampfgedanke dabei weiterhelfen müssen. Der Bolschewismus aber hat den Arbeitern nicht nur gesagt, daß sie eine eigene geschichtliche Aufgabe haben, und daß sie um die Erfüllung dieser Aufgabe kämpfen müssen, er hat sie gelehrt, daß ihr Wissen um die geschichtliche Notwendigkeit und ihr Wille, diese Notwendigkeit zu erfüllen, ihnen das Recht gebe, die Menschen aus anderen Klassen, denen diese Erkenntnis und dieser Wille versagt sei, zu entrechten und zu vernichten. Daß man den Arbeitern die Rolle der herrschenden Klasse gegeben hat, einer Klasse mit unbeschränktem Herrschaftsrecht, gegen das die Menschen anderer Klassen sich noch nicht einmal auf ihr einfaches Existenzrecht berufen können, war gewiß in der geschichtlichen Situation das wirksamste überhaupt denkbare Mittel, um den Arbeiter über die Enttäuschung hinwegzubringen, daß er es ökonomisch nicht besser, ja zum Teil viel schlechter hatte (und hat) als unter der Herrschaft des unversehrten Kapitalismus. Der demokratische Sozialismus hat auf dieses Mittel, auf die Belohnung der ökonomischen Disziplin mit dem Recht der Unterdrückung, verzichtet. Nicht nur die Friedlichkeit der Entwicklung, die Erhaltung des Begriffs der menschlichen Solidarität hängt davon ab, daß sich dieser Verzicht vor der Geschichte als möglich erweist.

II. Die wirtschaftspolitische Technik

a) Zwei Methoden der Sozialisierung

Der Sozialismus will das Gemeineigentum an den Produktionsmitteln, weil er planmäßige Ordnung der Wirtschaft will. Um eine kapitalistische Wirtschaftsordnung in eine sozialistische umzubilden, kann man grundsätzlich zwei Wege gehen. Man kann entweder damit beginnen, daß man Betriebe, also Produktionsmittel, aus Privateigentum in Gemeineigentum überführt, oder man kann das Privateigentum an den Produktionsmitteln zunächst bestehen lassen und versuchen, den Privateigentümer einer gemeinwirtschaftlichen Kontrolle zu unterwerfen.

In den Sozialisierungsprojekten und -versuchen der ersten nachrevolutionären Zeit zeichnet sich dieser Gegensatz der Methoden gerade in Deutschland sehr deutlich ab. Die Planwirtschaft im technischen Sinn dieses Wortes, wie Wissell, Moellendorff und Rathenau sie wollten, gehört in die zweite Gruppe. Die Tendenz dagegen, wie sie besonders die Mehrheit der ersten Sozialisierungskommission in der Frage des Bergbaues vertrat, liefen darauf hinaus, daß zunächst öffentliches Eigentum geschaffen werden müsse, ehe an der Art der Wirtschaftsführung etwas geändert werden könne.

Alle Versuche, das privatkapitalistische Eigentum bestehen zu lassen und es einer Kontrolle unterzuordnen, leiden an dem Übel, daß man dem Unternehmer die Freiheit nimmt, ohne ihm die Verantwortung zu nehmen. Solange die Eingriffe in die Freiheit des Unternehmers nicht zu groß sind, geht das. Sonst wäre ja schon jede Sozialpolitik unmöglich. Aber beim Sozialismus handelt es sich nicht darum, diese Freiheit nur hier und dort einzuschränken und den Unternehmer zum Ausweichen nach einer anderen Seite zu zwingen, hier soll die gesamte Richtung der Produktion schließlich von einer übergeordneten Stelle bestimmt werden. Und das ist nicht nur im Zustand einer als endgültig gedachten Wirtschaftsform unmöglich, sondern fast ebenso unmöglich auch als Übergangszustand. Könnte man den Unternehmer so kontrollieren, wie diese Planwirtschaftler oder Gemeinwirtschaftler es wollen und alle Sozialisten, wenn sie ihn bestehen lassen, wollen müssen, dann wäre wirklich nicht einzusehen, warum er auch nur einen Tag länger nötig sein soll. Die Vorstellung, daß die Kontrolle über einen Wirtschaftsvorgang soviel leichter sei als das Selbermachen, ist eben von Grund aus falsch und verkennt das Wesen der wirtschaftlichen Tätigkeit.

b) Die öffentliche Wirtschaft von heute

Öffentliches Eigentum an Betrieben besteht schon jetzt in einem nicht unerheblichen Umfang, der „öffentliche Sektor" vor allem der deutschen Wirtschaft ist beträchtlich. Aber er besteht zum größeren Teil aus Unternehmungen, die nicht im vollen Konkurrenzkampf der privaten Wirtschaft stehen. Das gilt vor allem von den monopolistischen Versorgungsbetrieben der Gemeinden und von der großen Elektrizitätsproduktion der Länder und des Reichs (Elektro-Werke, Preußen-Elektra, Bayernwerk, Walchenseewerk usw. Das Rheinisch-Westfälische Elektrizitätswerk ist ein gemischtwirtschaftlicher Betrieb, bei dem aber die öffentlichen Interessen vollkommen zersplittert sind.) Schon aus Gründen der regionalen Trennung, die zwischen den zwei großen öffentlichen Elektrokonzernen und dem RWE. noch durch ein Demarkationsabkommen verstärkt wird, besteht kein Wettbewerb im eigentlichen Sinn. Der Kleinverbraucher kann überhaupt nicht wählen, von wem er Elektrizität beziehen will, er muß den Strom nehmen, den ihm das Ortswerk liefert. Der Wettbewerb der Großkonzerne um den Anschluß einzelner Orts- und Bezirksnetze ist in der Hauptsache beendet. Er wurde in einer Art geführt, die auf die wirtschaftliche Leistungsfähigkeit des einzelnen Unternehmens kaum Schlüsse zuläßt. Übrig bleibt die Konkurrenz mit der Eigenversorgung der Großverbraucher. Auch das ist kein Kampf zwischen Gleichen, durch den man die Überlegenheit oder Unterlegenheit der öffentlichen Unternehmungen erkennen könnte.

Es ist also nicht möglich, die Erfolge der öffentlichen Wirtschaft auf dem Gebiet der Elektrizitätserzeugung und -verteilung mit den Erfolgen der Privatwirtschaft auf dem gleichen Gebiet an dem Ergebnis des Wettbewerbs zu messen. Auch die Gewinne bieten keinerlei brauchbaren Anhaltspunkt. Die öffentlichen Elektrizitätsunternehmungen werden zum erheblichen Teil absichtlich so geführt, daß die Preise verhältnismäßig niedrig gehalten werden, mindestens wird die Stellung als Monopollieferant preispolitisch nicht voll ausgenützt. Aber auch die innere Struktur der verschiedenen Großunternehmungen für Elektrizität, gleichgültig, ob sie privatwirtschaftlich sind oder der öffentlichen Hand gehören, ist so verschiedenartig, daß ein Vergleich der finanziellen Ergebnisse nichts besagt.

Will man also über die wirtschaftliche Leistungsfähigkeit der öffentlichen Elektrizitätsunternehmungen ein Urteil gewinnen, um daraus auf die Leistungsfähigkeit des öffentlichen Betriebs überhaupt zu schließen, so bleibt nur der auf Einzelbeobachtung gestützte allgemeine Eindruck, der mit recht vielen Fehlerquellen behaftet ist. Dieser allgemeine Eindruck ist durchaus günstig. Der riesige technische Vorteil der großen, einheitlich geleiteten Stromverteilungsnetze und der sie speisenden modernen Riesenkraftwerke ist von den öffentlichen Unternehmungen im großen und ganzen erfolgreich und geschickt ausgenutzt worden. Hier und dort sind Mißgriffe vorgekommen, aber von entscheidender Bedeutung waren sie nicht. Eine Überexpansion der Anlagen auf das Betreiben der Techniker, wie man sie sonst in öffentlichen Betrieben zuweilen findet, könnte gerade auf dem Gebiet der Elektrizitätswirtschaft viel eher beim RWE. vermutet werden als bei den Unternehmungen des Reichs, der Länder und auch der Gemeinden.

Im Anschluß an den Elektrobesitz des Reichs hat sich die deutsche Aluminiumindustrie als völlig reichseigene Produktion entwickelt. Da nicht einmal der Versuch unternommen wurde, gegen diesen öffentlichen Aluminiumtrust einen privatwirtschaftlichen Außenseiter zu setzen, darf man wohl annehmen, daß ein Wettbewerb keinen Erfolg versprach. Das mag durch die Überlegenheit der nun einmal errichteten Großanlagen bedingt sein, beweist aber immerhin, daß die Wirtschaftsführung nicht unbefriedigend gewesen sein kann. Der übrige Industriebesitz des Reichs enthält vor allem die Deutschen Werke, die ehemaligen Rüstungsbetriebe, die unter großen Schwierigkeiten auf Friedensproduktion umgestellt worden sind. Bei dieser Umstellung hat es auch erhebliche Mißerfolge gegeben: Ein Teil der Unternehmungen mußte abgestoßen werden. Bei der Verwaltung des Restes sind jetzt gute Erfolge erzielt worden.

Noch mehr als bei der Elektrizitätswirtschaft fehlt jede Möglichkeit des Vergleichs mit privatwirtschaftlichen Betriebserfolgen bei den großen Verkehrsunternehmungen des Reichs, bei Reichsbahn und Reichspost. Auch der Vergleich mit ausländischen Privatgesellschaften, etwa mit den vielfach bestehenden Privatbahnen und mit den Telefongesellschaften in den Vereinigten Staaten von Amerika, versagt bei näherer Betrachtung. Denn gerade im Verkehr liegen die Bedingungen für den Betriebserfolg in den einzelnen Ländern völlig verschieden. Das amerikanische Eisenbahnwesen mit seinen riesigen Entfernungen über dünn besiedelte Strecken, die einen Mangel an Verkehrsdichte in einem großen Teil des Netzes, aber auch ein sehr günstiges Verhältnis zwischen Abfertigungskosten und Zahl der Tarifkilometer bedingen, im äußersten Gegensatz dazu die englischen Kurzstreckenbahnen, die deutschen Eisenbahnen mit ihren erheblichen Durchfuhrinteressen, die den beiden anderen fehlen — das alles sind so bedeutsame natürliche Verschiedenheiten, daß man aus Ertragszahlen oder aus der Höhe der Tarife kaum irgendeinen Schluß auf die relative Leistungsfähigkeit der Verwaltungen ziehen kann. Zu den natürlichen Unterschieden kommen solche der geschichtlichen Entwicklung: Jedes Eisenbahnnetz betreibt im „volkswirtschaftlichen Interesse" auch Strecken, die es vom Standpunkt der reinen Rentabilitätserwägungen besser aufgeben würde. Das ist auch in Privatbahnländern der Fall, weil hier den Gesellschaften mit Hilfe der Konzessionsverträge auch ein gewisser Betriebszwang auferlegt ist. Wie groß aber diese unrentablen Strecken im Verhältnis zu den rentablen sind, das hängt von dem Umfang ab, in dem bestimmte Gegenden oder Produktionszweige ihre Wünsche nach solchen Verkehrssubventionen durchsetzen konnten. Eine einmal errichtete Linie stillzulegen, ist überall fast unmöglich, weil das Lebensinteresse von Ortschaften und die Existenz von Arbeitern und Unternehmern von der Fortführung abhängt. Die Belastung mit unrentablen Verkehrsaufgaben ist also in den einzelnen Ländern völlig verschieden. Völlig verschieden sind auch die Ansprüche, die an die „volkswirtschaftliche Gestaltung" der Tarife gestellt wurden. Oft müssen Sondertarife bewilligt oder die allgemeine Tarifierung der Rohstoffe niedrig gehalten werden über das Maß hinaus, das im Rentabilitätsinteresse der Verkehrsunternehmung liegt. Dann aber dürfen Zugeständnisse an Verkehrsinteressenten, die an sich im Interesse der Verkehrsunternehmung liegen würden, nicht gemacht werden, weil sie die Wirtschaftspolitik des Staates durchkreuzen würden: etwa Transporterleichterungen für bestimmte Einfuhrgüter, die der heimischen Produktion Konkurrenz machen. Schließlich hängt heute in allen Ländern die Rentabilität des Bahnverkehrs wesentlich von dem sehr verschiedenen Grad ab, in dem der Staat durch Leistungen für den Straßenbau den Kraftwagenverkehr — den gefährlichsten Wettbewerber der Bahn — subventioniert. Alle diese Verschiedenheiten rechnerisch auszuscheiden, ist ganz unmöglich. Daher läßt sich auch ein Vergleich der Wirtschaftserfolge öffentlicher Verkehrsunternehmungen in dem einen Land und privater Verkehrsunternehmungen in dem anderen Land nicht durchführen. Auch bei Reichspost und Reichsbahn bleibt also nur die Einschätzung der Betriebserfolge nach dem Gesamteindruck, den der wirtschaftlich geschulte Beobachter von den Ergebnissen gewinnen kann. Dieser Eindruck ist weniger eindeutig als bei der Elektrizitätsproduktion. Post und Bahn haben durch erhebliche Tariferhöhungen wiederholt die öffentliche Meinung gegen sich aufgebracht und auch manchen wohlwollenden Kritiker nicht immer davon zu überzeugen vermocht, daß diese Maßnahmen auch bei bester Betriebführung nicht zu vermeiden gewesen wären. Aber auch der Gegenbeweis ist bei der Reichsbahn nicht gelungen, und bei der Reichspost, die ihre Tariferhöhung vom Herbst 1927 ziemlich sicher hätte entbehren können, haben sich hinterher große Überschüsse ergeben. Es liegt also wahrscheinlich eine fiskalische Belastung des Postbenutzers vor, die man — da sie vor allem den Briefverkehr traf, auf den jedermann angewiesen ist — als unsozial verurteilen muß, aber die Mehreinnahmen sind sichtbar geworden, sie wurden nicht von einer unzweckmäßig geführten Verwaltung „hineingebuttert". Der heute gewiß nicht niedrige Tarif der deutschen Reichspost ist vielleicht ein Argument gegen die Reichsfinanzpolitik, die sich aus dem Postmonopol erhebliche Beiträge zur Abgleichung ihres Etats verschafft, nicht aber gegen die wirtschaftliche Führung der Post selbst. Bei der Reichsbahn ist trotz zahlreicher intensiver Diskussionen die Lage immer noch in dem Sinn undurchsichtig, daß niemand sagen kann, was die Kriegsfolgen auf dem Gebiet der Personalpolitik wie der Materialwirtschaft für die Reichsbahn von heute noch bedeuten. Die Reichsbahn ist mit großen Ruhegehältern belastet für Personal, das sie bei der Demobilmachung übernahm und später abbauen mußte. Sie hat zweifellos zu leiden unter der mangelhaften Erneuerung der Gleise und des Oberbaus während des Kriegs. Kann man die erste Belastung noch einigermaßen berechnen, so ist die zweite deshalb kaum feststellbar, weil der Umfang der notwendigen Materialerneuerung selbst sehr umstritten ist.

Man kann also aus der Analyse der deutschen Post- und Eisenbahnwirtschaft zwar erkennen, wo besondere Gefahrenquellen des öffentlichen Betriebs liegen: nicht etwa, wie man früher vielfach meinte, in der technischen Erstarrung, in der mangelhaften Anpassungsfähigkeit an neue technische Möglichkeiten, sondern ganz im Gegenteil in der technischen Überentwicklung. Der Geist des Ingenieurs ist dem Geist des Beamtentums verwandter als der Geist des Kaufmanns. Daher wird in einer Verwaltung, die sich noch als ein Stück Behörde fühlt und es in manchem wichtigen Sinn auch ist, der Ingenieur leicht zu viel zu sagen haben. Damit muß man rechnen und dem muß man nach den bisherigen Erfahrungen entgegenwirken, wenn man möglichst rationelle Verkehrsbetriebe haben will. Ob aber diese Gefahr und ob irgendwelche anderen Eigentümlichkeiten des öffentlichen Betriebs in der Verkehrswirtschaft mehr geschadet haben, als der privatwirtschaftliche auf seine Art geschadet hätte, das ist ebensowenig streng zu beweisen wie streng zu widerlegen.

Auch bei den Versorgungsbetrieben der Kommunen fehlt im großen und ganzen der Vergleichsmaßstab. Gas- und Elektrizitätswerke, auch Straßenbahnen und Wasserwerke sind im Laufe der Zeit kommunalisiert worden, und man kann ruhig annehmen, daß trotz des natürlichen Wunsches der Gemeindeverwaltungen, ihren Machtbereich zu erweitern, trotz des Mißtrauens der Konsumenten gegen privatmonopolistische Ausnutzung der Versorgungsbetriebe dies nicht in so großem Umfang geschehen wäre, wenn die Betriebe in der Hand der Gemeinden sich bei gleichen Tarifen als wesentlich weniger ertragreich erwiesen hätten als in der Hand von Privaten. Das ist aber das einzige, was sich sagen läßt. Ein exakter Vergleich der Produktivität ist kaum irgendwo möglich, weil fast überall, wo private Versorgungsbetriebe in Gemeindebetriebe verwandelt wurden, zugleich auch wichtige Voraussetzungen der Rentabilität sich verschoben haben. Sehr häufig ist die Übernahme erfolgt, nachdem Konzessionsverträge abgelaufen waren: Dann hat der Konzessionär meistens, da er über die Fortsetzung des Betriebs im ungewissen war oder sogar als gewiß annehmen mußte, daß ihm der Betrieb nicht blieb, auf die Erhaltung und Fortbildung der Anlagen nichts mehr aufgewendet. Die Gemeinde mußte dann in der Regel einen heruntergewirtschafteten Betrieb übernehmen, wodurch in der ersten Zeit die Rentabilität stark geschmälert wurde. Später machte sich dann umgekehrt für die Gemeinde der Vorteil geltend, daß sie nicht wie die Privatfirma nur auf kurze Sicht arbeiten konnte, sondern den Betrieb in der Gewißheit führen durfte, ihn dauernd zu besitzen. Dazu kommt, daß der Übergang vom Privatbetrieb in den Kommunalbetrieb häufig in einer Periode starker technischer Entwicklung erfolgte, zum Teil aber auch in die Inflation fiel. So wurden die Erwerbungskosten, wenn sie aus Anleihemitteln bestritten worden waren, nachträglich zum Teil annulliert. Es kreuzten sich also so viele positive und negative Einflüsse, daß es wohl ganz unmöglich ist, aus der Geschichte der gemeindlichen Versorgungsbetriebe auf die Leistungsfähigkeit des öffentlichen Unternehmens im Vergleich zum privaten exakte Schlüsse zu ziehen, die sich verallgemeinern ließen.

Neben den Versorgungsbetrieben, zu denen natürlich auch Straßenreinigung, Müllabfuhr usw. gehören, gibt es in den Gemeinden eine Reihe von Handelsbetrieben, die ursprünglich dazu dienen sollten, den Behördenbedarf an bestimmten Waren zu decken und die dann dazu übergegangen sind, auch Private mit solchen Waren zu beliefern. Das vielleicht größte Beispiel dieser Art ist die Kohlenhandelsgesellschaft der Stadt Berlin. Die öffentliche Subventionierung des Bauwesens hat hier und dort dazu geführt, daß auch der Wohnungsbau in städtische Regie übernommen wurde, und daß sogar manchmal auch Lieferindustrien wie Ziegeleien in städtischen Besitz übergingen. Viele dieser Regiebetriebe sind sehr zweckmäßige Einrichtungen: Es ist in der Tat keineswegs erwünscht, daß die Deckung des Bedarfs einer Gemeinde, zumal einer großen Gemeinde, dezentralisiert durch die einzelnen städtischen Behörden erfolge. Es ist also in vielen Fällen nur ein Gebot wirtschaftlicher Vernunft, Zentralstellen für solche Eindeckung zu errichten. Errichtet man sie, dann ist es durchaus notwendig, sie nach kaufmännischen Gesichtspunkten arbeiten zu lassen: Man muß sie also als echte Regiebetriebe in der gleichen Form organisieren, die man auch für die übrigen gemeindlichen Betriebe, etwa die Elektrizitäts- und Gaswerke, als geeignet entwickelt hat. Ist aber eine solche kaufmännisch geleitete Einkaufszentrale einmal vorhanden, warum soll sie dann nicht ihre Aktionssphäre so erweitern, daß sie ihre Rentabilität verbessert? Es ließe sich doch höchstens unter dem Gesichtspunkt widersprechen, daß, wie das alte mittelständlerische Argument lautet, die Gemeinde ihren Steuerzahlern keine Konkurrenz machen solle. Aber die Konsumenten, die schließlich auch Steuerzahler sind, haben ein dringendes Interesse daran, daß die übersteigerten Kleinhandelszuschläge herabgedrückt werden. Dazu aber sind kommunale Großbetriebe zuweilen recht geeignet, während der zersplitterte, übersetzte Kleinhandel sich trotz aller Selbsthilfebestrebungen als unfähig erwiesen hat, seine Funktion in ökonomischer Weise zu erfüllen.

Daneben aber gibt es Anschaffungsgesellschaften und dergleichen, die einfache Überbleibsel aus der Inflationszeit sind, weder kaufmännisch geleitet noch in ihrer ganzen Anlage bei exakter Wirtschaftsrechnung lebensfähig. Manche von ihnen ließen sich gewiß so umbilden, daß sie einen vernünftigen Zweck erfüllen könnten. Vielfach aber fehlt ihnen heute die wichtigste Voraussetzung: ein ausreichender gemeindlicher Eigenbedarf. Es hat heute keinen Sinn, wenn eine Gemeinde versucht, ein Kleinhandelsunternehmen neben anderen zu gründen. Hat sie nicht die breite Basis im Behördenbedarf selbst, die ihr das rationelle Arbeiten von vornherein sichert und es ihr möglich macht, von dieser Grundlage aus volkswirtschaftlich überflüssige Händler zu verdrängen, dann wirkt sie nicht vereinfachend und verbilligend, sondern zersplitternd und verteuernd. Die öffentliche Hand tut sich selbst nichts Gutes, wenn in Gemeinden, die für solche Aufgaben viel zu klein sind, Versorgungsgesellschaften weiterbetrieben werden, nur um diesen in der Zeit der Warenknappheit sinnvollen, jetzt aber sinnlos gewordenen Apparat durchzuhalten und damit den Machtbereich der Gemeindeverwaltung äußerlich ungeschmälert zu erhalten.

Ein besonders wirksames Betätigungsfeld haben die öffentlichen Körperschaften im Kreditwesen gefunden. Das Wesen des Kredits ist Sicherheit. Daher hat hier die öffentliche Hand einen Vorsprung. Sie kann dem kreditwirtschaftlichen Unternehmen, das sie betreibt, die Haftung der Steuerzahler zur Verfügung stellen, und sie gibt damit dem Kunden des Unternehmens eine beinahe vollständige Sicherheit. Für die Übernahme der Haftung bedarf es nicht einmal eines besonderen Entschlusses. Sie ist juristisch sehr häufig, moralisch immer schon mit der Errichtung des Unternehmens durch eine öffentliche Stelle gegeben. Eine Gemeinde oder ein Kreis kann die Sparkasse, eine Provinz die Landesbank, Preußen kann die Seehandlung oder die Preußische Zentralgenossenschaftskasse, das Reich kann die Reichskreditgesellschaft niemals zahlungsunfähig werden lassen. Und selbst wenn einmal einer der öffentlichen Gewährsträger nicht mehr imstande sein sollte, sein Institut vor dem Zusammenbruch zu schützen, so bestünde ein Solidaritätsinteresse der übrigen öffentlichen Körperschaften, ihm zu helfen. Der Vorsprung ist in kleinen Verhältnissen wichtiger als in großen. In der Kleinstadt ist die Kreissparkasse dem Bankhaus Meier oder Schulze, der „Bank für Landwirtschaft" oder der „Gewerbebank" durch die Haftung des Kreises stark überlegen. Wer nicht gerade von einer der anderen Banken Kredit zu bekommen wünscht und deshalb in Zeiten des Geldüberschusses auch dort einzahlen muß, wird sich an die öffentlichen Kreditinstitute halten, bei denen er absolut sicher geht — es sei denn, daß die kleineren Privatinstitute sehr viel höhere Zinssätze bieten, was aber seine natürlichen Grenzen findet. Dagegen ist die Reichskreditgesellschaft kaum sicherer als eine Großbank, denn eine wirkliche Großbank kann sich zwar festfahren, aber weder die anderen noch das Reich noch die Reichsbank können sie zugrunde gehen lassen: An einem kreditwirtschaftlichen Unternehmen ganz großen Stils besteht eben, mag es dem Reich gehören oder Privatunternehmen sein, unter allen Umständen ein entscheidendes öffentliches Interesse.

Die öffentliche Hand hat besonders im Unterbau, wo ihre Überlegenheit am stärksten ist, ihre kreditwirtschaftliche Tätigkeit stark ausgedehnt. Aus den Sparkassen und in Verbindung mit ihnen sind die Girokassen und Stadtbanken entstanden. Die Girozentralen sind nicht nur Institute des interkommunalen Geldausgleichs und eines kommunalen Überweisungsverkehrs, der sich auch um Privatkunden bemüht, sondern außerdem Saugarme für langfristigen Gemeindekredit geworden. Dem öffentlichen Kredit für agrarische Zwecke ist in der Rentenbank-Kreditanstalt ein neues Spitzeninstitut entstanden, während die Preußenkasse auf erweiterter Grundlage mit öffentlichen Geldern den Kreditgenossenschaften ihren Ausfall an Sparmitteln ersetzt. In der Reichskreditanstalt hat das Reich sich ein Bankinstitut geschaffen, das mit der Anlage öffentlicher Gelder bis ins Börsengeschäft vorgedrungen ist.

An Skandalen hat es in der öffentlichen Kreditwirtschaft so wenig gefehlt wie in der privaten. Sie waren dort nicht häufiger als hier und, soweit es für Mißgriffe und Verfehlungen dieser Art überhaupt einen Maßstab gibt, auch nicht schlimmer. Keinerlei Beweis liegt dafür vor, daß die Leiter der öffentlichen Kreditinstitute sorgloser gehandelt hätten als die Leiter gleichartiger Privatunternehmungen, etwa weil sie sich für den äußersten Notfall auf die Steuerkraft ihrer Bürger verlassen konnten. Aber ebensowenig kann man in der Ausdehnung der öffentlichen Kreditwirtschaft schon einen schlüssigen Beweis dafür sehen, daß diese Unternehmungen betriebswirtschaftlich den privaten etwa überlegen gewesen seien: Denn in jedem Fall hätte ihnen der natürliche Vorzug der Sicherheit eine breite und wachsende Kundschaft gewonnen[1].

[1] Vgl. über die öffentliche Hand in der Wirtschaft besonders das „Handbuch der öffentlichen Betriebe", herausgegeben vom „Gesamtverband der Arbeitnehmer der öffentlichen Betriebe" (Berlin 1930), und Manuel Saitzew, „Die

Wäre es so, wie die Agitation der Mittelstandsgruppen und anderer bürgerlicher Parteien behauptet, daß die öffentliche Hand in rücksichtslosem Zugriff in das Gebiet der Privatwirtschaft hineingefaßt hätte, dann müßte es leicht sein, entweder ihre Schäden oder ihre Vorzüge festzustellen, beides gemessen an den Leistungen gleichartiger Privatunternehmungen. Aber der weitaus größte Raum, den die Tätigkeit der öffentlichen Hand einnimmt, ist gegen das Tätigkeitsgebiet der Privatwirtschaft so scharf abgegrenzt, daß ein wirklicher Wettbewerb gar nicht stattfindet: Das gilt von den Versorgungsbetrieben einschließlich des Verkehrs. Eine Konkurrenz zwischen Privatwirtschaft und öffentlicher Wirtschaft gibt es in erheblichem Umfang nur bei den Handelsunternehmungen der Gemeinden und bei ihren nicht sehr zahlreichen gewerblichen Regiebetrieben und sodann in der Kreditwirtschaft. In der Kreditwirtschaft ist durch die Sonderstellung des öffentlichen Gewährsträgers, bei den erwähnten Gemeindeunternehmungen ist durch die Unübersichtlichkeit und Verschiedenartigkeit der Bedingungen ein brauchbarer Vergleich, der Verallgemeinerungen zuließe, so gut wie unmöglich.

Das Erfahrungsmaterial über öffentliche Betriebe beweist, daß eine Wirtschaftsführung durch die öffentliche Hand auf allen Gebieten der Wirtschaft an sich möglich ist, ohne daß augenscheinliche Verstöße gegen die Forderungen der Wirtschaftlichkeit in grober Art häufiger wären als in Privatbetrieben. Das Erfahrungsmaterial reicht aber nicht dazu aus, zu entscheiden, ob in der Regel und im Durchschnitt der öffentliche Betrieb als Einzelbetrieb dem Privatunternehmen unterlegen, ebenbürtig oder überlegen ist. Den groben Sünden öffentlicher Unternehmungen stehen grobe Sünden der Privatunternehmungen gegenüber. Die großen Leistungen der Privatwirtschaft haben ihre Analogie in großen Leistungen der öffentlichen Wirtschaft — man denke nur an den Ausbau der Elektrizitätsnetze. Aber ob im Alltag die Kontrolle der Wirtschaftlichkeit in der einen Art von Unternehmungen strenger ist als in der anderen, das ließe sich nur durch scharfe vergleichende Kalku-

---

öffentliche Unternehmung der Gegenwart", Tübingen 1930, ferner die bekannte Schrift „Wirtschaftsdemokratie", die Naphtali im Auftrag des ADGB. herausgegeben hat.

lation ermitteln, und diese eben ist heute, da im großen und ganzen jeder auf seinem Feld operiert, nicht in einer genügend großen Zahl von Fällen möglich.

Man kann diese Entscheidung auch nicht finden, wenn man sich nach dem Ausland wendet. Das russische Beispiel beweist nichts, weder positiv noch negativ. Zunächst sind die Tatsachen kaum festzustellen. Angenommen selbst, der Stand der russischen Industrie ließe sich wirklich ermitteln, so würde gegen ein ungünstiges Ergebnis der Einwand offenstehen: Rußland steht in einer Art latenten Bürgerkriegs, das Wesen der Bevölkerung ist zudem einer Industrialisierung nicht günstig. Würden aber umgekehrt die äußeren Tatsachen für eine erfolgreiche Arbeit der russischen Industrie sprechen, so würde zu bedenken sein, daß der verhältnismäßig kleine industrielle Ausschnitt des russischen Wirtschaftslebens auf Kosten des landwirtschaftlichen Ausschnitts auch bei unökonomischer Arbeit im einzelnen entwickelt werden kann: Wenn die russische Industrie, die gegen ausländische Konkurrenz durch das Außenhandelsmonopol absolut geschützt ist, in Form erhöhter Preise sich von der Landwirtschaft Subventionen schafft, so ist das ein Zustand, der sehr lange beibehalten werden kann und überhaupt höchstens von der politischen Seite her umgestürzt werden könnte. Die Wirtschaftlichkeit des öffentlichen Betriebs aber kann auf diese Weise nicht geprüft werden.

Und doch kann man dieser Frage nicht ausweichen. Die Überlegungen im ersten Teil dieser Arbeit haben gezeigt, daß das Zusammenwirken der Privatunternehmungen in der Verkehrswirtschaft an wirtschaftlichen Erfolgsaussichten verliert, je mehr Monopole auch in die bisher monopolfreien Bereiche der Wirtschaft vordringen, je empfindlicher die Wirtschaft gegen die Konjunkturschwankungen wird, die der Kapitalismus nicht beseitigen kann, und je mehr die Dringlichkeit des Akkumulationsproblems und seine Unlösbarkeit in der kapitalistischen Verkehrswirtschaft sich ergibt. Aber das beweist noch nicht, daß sich diese Verkehrswirtschaft durch eine Planwirtschaft ersetzen läßt, ohne daß das Wirtschaftsergebnis vermindert wird. Denn eine Planwirtschaft ist nicht möglich ohne Aufhebung des Privateigentums an den Produktionsmitteln und seine Verwandlung in öffentliches Eigentum. Wird aber die Verbindung der Wirtschaftszellen leistungsfähiger, so würde das noch nicht mit Sicherheit den Gesamtertrag erhöhen, wenn gleichzeitig die Leistungsfähigkeit der einzelnen Zelle sinkt. Wollen wir die Gesamtbilanz sehen, die für den Umbau der Wirtschaftsordnung aufzumachen ist, dann müssen wir uns auch darüber klar sein, wie es um diese Leistungsfähigkeit der Zelle steht: ob überhaupt mit einem Minus zu rechnen ist, und wenn ja, wie groß es ist. Da sich auf induktivem Weg nur erkennen läßt, daß weder ein absolutes Versagen noch eine absolute Überlegenheit des öffentlichen Betriebs — als Einzelbetrieb — gegeben ist, so muß man, um zu einem klareren Ergebnis zu kommen, deduktive Erwägungen zu Hilfe nehmen. Dabei wird man freilich fest im Auge behalten müssen, daß es sich nicht nur darum handelt, ob aus dem Wesen der öffentlichen Wirtschaft für alle Zeiten eine Unfähigkeit zu eigenem wirtschaftlichen Handeln entspringt, sondern daß diese Frage, wenn aus ihr eine Richtschnur für gegenwärtiges Handeln folgen soll, an den gegenwärtigen Staat anknüpfen muß: Sind heute, alle geschichtlichen Bindungen ebenso berücksichtigt wie die „ewigen" Wesenszüge des Staates, Gründe sichtbar, warum die öffentliche Wirtschaft weniger ertragreich sein soll als die Privatwirtschaft?

Die wichtigsten öffentlichen Unternehmungen werden heute fast alle in der Form von Erwerbsgesellschaften betrieben. Sie sind damit herausgelöst aus dem Rahmen der bürokratischen Verantwortlichkeit, aus den Bindungen des formellen Etatrechts, ihre Leiter sind wie die Direktoren anderer Aktiengesellschaften auf Zeit angestellt und am Gewinn durch Tantiemen beteiligt. Warum soll ein solches Unternehmen weniger gut arbeiten als ein reiner Privatbetrieb? Die Gegner der öffentlichen Wirtschaft geben darauf die Antwort: Es fehlt der Aktionär, der darauf bedacht ist, daß verdient wird. Wenn der Staat sich durch seinen Finanzminister oder durch andere sachkundige Persönlichkeiten, die seine Interessen wahren sollen, vertreten läßt, so sei das kein Ersatz für den privaten „Investor", der sein Kapital riskiert und deshalb dem Aufsichtsrat und den Direktoren schärfstens auf die Finger sieht.

Mit diesem Argument werden aber dem Eigeninteresse geradezu mystische Kräfte zugeschrieben. Gewiß, wo ein einzelner Großaktionär vorhanden ist, da mag die Kontrolle dieses Mannes wirksamer sein als die irgendeiner amtlichen Stelle. Wo aber die Verwaltung einer Masse von Einzelaktionären gegenübersteht, da ist es schließlich doch bereits sprichwörtlich geworden, wie wenig Einblick der einzelne dieser Leute in die wirkliche Geschäftsgebarung erhält, wie wenig er gegen den Willen der Verwaltung aufkommen kann. Nun sitzen im Aufsichtsrat freilich Vertreter von Großbanken. Die Kontrolle, die sie über die Geschäftsführung üben, ist manchmal wirksam, manchmal auch nicht, in jedem Fall begründet sie eine Chance, daß mindestens grobe Mißstände aufgedeckt werden. Aber welche Art von Überlegenheit können die Vertreter der Großbanken im Aufsichtsrat über Vertreter des Staats in Anspruch nehmen? Auch die Großbankenvertreter und andere private Aufsichtsratmitglieder kontrollieren einen Geschäftsgang, dessen Ergebnis im ganzen nicht zu ihren persönlichen Lasten oder Gunsten geht. Sie erhalten nur bei günstigem Geschäftsgang höhere Tantiemen, und die Einkünfte aus den Aktienpaketen, die ihre Banken besitzen, werden größer, was indirekt natürlich auch wieder sich in persönlichen Vorteilen für sie auswirkt. Die Erfahrung wird zeigen müssen, wie weit man für die staatlichen Beauftragten nicht nur in der Leitung (Vorstand), sondern auch in der Kontrolle der Leitung (Aufsichtsrat) ähnliche Prämien einführen soll. Das Problem der Aufsichtsratstantiemen und der Auswahl der Aufsichtsratmitglieder bei öffentlichen Unternehmungen ist noch nicht endgültig beantwortet. Einige unerfreuliche Tatsachen, die im Zusammenhang mit solchen Tantiemen festgestellt wurden, dürfen nicht zu einer kleinlichen Behandlung dieser Frage führen. Es kann sich durchaus als nötig erweisen, die Aufsichtsratstantiemen in öffentlichen Unternehmungen mindestens den Durchschnittssatz privater Gesellschaften erreichen zu lassen.

In der organisationstechnischen Konstruktion des öffentlichen Unternehmens läßt sich kein Moment erkennen, daß irgendein Maß von grundsätzlicher Unterlegenheit des öffentlichen Betriebs gegen die private Aktiengesellschaft begründen könnte. Nun gibt es Anhänger der Privatwirtschaft, denen im Grunde genommen auch die Aktiengesellschaft — mit Ausnahme etwa der Familienbetriebe — als eine schon entartete, weil schon bürokratisierte Form des Privatbetriebs erscheint. Sie weisen darauf hin, daß auch heute noch der Einzelunternehmer und mit ihm der mittlere Betrieb eine viel größere Rolle spiele, als gemeinhin angenommen wird. Die großen Aktiengesellschaften interessieren das Börsenpublikum und beschäftigen auch sonst die wirtschaftspolitische Phantasie. Aber damit sei nicht aus der Welt geschafft, daß der weitaus größere Teil des wirtschaftlichen Geschehens sich in jenen Unternehmungen besonders der weiterverarbeitenden Industrie abspiele, in denen der Geist des einzelnen verantwortlichen Unternehmers durchaus bestimmend sei. Wie richtig das an sich ist, zeigt eine einfache Addition des Kapitals der deutschen Aktiengesellschaften, wobei man in vernünftigen Grenzen beliebige Zuschläge zu dem Nominalkapital machen mag, um das wirkliche Kapital zu erhalten: In jedem Fall ist dieses Kapital ein verhältnismäßig geringer Teil des Volksvermögens[1].

Aber was beweist das gegen den öffentlichen Betrieb? Wie sehr auch der Anteil der großen Aktiengesellschaften an der heutigen Wirtschaft überschätzt werden mag, sie sind ohne Zweifel in raschem Vordringen. Die Vorzüge des Individualbetriebs können also sicher nicht so groß sein, daß sie die Vorteile des konzentrierten Großunternehmens aufzuwiegen vermöchten. Wenn aber, alles in allem genommen, der Individualbetrieb der Aktiengesellschaft nicht mehr grundsätzlich überlegen ist, und wenn die Aktiengesellschaft dem öffentlichen Betrieb nicht grundsätzlich überlegen ist, dann besteht auch keine grundsätzliche Überlegenheit des Individualbetriebs über den öffentlichen Betrieb. Den Vorzug des Eigeninteresses an leitender Stelle vor einer mehr oder minder bürokratischen Verwaltung, wie sie der Großbetrieb mit sich bringt, braucht man deshalb nicht zu bestreiten. Aber die Vorteile des Großbetriebs sind eben so bedeutend, das sie auch die günstigeren Bedingungen der reinen Individualwirtschaft aufwiegen können.

Der Staat, der an der Umbildung der Wirtschaftsordnung arbeiten soll, kann durchaus darauf Rücksicht nehmen, daß in einem erheblichen Teil der Wirtschaft heute noch das individuell geleitete

---

1 Vgl. unten S. 203. Aber die wirtschaftliche und technische Bedeutung der Aktienunternehmungen reicht über deren Anteil am mengenmäßigen Volumen der Volkswirtschaft hinaus.

Unternehmen gegen die große Aktiengesellschaft sich behaupten konnte. Er wird mit der „Sozialisierungsaktion" dort einzusetzen haben, wo es wirtschaftlich am nächsten liegt und technisch am leichtesten ist: eben im Herrschaftsgebiet der großen Erwerbsgesellschaften. Er braucht den Prozeß, der den individuellen Unternehmer verdrängt, nicht zu beschleunigen. Der Spielraum, der sich ihm ohnehin bietet, ist groß genug. Sollten sich, was man heute nicht erwarten kann, dem Vordringen des Großbetriebs in der gewerblichen Produktion wirklich noch irgendwo feste Schranken entgegenstellen, dann wird der Staat sich damit auseinanderzusetzen haben, ob er diese Grenzen respektieren will: Es würde wahrscheinlich möglich sein, eine solche begrenzte privatwirtschaftliche Sphäre auch in der gewerblichen Produktion aufrechtzuerhalten, ohne daß das System als Ganzes gefährdet würde. Aber es ist müßig, sich heute darüber den Kopf zu zerbrechen, denn die Wahrscheinlichkeit spricht dafür, daß die Konzentrationstendenz ungehemmt fortschreitet, bis sie die ganze gewerbliche Produktion und sogar den Handel sich unterworfen hat.

Wenn eine Gefahr für die Rationalität des öffentlichen Betriebs besteht, dann kommt sie nicht von der organisationstechnischen Seite, sondern weit eher von der Politik. Darüber ist früher schon einiges gesagt worden, als die Konstruktionsprobleme des fertigen Sozialismus zu erörtern waren. Hier, wo es sich darum handelt, wie die Neuordnung der Wirtschaft an den bestehenden Zustand angeknüpft werden kann, wäre zunächst festzustellen, daß die bisherigen Erfahrungen mit öffentlichen Betrieben die Gefahr politischer Einflüsse, die das wirtschaftliche Ergebnis herabdrücken könnten, nicht sehr groß erscheinen lassen. Bei den Verkehrsbetrieben freilich ist es immer wieder vorgekommen, daß die Wünsche der Tarifinteressenten wie die Wünsche des Personals auf dem Umweg über das Parlament sich durchzusetzen suchten. Aber hier waren diese Interessen von früher her an den politischen Weg gewöhnt[1]. Die Gemeindearbeiter haben immer in den Frak-

[1] Bei den Verkehrsbetrieben ist die Gefahr einer nicht sachlich-wirtschaftlichen Orientierung überhaupt besonders groß, weil eine unklare Mischung des Rentabilitätsstrebens mit wirtschaftspolitischen Absichten hier fast traditionell ist. Die Gefährdung der Rationalität erfolgt dabei keineswegs nur auf dem Weg

tionen der Gemeindeparlamente starke Anwälte ihrer Sache gefunden: Das läßt sich aber auch nicht ausschalten. Denn die Arbeitnehmer der Gemeinde sind häufig ein so beträchtlicher Teil der Bevölkerung, daß es unnatürlich wäre, wenn sie ihre Sonderwünsche nicht ebenso im Gemeindeparlament vertreten sehen könnten wie die Hausbesitzer, die Kleinhändler oder irgendwer sonst. Zu entscheidenden Schwierigkeiten hat das bisher im allgemeinen nicht geführt. Die öffentlichen Unternehmungen haben in vielen Fällen sehr unpopuläre Maßnahmen, gegen die der politische Widerstand groß war, trotzdem durchgeführt. Ein Teil der Gemeinden hat sogar in der Tarifpolitik der städtischen Werke die Konsumenten, also die Wähler, stärker belastet, als eine rationelle und dabei sozial gerichtete Finanzpolitik rechtfertigen kann. Die Industriebetriebe des Reichs und Preußens sind im wesentlichen von jeder Einmischung politischer Instanzen freigeblieben.

Trotzdem mag mit einer Erweiterung des öffentlichen Besitzes an Unternehmungen die Versuchung wachsen, durch politischen Druck populäre Maßnahmen durchzusetzen, die auf die Dauer ungünstige wirtschaftliche Wirkungen ausüben müssen — voraus-

über das Parlament, die Verwaltung hat es an sich schon außerordentlich schwer, ihre wirtschaftliche Aufgabe klar zu erkennen und nicht durch Interessenteneinflüsse verwischen zu lassen. Bonn (Der Neue Plan, München und Leipzig 1930, S. 81/82) hat wohl recht, wenn er in der Gesellschaftsform der Reichsbahn das Gegenteil eines Schutzes gegen solche Einflüsse sieht: „Ein verstaatlichtes Unternehmen kann vielleicht auf Rentabilität verzichten und zum Werkzeug einer folgerichtigen Wirtschaftspolitik gemacht werden, obwohl auch hieran Zweifel berechtigt sind. Ein dem Staat gehörendes Unternehmen, dessen Verwaltung eine Interessentengruppe darstellt und darstellen muß, wenn sie staatlich unabhängig sein soll, ist zum Träger einer Wirtschaftspolitik gar nicht geeignet. Wenn es sich nicht zum Werkzeug der Wirtschaftspolitik der Angestellten hergeben will, muß es, um überhaupt Gewicht zu haben, die Wirtschaftspolitik der Schichten machen, mit denen es geistig und verdienstmäßig zusammenhängt. Ein solches Unternehmen wird wieder und wieder versuchen, die allgemeine Wirtschaftspolitik durch Sonderwirtschaftspolitik zu durchkreuzen. Diese Gefahr kann nur dadurch verhütet werden, daß man ihm die Erzielung der höchsten finanziellen Rentabilität vorschreibt. Diese Rentabilität ist meßbar und nachweisbar, sie stellt ein Ziel dar, das Wirtschaftsführern von ihrer geschäftlichen Tätigkeit her geläufig ist. Dagegen pflegen technische und privatwirtschaftliche Sonderinteressen ihnen die tieferen volkswirtschaftlichen Zusammenhänge zu verhüllen.“

gesetzt, daß nicht Hemmungen und Sicherungen in gleichem Maß herausgebildet werden. Schon dieser Gesichtspunkt empfiehlt ein langsames Tempo des Umbildungsprozesses. Die zwingenden Gründe aber, warum der Umbildungsprozeß nur langsam sein kann, liegen in der Personalpolitik und in der Aufgabe, die öffentlichen Unternehmungen zu einer Planwirtschaft zusammenzufassen. Nur wenn die Einbeziehung immer weiterer Unternehmungen in den öffentlichen Besitz langsam fortschreitet, wird der Staat den Stab von Wirtschaftskennern, über den er verfügt, in gleichem Maß zu erweitern vermögen wie den Aufgabenkreis. Und nur dann, wenn das Tempo langsam ist, wird man rechtzeitig Formen entwickeln können, die es gestatten, die übernommenen Unternehmungen einheitlich zu verwalten, das richtige Maß von Zentralisation und Dezentralisation zu erproben.

c) Die Aufgabe der Verstaatlichung

Wenn man das Staatseigentum an Produktionsmitteln langsam erweitert, so versteht es sich von selbst, daß jeder revolutionäre Akt, also jede Konfiskation, vollkommen ausscheidet, gleichgültig, wie man sonst zu radikalen Wandlungen der Eigentumsverhältnisse stehen mag. Wird im Weg einer langsamen Entwicklung allmählich immer mehr privates Eigentum in öffentliches Eigentum verwandelt, so müssen die bisherigen Eigentümer voll entschädigt werden. Geschieht das nicht, so wird kein Privatunternehmer mehr Teile seines Einkommens auf den Ausbau des Betriebs verwenden, denn er weiß ja nicht, ob er ihn morgen noch in der Hand hat. Die Folge wäre eine Verwahrlosung der Betriebe und ein völliges Stocken der Kapitalbildung. Ob es gerecht wäre, Produktionsmittel entschädigungslos zu enteignen, ist also vollkommen unerheblich. Aus dringenden Zweckmäßigkeitsgründen muß der Staat die Betriebe, die er übernimmt, nach ihrem Wert, und zwar in der Regel nach ihrem Ertragswert entschädigen. Die Sozialisierung bedeutet also Verwandlung von Unternehmereigentum an Produktionsmitteln in Renteneigentum. Dieses Renteneigentum kann ohne wirtschaftlichen Nachteil steuerlich schärfer angefaßt werden als das Betriebskapital des Privatunternehmers. Aber für eine recht lange

Zeit wird eine steuerliche Benachteiligung des Renteneigentums und seiner Erträge noch unmöglich sein, weil man sonst die Entschädigungssummen doch wieder entwerten und damit das gleiche ungünstige Ergebnis bewirken würde wie durch eine ungenügende Entschädigung überhaupt. Für eine späte Zeit freilich eröffnet dieser Umwandlungsprozeß dem Staat einen Weg, die Unterschiede des Besitzes und damit zum Teil auch des Einkommens durch steuerliche Maßnahmen einzuebnen.

Was also wäre nötig, um die Sozialisierungsaktion zu beginnen? Der Nennwert der an deutschen Börsen notierten Aktien beträgt rund 20 Milliarden. Zu dem Zweck, eine ganz rohe Größenvorstellung zu gewinnen, mag es zulässig sein, von diesem Nennwert statt von dem stark schwankenden Kurswert auszugehen. Mit den Aktiengesellschaften, deren Aktien börsengängig sind, hat man nur den mengenmäßig kleineren Teil der gewerblichen Produktion erfaßt. Aber niemand wird wohl daran zweifeln, daß durch Verstaatlichung dieser Gesellschaften die tatsächliche Führung der deutschen Industrie in der öffentlichen Hand läge. Wenn jährlich 500 Millionen zur Verfügung gestellt werden könnten, um für Rechnung des Reichs Aktien anzukaufen, so würde der Umbau der Wirtschaft damit nicht etwa in einem zu langsamen, sondern weit eher in einem zu schnellen Tempo eingeleitet — gemessen an der Zeit, die nötig ist, um die personellen Kräfte einer öffentlichen Wirtschaftsverwaltung, die Sicherungen gegen politischen Mißbrauch zu entwickeln, die Erfahrungen über zweckmäßige Auswahl und Verwaltung der Aktienpakete zu gewinnen. Verwendet man die Dividenden aus diesen Aktien gleichfalls wieder zur Erweiterung des öffentlichen Eigentums an Unternehmungen, so wären nur zwölf bis fünfzehn Jahre nötig, um die entscheidenden Positionen innerhalb der Industrie für die öffentliche Wirtschaft zu gewinnen. Diese Zeit ließe sich sogar noch abkürzen, denn sobald die öffentliche Hand sich in der Betriebsleitung in großem Stil bewährt, kann sie Anleihen zur Ablösung der Privatunternehmen aufnehmen. Diese 500 Millionen wären der zehnte Teil des heutigen Reichs-Netto-Haushalts, der sechste Teil vom Ertrag der Einkommensteuer und weniger als der dreißigste Teil des Gesamtaufwands der öffentlichen Körperschaften ohne Reichsbahn, Reichspost und Sozialversicherung. Gewiß, die Aufbringung dieser Mittel wäre in der heutigen Finanzkrise unmöglich und würde auch in besserer Zeit der Reichsfinanzpolitik ein neues Problem stellen, aber nicht etwa ein Problem, das seiner Größenordnung nach aus dem Rahmen der bisherigen Aufgaben herausfiele. Schon durch eine mäßige Mehrbelastung des entbehrlichen Konsums ließe sich der ganze Betrag hereinbringen. Hat man sich einmal davon überzeugt — wie der erste Teil dieser Arbeit zu beweisen sucht —, daß die Produktivität der Wirtschaft ihren Umbau verlangt, dann kann man die Forderung nicht damit zurückweisen, daß ein Mehr von 500 Millionen Reichssteuern ein zu hoher Preis sei.

Es ist ein besonderes geschichtliches Glück, daß eine Verstaatlichungsaktion dieser Art, die auf lange Sicht den Erfordernissen der Entwicklung genügt, zugleich auch die größte wirtschaftspolitische Sorge der Gegenwart mildert: die Gefahr zunehmender Kapitalverknappung. Denn diese Sozialisierung bedeutet Kapitalbildung aus Steuern und Erträgnissen von Unternehmungen, also aus Volkseinkommen, das sonst mindestens zu einem beträchtlichen Teil konsumiert würde. In welchem Maß das Nettoergebnis dieses Vorgangs Kapitalbildung bedeutet, hängt vor allem vom Steuersystem ab. Werden die Summen durch zusätzliche Steuern auf Genußmittel aufgebracht, so wird fast der volle Betrag, den der Staat zum Erwerb von Unternehmungen verwendet, als Nettokapitalbildung zu betrachten sein. Gewinnt der Staat dagegen die Entschädigungssumme beispielsweise aus einer Verschärfung der progressiven Einkommensteuer, so wird er die Kapitalbildung bei den privaten Einkommenbeziehern hemmen, und es wird also nur ein kleinerer Teil des Betrages zusätzliche Kapitalbildung bedeuten. In der Mitte zwischen den beiden Grenzfällen liegt die Wirkung, die sich ergeben müßte, wenn die Verstaatlichung durch Steuern auf notwendige Verbrauchsgüter finanziert würde. Sobald ein gewisses Mindestmaß von Massenwohlstand erreicht ist — denn unter diesem Niveau wird bei Alkoholverteuerung nicht der Alkoholgenuß, sondern der Brot- und Milchverbrauch eingeschränkt —, ist der Verbrauch der sogenannten Massenluxusgüter in hohem Maß elastisch, so daß man annehmen kann, die Besteuerung dieses Verbrauchs werde auch bei den Massen zur Verringerung der Ausgaben, nicht aber zur Schmälerung der Spartätigkeit führen. Die Belastung physiologisch unentbehrlicher Verbrauchsgüter dagegen zwingt dazu, den Hauptausgleich im Einzelhaushalt dadurch zu suchen, daß weniger zurückgelegt wird. Beziffert man die gegenwärtige deutsche Kapitalbildung auf 5—8 Milliarden *RM* jährlich im Durchschnitt der letzten Jahre, so erscheint eine Mehrung um einen nicht genau bestimmbaren Teil von 500 Millionen *RM* nichts Entscheidendes zu sein. Aber dieser Betrag, mag man ihn zunächst mit 300 oder 400 Millionen annehmen, wächst automatisch, weil die daraus fließenden Gewinne mitinvestiert werden. Die Verstaatlichungsaktion bedeutet also, daß ein Apparat der Kapitalbildung geschaffen wird, der mit sehr viel größerer Sicherheit funktioniert als alle Maßnahmen, die nur die private Kapitalbildung von Staats wegen prämiieren wollen, ohne selbst dem Staat die Kapitalbildung zu übertragen.

Der Vorgang der Kapitalbildung ist noch nicht damit beendet, daß der Staat durch Steuern Geld erhält und dies zum Ankauf irgendwelcher Wertpapiere verwendet. Dadurch entsteht, im Sinne der volkswirtschaftlichen Schulsprache, nur Erwerbskapital des Staats, der sein werbendes Vermögen vergrößert, aber kein Produktivkapital der Volkswirtschaft. Für die volkswirtschaftliche Wirkung kommt es darauf an, was jene Wirtschaftspersonen, die dem Staat die Papiere verkaufen, mit dem dafür erhaltenen Geld beginnen. Wird die Aktion des Staates taktisch richtig betrieben, so darf man annehmen, daß diese Mittel erneut zum Erwerb anderer Papiere oder sonstiger rentetragender Forderungsrechte Verwendung finden. Dies aber muß — möglicherweise auf dem Umweg über eine Herabdrückung des Zinsfußes — dazu führen, daß es zur Neuemission von Anleihen, Pfandbriefen oder auch Aktien kommt, daß also die Mittel wirklich zur Erweiterung der Produktion dienen. Nur wenn der Staat durch eine ungeschickte Ankaufstaktik plötzlich Kurserhöhungen und damit starke Spekulationsgewinne ermöglicht, ist es wahrscheinlich, daß ein fühlbarer Betrag in den Konsum abwandert, also der Kapitalbildung verlorengeht. Anleihen und Hypotheken-(Pfandbrief-)Begebung, die durch Auszahlung der Entschädigungssummen möglich werden, sind vom Standpunkt der Sozialisierungsaktion ganz unschädlich und vom allgemeinwirtschaftlichen Standpunkt sehr erwünscht. Soweit mit den Entschädigungsgeldern neue Aktienemissionen möglich werden, könnte man dies als eine Ausdehnung des Kapitalismus nach der anderen Seite hin auffassen, während er auf der einen Seite durch die Sozialisierungsaktion beschränkt wird. Aber die Vorteile wären auch in diesem Fall so groß, daß der Schaden einer leichten Verzögerung des vollen Sozialisierungserfolgs um eine kurze Frist — etwas Schlimmeres droht ja nicht — wohl in Kauf zu nehmen wäre.

Ist aber der Staat von heute in der Lage, Betriebe in Aktienform richtig zu kaufen? Man braucht noch nicht von manchesterlichem Mißtrauen gegen die Wirtschaftsbetätigung des Staats erfüllt zu sein, um vorauszusehen, daß dem Staat in der Wahl der zu erwerbenden Aktien auch Mißgriffe unterlaufen werden; wie es keine Bank gibt, die nicht in der Zuleitung von Kapital an Betriebe auch einmal Fehlinvestitionen Vorschub leisten würde, so wird sich kein staatliches Organ zum Ankauf von Aktienpaketen konstruieren lassen, das niemals ein Papier überzahlt. Nur muß eben dafür gesorgt werden, daß mehr gute als schlechte Griffe erfolgen. Wäre das Gegenteil der Fall, so würde zwar der Effekt für die Kapitalbildung trotzdem eintreten, weil er ja durch den Zufluß von Mitteln zum Effektenmarkt in der Hauptsache gesichert ist, aber der Zweck der Verstaatlichung wäre nicht in dem Maß erreicht, das dem Opfer der Steuerzahler entspricht. Kauft der Staat zu teuer, erwirbt er also nicht so viel werttragende Substanz, wie er eigentlich für den bezahlten Preis erhalten müßte, so verlängert sich damit die Frist, die bei einem gegebenen jährlichen Aufwand für Verstaatlichung (z. B. von 500 Millionen) bis zur Beherrschung der Produktion durch den Staat verstreicht. Stünde man vor der Wahl, auf die Verstaatlichungsaktion überhaupt zu verzichten oder mit einer solchen verlängerten Periode zu rechnen, so würden natürlich solche Überzahlungen und ihre Folgen in Kauf zu nehmen sein. Denn für Ja oder Nein zu einer grundsätzlichen Neuorganisation der Wirtschaft kann es nicht entscheidend sein, ob die Periode der Umbildung fünf oder zehn Jahre kürzer oder länger dauert, ob vorübergehend einzelne Personen sich auf Kosten des Staats bereichern können, indem sie ihm Anteile an Unternehmungen über dem wirtschaftlich richtigen Preis verkaufen. Aber schon aus politischen

Gründen wird man mit allen Mitteln danach trachten müssen, daß im ganzen genommen der Staat an echten Vermögenswerten mindestens so viel erwirbt als er hingibt. Denn da die Verstaatlichung einer weitverbreiteten, von mächtigen gesellschaftlichen Gruppen getragenen Ideologie widerspricht, so ist ganz sicher, daß jeder Mißgriff als scharfe Waffe gegen die Sozialisierungspolitik dienen würde.

Die Technik des Erwerbs von Wertpapieren durch den Staat wird sich natürlich erst entwickeln müssen. Wohl gibt es heute schon öffentliche Organe, die in großem Umfang Wertpapiere kaufen. Das sind vor allem die Träger der Sozialversicherung, die ihre Rücklagen rentetragend anzulegen haben. Ihre Aufgabe aber ist unendlich viel einfacher als die einer öffentlichen Stelle, wie sie hier gedacht ist. Die Sozialversicherungsträger kaufen festverzinsliche Papiere, Reichs-, Staats- und Gemeindedarlehen und Pfandbriefe. Dabei steht nicht mehr auf dem Spiel als kleine Zinsvorteile (und die richtige Abwägung der Gewinninteressen des eigenen Instituts zu anderen Rücksichten des öffentlichen Wohls, z. B. zur Befriedigung des Anleihebedarfs des Reichs. Dieses Problem ist aber wesentlich politischer Art und bedeutet zwar keine geringe, aber eine andersgeartete Schwierigkeit, die in ähnlicher Form den öffentlichen Körperschaften auch von anderen Gebieten her vertraut ist). Beim Erwerb von Aktien dagegen muß sich die erwerbende Stelle ein Urteil über den Ertragswert eines Unternehmens bilden, und der oberflächlichste Blick auf die Kursbewegungen zeigt, wie sehr die Urteile der Börseninteressenten über die Aussichten des einzelnen Unternehmens schwanken. (Natürlich drücken sich in der Entwicklung der Börsenkurse nicht nur die jeweils verschiedenen subjektiven Veränderungen des Urteils, sondern auch objektive Änderungen in der Lage der Gesellschaften aus und daneben die Mehrung oder Minderung des anlagesuchenden Kapitals, je nach dem Flüssigkeitsgrad des Kapitalmarkts.) Die Stelle, der die Verstaatlichungsaktion unterliegt, muß also in ihrem Urteil sicherer sein, als es im großen und ganzen die Börse ist. Daß sie das werden kann, ist bei richtiger Zusammensetzung wohl keine absolut unerfüllbare Hoffnung.

Eine solche Stelle wird vor allem dauernd unter dem Gesichtspunkt arbeiten müssen, daß sie Zeit hat und keineswegs darauf angewiesen ist, sich nun so rasch als möglich Majoritätspakete bestimmter Unternehmungen zu verschaffen. Der Zweck der Verstaatlichungsaktion wäre aber verfehlt, wenn nicht allmählich die Zahl der Unternehmungen, in denen der Staat die Mehrheit besitzt und die er daher nach seinen Plänen organisieren kann, zunähme. Ja, es wird sogar danach getrachtet werden müssen, daß ganze Produktionszweige unter die Kontrolle des Staates kommen. Eine vollkommene Zersplitterung der staatlichen Mittel durch wahllosen Ankauf von Aktien lediglich unter dem Gesichtspunkt, was man eben gerade für billig hält, wäre also zweifellos falsch. Aber noch verhängnisvoller wäre in der Regel eine allzu starke Konzentrierung der Mittel auf raschen Erwerb bestimmter Unternehmungen oder Unternehmungsgruppen. Es liegt eine ganz große Gefahr darin, daß der staatlichen Stelle von Leuten, die ihre Aktien gern los sein wollen, eingeredet wird, sie müsse gerade diese Aktien kaufen, weil sich die betreffenden Unternehmungen in besonderem Maß für die Verstaatlichung eignen. Selbst von solchen Quertreibereien abgesehen, ist es ganz klar, daß der Staat teuer kaufen würde, wenn er sich vornehmen wollte, in einer begrenzten Zeit in bestimmten Unternehmungen oder in bestimmten Produktionszweigen die Mehrheit zu erlangen. Selbst wenn er verhüten könnte, was fast unmöglich ist, daß diese Absicht bekannt wird, müßte das ständige Vorhandensein eines großen Kaufinteressenten am Markt viel stärker kurserhöhend wirken, als wenn der Staat seine Kauflust weniger konzentriert.

Es kann Fälle geben, in denen eine solche Überzahlung das geringere Übel ist. Ist eine Industrie dringend rationalisierungsbedürftig und erweist sich der zersplitterte Privatbesitz unfähig zu dieser Aufgabe, so kann wirtschaftlich Bedeutendes gewonnen werden, wenn der Staat die Betriebe erwirbt — selbst zu dem hohen Preis, den planmäßiger Aufkauf bedingt — und die Unwirtschaftlichkeiten beseitigt. Ein solcher Erfolg würde das Vertrauen in die Vorteile der Verstaatlichung außerordentlich kräftigen, sobald das Ergebnis sichtbar wird. Aber ein solches Rationalisierungsergebnis kann in der Regel nur erzielt werden, indem man zuvor Maßnahmen trifft, die wenig populär sind: Unwirtschaftlich arbeitende Industrien pflegen viele Betriebe zu enthalten, die erst stillgelegt werden müssen, wenn aus der Industrie etwas werden soll. Stilllegung von Betrieben bedeutet aber in ihrer unmittelbaren Wirkung Arbeitslosigkeit und unter Umständen Verödung ganzer Gemeinden. Schon wenn sich solche Vorgänge unter der anonymen Wirkung der Konkurrenz abspielen, wird heute gewöhnlich der Staat angerufen, damit er diese Wirkung beseitige oder mildere. Geht die Stilllegung aber auf die aktive Tätigkeit des Staates zurück, so werden die Versuche, mit politischen Mitteln den Gang der „negativen Rationalisierung" aufzuhalten, desto stärker sein. Dabei macht es kaum einen Unterschied, ob der Staat Betriebe erwirbt, um sie stillzulegen, oder ob nichtverstaatlichte Betriebe der übermächtigen Konkurrenz der vom Staat erworbenen, mit vergrößerter Kapitalmacht ausgestatteten Betriebe des gleichen Produktionszweiges erliegen. Selbstverständlich wird es der Staat, wenn möglich, so einzurichten haben, daß er nicht hundertprozentig ganze Industrien aufkauft, sondern sich auf die ausbaufähigen Betriebe beschränkt und die unwirtschaftlichen Unternehmungen dem Schicksal verfallen läßt, das ihnen jeder andere energische und kapitalkräftige Konkurrent bereitet hätte. Das gebietet die Pflicht zur sparsamen Verwaltung der anvertrauten Gelder. Aber wie man auch vorgehen mag, die sozialen Opfer, die bei der Umstellung einer Industrie notwendig werden, sind immer sehr schwer, und man kann die Klagen derer, die diese Opfer bringen müssen, nicht dadurch verstummen machen, daß man ihnen mit Recht sagt: Die Opfer wären nicht erspart geblieben, wenn der unwirtschaftliche Zustand angedauert hätte. Der einzelne Arbeiter oder Angestellte, der seinen Arbeitsplatz, der einzelne kleine Lieferant, der seinen örtlichen Abnehmer in dem geschlossenen Betriebe verliert, wird meist nicht davon zu überzeugen sein, daß das gleiche Schicksal mit Sicherheit auch ohne das Eingreifen des Staates gerade ihn getroffen hätte. Der Staat kann die politische Verantwortung dafür, daß gerade an dieser Stelle die Opfer zu bringen sind, nicht abbürden. Er kann vor einem sachlichen Urteil mit seiner Handlungsweise bestehen, wenn er im ganzen so wenig als möglich vernichtet und so viel als möglich genützt hat, immer aber werden die Betroffenen fragen: „Warum gerade wir?"

Offenbar wird der Staat solche Verantwortungen in dem Maß tragen können, wie er überhaupt ein gesichertes politisches Fundament für eine an der Wirtschaftlichkeit orientierte Leitung der Produktion gewonnen hat. Er wird es ferner sachlich und politisch weit eher verantworten können, soziale Härten zu verursachen, wenn er die Folgen in stärkerem Maße als bisher zu lindern vermag. Dazu ist er desto eher in der Lage, je größer seine wirtschaftliche Macht bereits ist. Beide Gesichtspunkte drängen dazu, daß sich der Staat in der ersten Zeit der Aktion möglichst wenig mit solchen Rationalisierungsaufgaben belastet, so verlockend sie manchmal auch sein mögen, daß er erst Erfahrungen sammelt, die politischen Sicherungen verstärkt und seine wirtschaftlichen Hilfsmittel entwickelt.

Der Staat braucht die Mittel, die für die Verstaatlichungsaktion zur Verfügung stehen, nicht immer dem Erwerb von Unternehmungen zuzuwenden, die bisher in Privateigentum standen. Es kann sehr wohl sein, daß ein bereits verstaatlichtes Unternehmen einen Kapitalbedarf hat, den es aus Gründen des Risikos oder aus anderen Gründen nicht durch Ausgabe von Obligationen decken will oder kann. In diesem Fall wird der Staat gut daran tun, dem Unternehmen aus dem Verstaatlichungsfonds entsprechende Kredite zu gewähren. Ausdehnung der vom Staat kontrollierten Sphäre in der Wirtschaft ist nicht nur der Erwerb neuer Unternehmungen durch den Staat, sondern ebenso die Vergrößerung des wirtschaftlichen Volumens vorhandener Staatsbetriebe.

Wie soll die Verstaatlichungsaktion organisiert werden? Eine solche Aufgabe ist nicht geeignet für eine parlamentarische Regierung, die im Parteienkampf steht. Zu groß ist die Versuchung, die wirtschaftlichen Machtmittel, die der Verstaatlichungsfonds gewährt, politisch zu mißbrauchen. Die Aufgabe, laufend mit gegebenen Mitteln für den Staat Unternehmungen zu erwerben, verlangt ein Höchstmaß von Objektivität, Sachkenntnis und Sicherheit des Urteils. Aber sie ist rein nach Gesichtspunkten der Zweckmäßigkeit zu lösen und hängt darum von der politischen Weltanschauung in keiner Weise ab. Man kann daher hier zu einem Mittel greifen, das bei Aufgaben der eigentlichen Wirtschaftspolitik verpönt sein müßte: Man kann die Durchführung dieser Aufgaben einem Sachverständigengremium übertragen, das von der Regierung und vom Parlament unabhängig ist. Dieser Ausschuß wäre möglichst klein zu halten und aus Persönlichkeiten zusammenzusetzen, die durch ihren Ruf als Sachkenner und durch ihre moralische Autorität möglichst hohe Gewähr für die Vermeidung von Mißgriffen bieten und gegen Verdacht nach Möglichkeit geschützt sind. Man wird auch damit nicht verhindern, daß die Tätigkeit dieser Stelle in den politischen Tageskampf gezogen wird, aber man kann dafür sorgen, daß sie genügend fest steht, um ihre Sicherheit bei solchen Angriffen nicht zu verlieren.

Eine solche Stelle hätte nur die Verwendung der Mittel, nicht ihr Ausmaß und damit nicht das Tempo der Verstaatlichungsaktion zu bestimmen. Wieviel Mittel zur Verfügung gestellt werden sollen, ist ein Entschluß, den die politischen Instanzen zu fassen haben. Jeder politische Entschluß ist widerruflich, und zwar im demokratischen Staat dann, wenn die Mehrheit sich ändert. Bedeutet aber nicht doch die Demokratie eine viel zu unstabile politische Grundlage für die wirtschaftlichen Aufgaben der Sozialisierung? Darf man wirklich die Gefahr laufen, daß das halbvollendete Werk wieder eingerissen wird, weil es den Gegnern gelungen ist, die öffentliche Meinung dagegen aufzuwiegeln?

Man kann diese Frage nicht etwa dadurch umgehen, daß man auf eine Reihe von Jahren die Summe festlegt, die auf den Erwerb von Unternehmungen jährlich verwendet werden soll. Eine solche Festlegung hat nur den Sinn eines Programms der Mehrheit, die sie beschließt. Diese Mehrheit erklärt, daß sie die Verwendung eines solchen Betrages Jahr für Jahr für wünschenswert hält — selbst ein solcher Entschluß wird nur mit Vorbehalt möglich sein, weil Änderungen der Wirtschaftslage und der wirtschaftlichen Größenordnungen eine strenge Bestimmung der Zahlen auf lange Sicht sinnlos machen können. Aber es gibt kein Mittel, die Entscheidung, ob dieses Programm innegehalten werden soll, einer künftigen Mehrheit zu nehmen. Findet sich eine Mehrheit dafür, die Verstaatlichungsaktion überhaupt einzustellen, dann hat sie in der Demokratie stets die Macht, diesen Willen durchzusetzen. Daß sie diese Macht haben soll, ist nicht ein Zugeständnis demokratischer Schwachmütigkeit, sondern eine Konsequenz jener realpolitischen Erkenntnis, die freilich nur ein Grundargument der Demokratie ausdrückt: daß der Sozialismus totgeboren wäre, wenn er bei seiner Verwirklichung alle jene Ansprüche gegen sich gelten lassen müßte, die ein aufgezwungenes System erfüllen muß. Da alle politischen Grundsätze Regeln der Form sind, und da es im menschlichen Zusammenleben letzten Endes nicht auf die Form, sondern auf den Inhalt ankommt, so kann gewiß ein Ziel so wichtig sein, daß es die Anwendung aller Mittel rechtfertigt, auch wenn sie durch die Regeln, die den gewaltlosen Austrag der politischen Gegensätze sichern sollen, ausgeschlossen sind. Aber wer diese Regeln verletzt, wer die lebenswichtigen Güter gefährdet, die sie schützen sollen, der nimmt die Verantwortung dafür auf sich, daß der neue Inhalt durch seinen überzeugenden Wert das Unheil gutmacht, das die Selbstbefreiung von der politischen Ordnung angerichtet hat. Der Wert muß nicht nur gegeben, er muß unmittelbar überzeugend sein; dazu gehört, daß er in einem nahen Zeitpunkt greifbare, unzweifelhafte Erfüllung ist für eine Sehnsucht, die in den Massen lebt. Glaubt sich diese Sehnsucht enttäuscht, muß sie auf Dezennien vertröstet werden, dann endet der Versuch des Zwanges im politischen Bankrott und in Kompromittierung des Ziels.

Was bedeutet die Gefahr eines Mehrheitswechsels für die technische Durchführbarkeit der Sozialisierungsaktion? Eine solche Aktion, einmal eingeleitet, hat ihr eigenes Schwergewicht. Ist der staatliche Besitz einmal zu beträchtlicher Größe angewachsen, so ist es keiner Regierung möglich, ihn kurzerhand wieder zu verkaufen. Das würde eine rasche Rückbildung des bereits erreichten Maßes von Verstaatlichung selbst dann erschweren, wenn der unwahrscheinliche Fall eintreten sollte, daß eine aus Prinzip kapitalistische Regierung zur absoluten Herrschaft gelangt, obwohl doch die Parole „Für den Kapitalismus" keinerlei Werbekraft besitzt und stets durch andere Formeln ersetzt oder umkleidet werden muß. Viel leichter ist natürlich eine Hemmung des Fortschritts möglich. Die Steuererträge, die zur Verstaatlichung verwendet werden, werden sicher ein starkes Wunschobjekt für solche Gruppen bilden, die entweder so dringend Steuern senken oder so dringend den kollektiven Konsum (Wehretat, Sozialetat, Kulturausgaben usw.) erweitern wollen, daß ihnen das Ziel der Wirtschaftsumbildung — wenn sie es überhaupt anerkennen — dagegen nebensächlich erscheint. Eben deshalb ist es so wichtig, daß die Verstaatlichungsaktion ihren Nutzen schon am Gegenwartsziel der Kapitalbildung bewährt, und daß die Öffentlichkeit diese Bewährung begreift. Die Gefahr, die ein Stillstand bringen würde, hängt natürlich von seiner Dauer ab. Die Sozialisten werden ihre Aktion mit den Waffen der Demokratie zu verteidigen und jeden Rückschlag sobald als möglich auszugleichen haben. Es läßt sich kein organisationstechnisches Mittel ersinnen, das ihnen diese Aufgaben abnimmt.

Bei welchem Grad der Verstaatlichung dazu übergegangen werden kann, den Verkehr zwischen den Betrieben planwirtschaftlich statt verkehrswirtschaftlich zu ordnen und dadurch vor allem dem Ziel des Konjunkturausgleichs näherzukommen, kann erst die Erfahrung lehren. Bis die Zeit dafür reif ist, muß eine andere Aufgabe in der Hauptsache gelöst sein: Die Herausbildung zweckmäßiger Formen der Gewinnbeteiligung für den einzelnen Betrieb. An diese Aufgabe wird man daher sobald als möglich herantreten müssen. Wenn auch die Gewinnbeteiligung als das Gegengewicht genossenschaftlicher Natur gegen den sozialistischen Zentralismus erst in einer Planwirtschaft ihren vollen Sinn erhält, so ist es doch schon bei einer „staatskapitalistischen" Betriebsverfassung durchaus möglich, die erforderlichen Erfahrungen zu sammeln.

Die innerpolitische Entwicklung in Deutschland hat noch ein anderes Problem auf die Tagesordnung gesetzt: Ist es nicht möglich, das staatliche Kreditmonopol an den Anfang der Sozialisierungsaktion zu setzen? Seitdem der Rechtsradikalismus für Bankenverstaatlichung eintritt, könnte der Sozialismus bei dieser Forderung mit einem starken, wenn auch gefährlichen Bundesgenossen rechnen. Ganz sicher würde die Beherrschung des Bankenapparats die Sozialisierungsaktion technisch in vieler Hinsicht erleichtern. Der Einfluß der Banken auf die Industrie könnte weit stärker als heute im Sinn einer planwirtschaftlichen Gestaltung genutzt werden. (Anzeichen dazu finden sich schon jetzt: Man denke an die freilich vergeblichen Bemühungen von Bankenseite, eine Arbeitsteilung in der deutschen Automobilindustrie zustande zu bringen. Daß dies zur Verbesserung der Kreditfähigkeit der Industrie also im eigenen Erwerbsinteresse der Banken geschehen ist, ändert an dem planwirtschaftlichen Charakter der erstrebten Regelung nichts: Die

Industrie sollte vom Kreditgeber zu einer Neuordnung ihrer eigenen Angelegenheiten gezwungen werden, die sie von selbst unter dem Anreiz des Rentabilitätsinteresses nicht vorgenommen hätte.) Man käme auf diese Weise vielleicht doch dazu, daß die gemeinwirtschaftliche Regelung auch auf Industrien übergreifen könnte, in denen das kapitalistische Eigentum vorerst noch unangetastet bleibt — auf ganz anderem Weg freilich, als Wissel-Möllendorf, Rathenau und Neurath sich das gedacht haben.

Aber der Kredit ist nicht nur jene Stelle der kapitalistischen Wirtschaft, an der es schon am ehesten so etwas wie zentralisierte Wirtschaftsleitung gibt, er ist auch der empfindlichste Punkt des ganzen Systems. Verstaatlichung des Kreditwesens in einem Land, das in eine sonst kapitalistisch organisierte Weltwirtschaft verflochten ist, würde diesem Land unter allen Umständen eine Gefährdung lebenswichtiger finanzieller Beziehungen bringen: Weniger wegen des Herrscherwillens der internationalen Finanz, die den Verkehr mit einer sozialistischen Staatsbank ablehnen würde, weil sie nicht ihresgleichen ist — solche Abneigungen pflegen nur solange vorzuhalten, als man nicht überzeugt ist, mit dem fremdartigen Partner ein gutes Geschäft machen zu können —, als wegen des mangelnden Vertrauens nicht nur der Banken und Finanzgewaltigen, sondern noch viel mehr der kleinen Sparer in den kapitalistischen Ländern gegen ein sozialisiertes System.

Ein solcher Abbruch wäre für jedes moderne Land bedenklich; es wäre verhängnisvoll für Deutschland, das eine starke Kapitaleinfuhr braucht. Erst wenn die gröbsten Vorurteile gegen eine sozialistische Produktionsverfassung überwunden sind, wird Deutschland an ein Kreditmonopol oder auch nur an eine freihändige Verstaatlichung der großen Banken überhaupt denken können. Es wird dazu besonders dann in der Lage sein, wenn es durch gesteigerte innere Kapitalbildung nicht mehr so stark auf die Kredithilfe des Auslands angewiesen ist. Der „Sozialisierungsfonds" wird dazu beitragen, daß diese Bedingung verwirklicht wird. Aber es ist unmöglich, die heutige politische Lage für die Verwirklichung des Kreditmonopols vor den übrigen sozialistischen Forderungen auszunutzen.

E. Das Ziel der sozialistischen Arbeiterbewegung und die sozialistischen Möglichkeiten von heute

Diese Darstellung hat mit den Gründen begonnen, aus denen Sozialismus anzustreben ist, sie hat die Formen entwickelt, in denen seine Verwirklichung sich denken läßt, und sie hat versucht, die Methoden des Übergangs zu schildern, durch die man zu diesen sozialistischen Formen kommen kann. Das ergab ein Programm sozialistischer Aktion. Wie aber verhält sich dieses Programm zu dem lebendigen Inhalt der Arbeiterbewegung, zu den Zielen der Kräfte, die in der wirtschaftspolitischen Wirklichkeit unter sozialistischen Parolen die Gesellschaft umgestalten wollen? Die sozialistische Bewegung hat im Laufe ihrer Geschichte aus ganz verschiedenen Quellen Kraft empfangen, Antriebe der verschiedensten Art sind in ihr wirksam: Der Wille zur wirtschaftlichen Gleichheit, die Sehnsucht nach Erlösung aus der Enge des wirtschaftlichen Lebensspielraums, den aller Fortschritt der Technik bisher nicht so erweitern konnte, daß er die Mehrzahl der Menschen von dem Sorgen und Kümmern um die tägliche Nahrung befreit hätte, die besondere Sehnsucht des modernen Arbeiters, von dem Druck eines monotonen Arbeitsschicksals entweder befreit zu werden oder doch für diesen Druck eine Entschädigung zu finden, schließlich der Glaube an die unbeschränkte Vervollkommnungsfähigkeit des Wirtschaftsapparats und der Wille, ihn ebenso und mit ähnlichen Methoden zu rationalisieren, wie der moderne technische Betrieb rationalisiert worden ist. Es ist unmöglich, diese Antriebe in der realen sozialistischen Bewegung klar und sauber voneinander zu scheiden: Sie verbinden sich zu Gefühlskomplexen und Ideengebilden, die längst eine historische Einheit darstellen und in Formeln gepreßt worden sind, die als Symbole weit mehr bedeuten, als sie dem strengen Logiker zu bedeuten scheinen. Ohne Zweifel sehen viele Sozialisten die Grenzen des wirtschaftlich Möglichen irrigerweise als bloße Grenzen des kapitalistisch Möglichen, die Schwierigkeiten, die sich aus der Überflügelung des technischen Fortschritts durch die Entfaltung der Bedürfnisse und aus seiner teilweisen Kompensation durch die Bevölkerungszunahme ergeben, als bloße Folgen einer bestimmten Gesellschaftsverfassung, die sich beseitigen lassen, wenn man diese Gesellschaftsverfassung ändert. Einer der fruchtbarsten, aber auch einer der gefährlichsten Begriffe, die Marx geprägt hat, ist der vom „Fetisch-Charakter" der Gesetze des Warenverkehrs. Eindringlicher als irgendeiner seiner Vorgänger hat er die Frage gestellt, wieviel an den Wirtschaftsgesetzen einer bestimmten geschichtlichen Wirtschaftsperiode eigentümlich und wieviel davon durch das Wesen des Wirtschaftlichen selbst bedingt sei. Er hat nicht, wie viele seiner Gegner und wohl auch manche seiner Anhänger behaupten, diese Frage dahin beantwortet, daß es überhaupt nur historische Bedingtheiten in der Wirtschaft gebe. Aber die Eigengesetzlichkeit der Wirtschaft kommt bei ihm nicht zu ihrem vollen Recht. Denn wenn Marx auch nichts fremder war als jener historische Relativismus, der die Möglichkeit theoretischer Erkenntnis überhaupt leugnet und schließlich die Wissenschaft auf Tatsachenbeschreibung beschränken will, so hat er doch die wirtschaftliche Eigengesetzlichkeit soweit als irgend möglich in die Gesetzmäßigkeit des geschichtlichen Schemas auflösen wollen. Davon ist der sozialistischen Bewegung vieles geblieben. Sie ist dem Arbeiter zum Symbol der Befreiung von aller Enge des Daseins geworden, obwohl doch keine Wirtschaftsordnung dem Arbeiter heute einen Lebensspielraum bürgerlichen Ausmaßes geben könnte.

Heute steht die sozialistische Bewegung vor der Notwendigkeit, ihr Ziel und ihren Plan konkret vor die Massen zu stellen. Es ist unvermeidlich, daß damit ihr Programm den Charakter des Befreiungssymbols schlechthin verliert. Sie steht an einem Punkt ihrer Entwicklung, an dem sie dem Menschen zeigen muß, welche Empfindungen, Willensrichtungen, Forderungen sie befriedigen kann und welche nicht. Wird sie deshalb Anhänger verlieren? In dem Maß, in dem der Sozialismus nicht mehr wirtschaftliches Erlösungssymbol schlechthin ist, wird er zur greifbaren, praktischen Gegenwartsaufgabe. In dem Maß, in dem es klar wird, daß er nur einen Teil der Sehnsucht zu stillen vermag, aus der bisher seine Kräfte kamen, gewinnt er den ungeheuren Vorzug, nicht mehr bloßes Gedankengebilde, sondern Wirklichkeit einer schon sichtbaren Zukunft zu sein. So kann aus der neuen Klarheit ein unmittelbarer taktischer Erfolg entspringen. Aber auch das Gegenteil müßte in Kauf genommen werden.

Als 1918 der Sozialismus in Deutschland die Macht in Händen hielt und trotzdem nicht sozialisieren konnte, standen ihm viele Rechtfertigungsgründe für dieses Versagen zur Verfügung. Trotzdem hat die Unmöglichkeit, damals mit den sozialistischen Ideen Ernst zu machen, bis heute als eine verschleppte Krankheit im Körper der Bewegung gewirkt. Wenn der Sozialismus noch einmal in die Lage gerät, an die Macht berufen zu sein und auf die Frage, was nun wirklich für die Umbildung des Wirtschaftssystems geschehen soll, keine Antwort zu wissen, dann ist das für ihn eine Katastrophe. Auch an einer solchen Katastrophe würde die Arbeiterbewegung gewiß nicht sterben, aber sie würde für ihr Endziel nicht mehr ernsthaft werben können, sondern würde sich in eine opportunistisch orientierte Gewerkschaftsbewegung verwandeln müssen. Will sie das nicht, dann muß sie sich heute um eine konkrete Zielsetzung bemühen, die allein dazu führen kann, sich über die nächsten Schritte klarzuwerden, die nach Ergreifung der vollen Macht — und vielleicht schon vorher — zu tun sind.

Überall hat die sozialistische Bewegung zwar nicht den Begriff der Grenze des ökonomisch Möglichen neu zu lernen, wohl aber zu sehen, daß diese Grenze — wenn sie sich auch dauernd nach außen verschiebt — doch heute noch sehr viel näher liegt als bisher bei sozialistischen Aktionen vorausgesetzt wurde, und daß daher der ökonomische Aktionsbereich der politischen Macht weniger groß ist, als man gewöhnlich annimmt. Besonders deutlich zeigt sich das in Rußland. Der Bolschewismus hat sich nicht davor gefürchtet, den Arbeitern unendliche Enttäuschungen zu bereiten. Er hat ihnen die Erlösung aus der Enge des Lebensspielraums von vornherein für die Gegenwart versagt und ihnen zunächst sogar noch eine stärkere Verengerung zugemutet. Er hat den Glauben gerade der

Gläubigen enttäuscht, daß der Sozialismus als etwas Lichtes zu den Menschen kommen werde, als das Ende von Unterdrückung und Barbarei. Er hat ihnen dafür die Wirklichkeit einer sozialistischen Aktion gegeben, und aus dem großen Anfangserfolg der Bolschewisten kann der westeuropäische Sozialismus lernen. Die Massen wollten in der Tat lieber ein Stück wirklichen Sozialismus mit allen Einschränkungen und Bedingtheiten, die nun einmal die Wirklichkeit gegenüber der Idee zeigt, als eine Idee, die bis zu einem in der Ferne sich verlierenden Punkt zu nichts gut ist als im Programm zu stehen. Der Sozialismus in Rußland hat freilich auch die nur bedingte ökonomische Bewährung gefährlich lange verzögert. So sucht man heute dort die Ernüchterung gefühlsmäßig zu kompensieren, indem man den Arbeiter immer wieder überzeugen will, er stehe gleichsam als Soldat in der Verteidigung revolutionärer Errungenschaften und sei verpflichtet, nicht zu rechnen, sondern zu kämpfen. Gewiß liegt darin sogar ein Stück Wahrheit, solange es in Rußland eine Sehnsucht nach Gegenrevolution — wenn auch kaum ein aktives Wirken für sie — und in der übrigen Welt den Wunsch gibt, die Sowjetrepublik möge wieder verschwinden — wenn auch nirgends eine aktive Politik in diesem Sinne wahrzunehmen ist. Aber das Stück Wahrheit in dieser großen Fiktion, die zweifellos die Vorstellungswelt der russischen Industriearbeiter beherrscht, ist recht klein. Im wesentlichen gilt es eben doch, sich mit den Grenzen des wirtschaftlich Möglichen auseinanderzusetzen. Denn wäre diese Auseinandersetzung geglückt, dann wären auch die politischen Gefahren überwunden. Auch in Rußland wird es nicht auf die Dauer gelingen, durch die Legende vom Kampf gegen die Gegenrevolution das Wesen der Schwierigkeiten, mit denen man ringt, und die Art des Erfolgsmaßstabs umzudeuten.

Mit dem Beginn des Fünfjahresplans hat die Sowjetrepublik sich einer unmittelbar entscheidenden ökonomischen Probe unterworfen, sie hat den Gegenstand dieser Probe mit glücklichstem Griff gewählt: Das Wachstum einer Volkswirtschaft, ihre Umstellung vom agrarischen zum industriellen Typ zu fördern und zu regulieren, ist eine für den Sozialismus typisch geeignete Aufgabe, weil die schlimmsten Schäden des Kapitalismus in wirtschaftlichen Wachstumsschwierigkeiten liegen, und weil eine rasche Wandlung der

Produktionsziele durch zentralistische Entscheidung weit rascher herbeizuführen ist als durch irgendeinen Vorgang in der dezentralisierten Wirtschaftsform des Kapitalismus. Es kann nicht oft genug gesagt werden: Wenn der Fünfjahresplan zusammenbricht, dann nicht deshalb, weil ein wirtschaftliches Entwicklungsprogramm nicht von einer sozialistischen Zentrale durchzuführen wäre, sondern weil er aus politischen Gründen in seinen Zielen und deshalb auch in seinen Zumutungen an die Entbehrungsfähigkeit der Menschen weit übersteigert worden ist. Mag das russische Experiment mit einem Erfolg oder Mißerfolg enden, der westeuropäische und besonders der deutsche Sozialismus haben ihre eigene ökonomische Probe selbständig zu bestehen. Sie wollen nicht erst durch eine Katastrophe des sozialistischen Systems hindurchgehen, sie wollen den Arbeitern die entsetzlichen Leiden, die materielle und moralische Verwüstung einer Übergangsperiode nach russischem Muster ersparen. Aber sie haben den Proletarier auch viel weniger, als der Bolschewismus es getan hat, auf die Enttäuschungen der Übergangsperiode hingewiesen, und da sie darauf verzichtet haben, ihn mit Hilfe einer militaristischen Bürgerkriegsideologie über diese Enttäuschungen hinwegzubringen, wird die Probe hier klarer und reiner, aber auch schwieriger sein als in Rußland.

Dies führt zur Hauptfrage zurück. Wieweit werden die Massen in dem Sozialismus, der wirtschaftlich möglich ist, die Grundzüge des Bildes wiedererkennen, das bisher die vielen Jahrzehnte hindurch ihrem Sehnen die Richtung gab? Die Wirtschaftsordnung, die auf diesen Seiten gezeichnet wurde, stellt eine demokratische Verfassung des Wirtschaftslebens dar. Sie erfüllt die Forderung der Arbeiter, Wirtschaftsbürger zu werden, wie sie aus Staatsuntertanen Staatsbürger geworden sind. Das wird durch den Übergang zur staatlich geleiteten Planwirtschaft erfüllt, deren Leitung der Volksgesamtheit verantwortlich ist.

Der Sozialismus, wie er hier gedacht ist, wird auf die Dauer vom Arbeiter die Gefahr der Arbeitslosigkeit nehmen. Der Sozialismus wird diese Aufgabe nicht sofort erfüllen können, aber der Umbau der Wirtschaft in die planwirtschaftliche Form ist die notwendige Voraussetzung dazu. Die ständige Gefahr, das Brot zu verlieren oder auf das Hungerbrot der Unterstützung angewiesen zu sein, bedeutet für den Arbeiter unendlich viel mehr als der bloße rechenmäßige Verlust an Lohn. Eine Wirtschaftsreform, die zwar das Recht auf Arbeit noch nicht bringt, aber zu ihm führt, erfüllt eine der großen Grundforderungen, die von jeher im Sozialismus lebendig gewesen sind. Es ist ein großes geschichtliches Unglück für den Sozialismus, daß die furchtbare Krise der Jahre 1929/30/31 ihn nicht in solcher theoretischen Klarheit getroffen hat, daß er imstande gewesen wäre, den Weg zur krisenlosen Wirtschaft den Menschen zu zeigen und dafür zu werben.

Der Sozialismus allein erschließt den Weg zu einer allmählichen Verringerung der Einkommensunterschiede. Der Arbeiter wird sehen, daß er dadurch nicht sehr viel reicher wird. Aber mit der Zusammendrückung des Unterschieds zwischen arm und reich wird eine Fülle von Zügen aus dem Leben der Gesellschaft von heute und gestern verschwinden, die das Gesicht der Epoche entstellt haben.

Wer nun trotzdem behauptet, daß solcher Sozialismus nicht die Sehnsucht der Massen befriedigen werde, daß er sich zu weit entferne von dem, was die Menschen sich ursprünglich unter Sozialismus gedacht und als das Ziel der Arbeiterbewegung ersehnt haben, dem kann man solche pessimistische Deutung so wenig widerlegen, wie er sie zu beweisen vermag. Man kann ihm nur den Glauben entgegensetzen, daß die Arbeiterschaft die notwendige Wandlung eines allgemeinen Symbols des wirtschaftlich Guten in ein konkretes System von Zielen ertragen und bejahen wird, weil die Arbeiterschaft, und besonders die deutsche, von ihrem eigenen Dasein zum Rationalismus erzogen ist und daher das Notwendige dieser Wandlung voll zu begreifen vermag. Was sie allerdings weder begreifen noch ertragen wird, das ist ein Verblassen ihres alten Ideals, ohne daß man ihr dafür etwas anderes bietet als einen Streit um die Zweckmäßigkeiten oder Unzweckmäßigkeiten der Tagespolitik. Hätten aber die Pessimisten recht, würde die Arbeiterschaft einen Sozialismus, der wirtschaftlich möglich ist, enttäuscht ablehnen, so würden damit nicht etwa die Massen zum Kapitalismus bekehrt werden. Das System der modernen Technik wird von den Menschen nicht mehr ertragen, wenn es in einer Wirtschaftsordnung funktionieren soll, die das Ziel der Produktivität nur auf dem Umweg über einen den Massen unverständlichen und nicht verständlich zu machenden Mechanismus der Interessen erreicht. Gelingt es nicht, den Sinn der Wirtschaft und die Verantwortung für die Wirtschaft jedem ihrer Glieder sichtbar zu machen, dann werden sich wohl die Menschen eine Zeitlang dem bestehenden System fügen, weil sie nichts anderes an seine Stelle zu setzen wissen. Aber unterdessen steigt das „Unbehagen in der modernen Kultur", wächst das unbefriedigte Bedürfnis, dem technischen und gesellschaftlichen Mechanismus zu entrinnen, und schließlich werden die emotionellen Kräfte mit zerstörender Leidenschaftlichkeit hervorbrechen. Das kann geschehen durch eine ökonomisch sinnlose Revolte gegen die moderne Technik, durch revolutionäre Verwirklichung irgendwelcher irrationaler Heilslehren auf sozialem Gebiet, die deshalb die Massen gewinnen können, weil die Vernunft diesen Massen keinen für sie erträglichen Ausweg mehr zeigt und sie ihr deshalb Schweigen gebieten. Die Sehnsucht nach einem Heraus aus dem kapitalistischen Ablauf der Wirtschaft kann aber auch zu einem neuen Vernichtungskampf der Völker gegeneinander führen — an nationalistischen Motivierungen dazu fehlt es ja nicht.

F. Schlußbemerkung

Diese Schrift ist eine Skizze. Sie erfüllt nicht die Aufgabe, die Kritik des Kapitalismus bis in die Einzelheiten zu führen, und gar im positiven Teil hat sie nur allgemeine Grundlinien einer künftigen Ordnung ziehen können[1]. In dem kritischen wie dem positiven Teil entwickelt sie kein neues Prinzip. Sie will nur gelten als ein Versuch, das sozialistische Wollen, das eine politische und geistige Realität ist und das eines theoretischen Fundaments entbehrt, seitdem der Marxismus nicht mehr an die modernen Probleme heranreicht, mit den Ergebnissen der modernen Wirtschaftstheorie zu konfrontieren. Diesen Versuch bis zur Vollkommenheit durchzubilden, geht über die Kraft eines einzelnen hinaus. Denn es ist unmöglich, gleichzeitig so im wirtschaftspolitischen Geschehen zu stehen, daß man die Einzelheiten kennt und den wirtschaftspolitischen Tastsinn nicht verliert, und dabei die ganze Fülle fremder Gedanken aus Gegenwart und Vergangenheit, die zum Thema gehören, auf sich wirken zu lassen. Aber da die Weltgeschichte nicht wartet, bis wir genügend gelernt und gelesen haben, um die Notwendigkeiten endgültig zu formulieren, muß es erlaubt sein, der Öffentlichkeit unvollkommene Formeln und Darstellungen vorzusetzen in der Hoffnung, daß sie sich genügend beunruhigt. Denn aus Unruhe, Zweifel und Meinungsstreit werden dann die richtigen Erkenntnisse schon entstehen.

---

[1] Der Skizzencharakter dieser Schrift macht eine eingehende Auseinandersetzung mit der Literatur unmöglich. Die Literaturangaben beschränken sich daher bewußt auf das Notwendigste.

MIX
Papier | Fördert gute Waldnutzung
FSC® C083411

Kolibri 360 GmbH
Ferdinand-Jühlke-Straße 7
99095 Erfurt, Deutschland
produktsicherheit@kolibri360.de

Druck:
CPI Druckdienstleistungen GmbH
im Auftrag der
Kolibri 360 GmbH
Ferdinand-Jühlke-Str. 7
99095 Erfurt